EMILY MILLS

SKETCHNOTES!

Die Kunst der visuellen Notizen

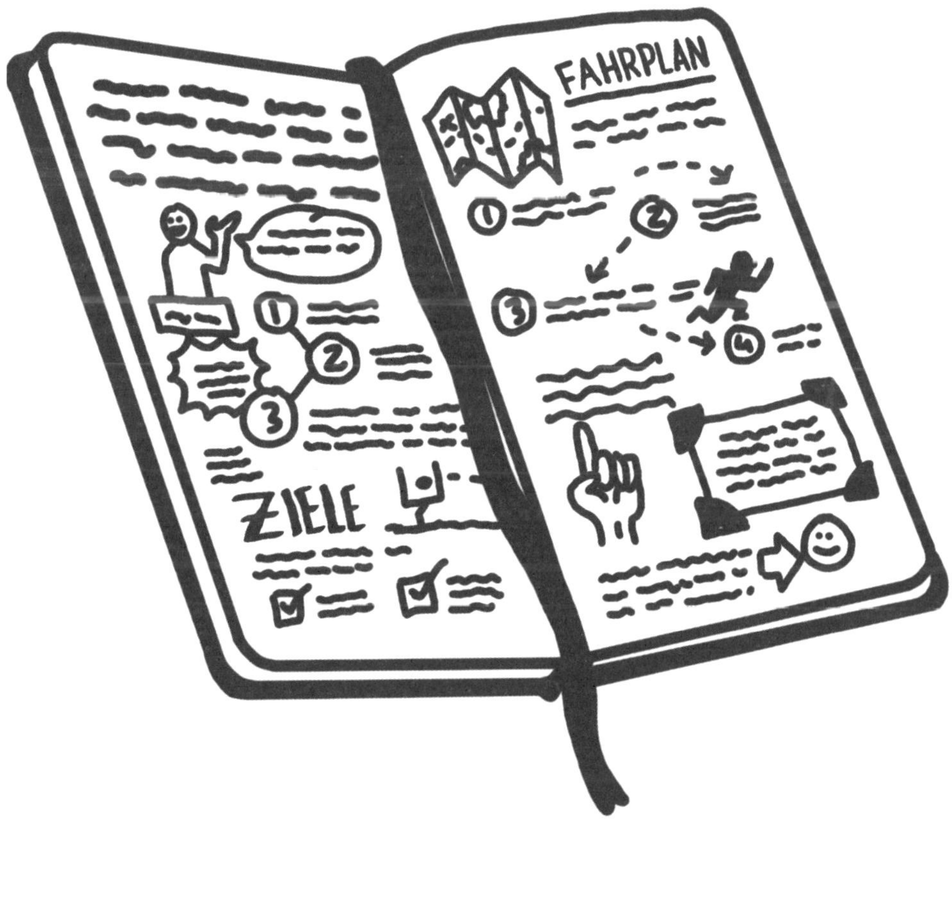

Rheinwerk
Design

Wir hoffen, dass Sie Freude an diesem Buch haben und sich Ihre Erwartungen erfüllen. Ihre Anregungen und Kommentare sind uns jederzeit willkommen. Bitte bewerten Sie doch das Buch auf unserer Website unter **www.rheinwerk-verlag.de/feedback**.

An diesem Buch haben viele mitgewirkt, insbesondere:

Lektorat Ariane Podacker
Übersetzung Jaqueline Esen, München
Korrektorat Petra Bromand, Düsseldorf
Herstellung Vera Brauner
Typografie und Layout Erin Fahringer
Einbandgestaltung Emily Mills, Mai Loan Nguyen Duy
Coverbilder Emily Mills

Dieses Buch wurde gesetzt aus der GoodDog New Regular (11 pt/14 pt) in Adobe Indesign. Gedruckt wurde es auf chlorfrei gebleichtem Offsetpapier (120 g/m²). Hergestellt in China.

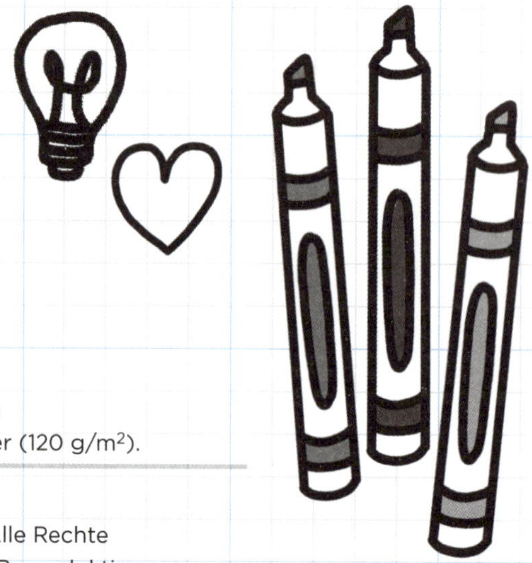

Titel der Originalausgabe: The Art of Visual Notetaking: An interactive guide to visual communication an sketchnoting

Published by Walter Foster Verlag
ISBN: 978-1-63322-622-7

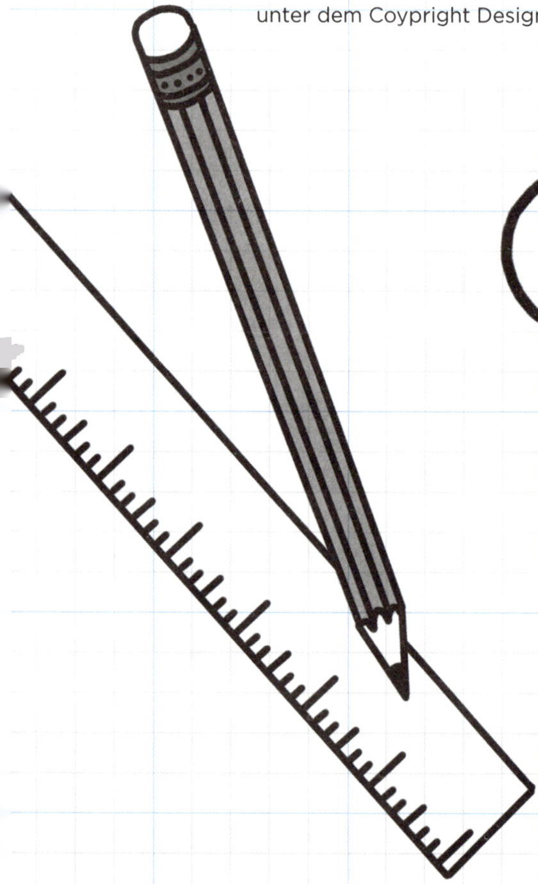

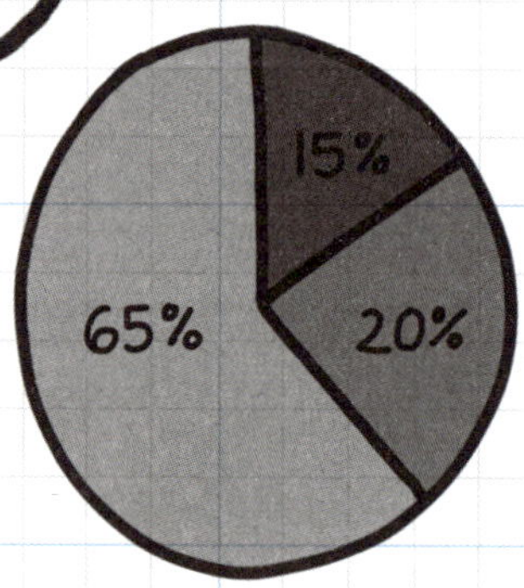

Bibliografische Information der Deutschen Nationalbibliothek:
Die Deutsche Nationalbibliothek verzeichnet diese Publikation in der Deutschen Nationalbibliografie; detaillierte bibliografische Daten sind im Internet über http://dnb.d-nb.de abrufbar.

ISBN 978-3-8362-7912-3

1. Auflage 2020

Informationen zu unserem Verlag und Kontaktmöglichkeiten finden Sie auf unserer Verlagswebsite **www.rheinwerk-verlag.de**. Dort können Sie sich auch umfassend über unser aktuelles Programm informieren und unsere Bücher und E-Books bestellen.

SKETCHNOTES!

Die Kunst der visuellen Notizen

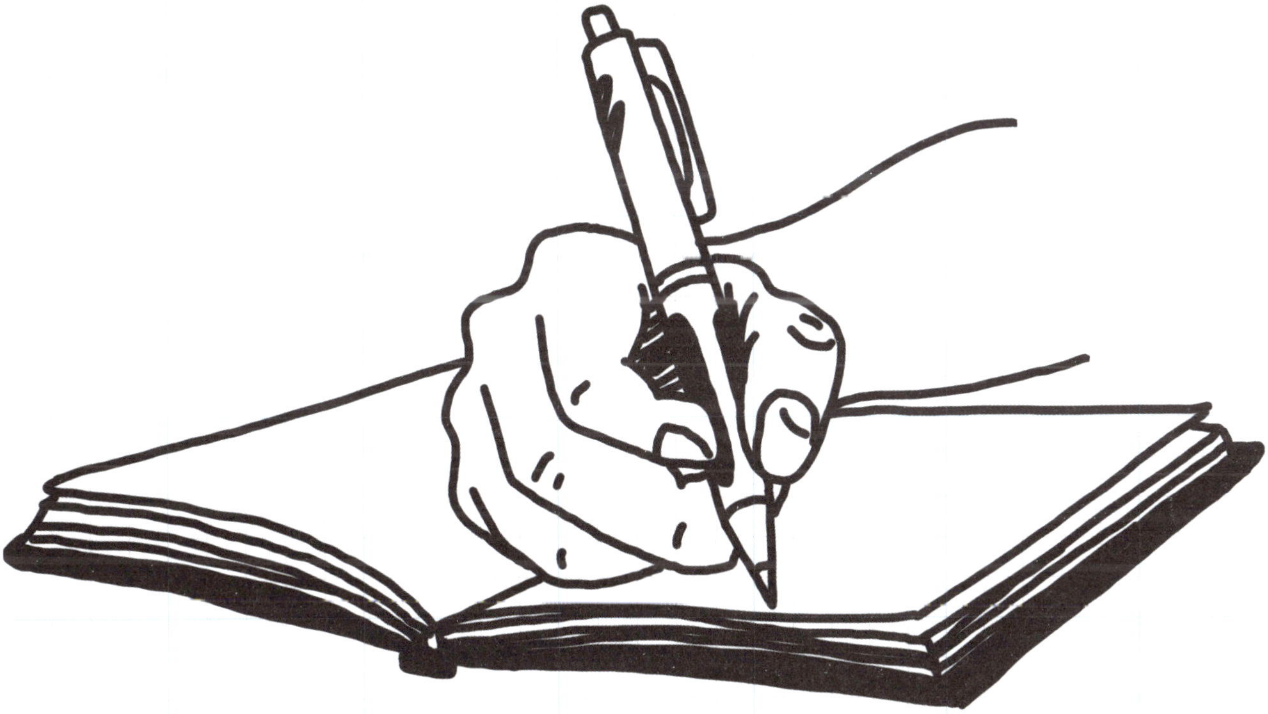

EMILY MILLS

INHALT

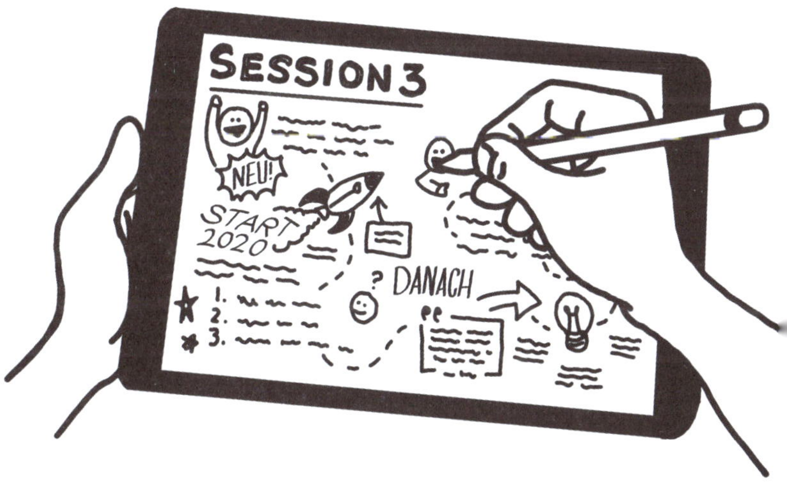
SESSION 3
NEU!
START 2020
? DANACH

EINLEITUNG

Ich bin ganz zufällig in die Welt des visuellen Notierens gestolpert.

Alles begann mit Whiteboards. Ich zeichnete Cartoons auf das Whiteboard im Büro meiner Mutter, und die Lehrer und Mitarbeiter der Schule kamen gerne vorbei, um meine Comics zu sehen. Ich behielt diese Gewohnheit auch während meiner gesamten Collegezeit bei, selbst als ich angefangen hatte zu arbeiten und ein eigenes Büro hatte.

Eines Tages schickte mir ein ehemaliger Mitarbeiter aus heiterem Himmel eine E-Mail. Er arbeitete in einem Filmstudio, das sich bereit erklärt hatte, ein Whiteboard-Video für einen Kunden zu erstellen – nur hatte man dort niemanden, der zeichnen konnte. Er erinnerte sich an die Whiteboard-Zeichnungen in meinem Büro und bat mich, zu kommen und ihm zu helfen. Das Whiteboard-Videoprojekt war eines der unterhaltsamsten Projekte, an dem ich je gearbeitet hatte. Es öffnete mir die Augen für die Möglichkeiten, wie man mit Illustrationen eine Geschichte erzählen und komplizierte Informationen vermitteln kann.

Etwas später sah eine Firma namens The Sketch Effect meine Arbeit und stellte mich als Künstlerin in ihrem Netzwerk ein. Jahre später bin ich immer noch hier in der Welt der visuellen Notizen, ich lerne und entwickle mich immer weiter. Sketchnotes sind mein Beruf, ich nehme an Konferenzen und Schulungen teil und veranstalte meine eigenen Workshops, um anderen zu vermitteln, was ich gelernt habe.

UND DA KOMMEN SIE INS SPIEL!

Sie haben dieses Buch gekauft, darum stehen die Chancen gut, dass Sie sich für das Visualisieren von Informationen interessieren und dessen Wert erkennen. Egal, ob Sie Sketchnoting als Hobby betreiben oder zum Beruf machen wollen, ich kann es kaum erwarten, Sie auf Ihrer Reise zu begleiten, damit auch Sie fesselnde und einprägsame Notizen erstellen, um sie mit anderen zu teilen! Und das Beste daran? Jeder kann visuelle Notizen machen. Sie müssen nur einen Stift halten und zuhören können ...

SIND SIE BEREIT? FANGEN WIR AN!

SO VERWENDEN SIE DIESES BUCH

Dieses Buch ist genauso aufgebaut wie meine Live-Workshops. Sketchnoting sieht einfach aus (das ist der Punkt!), aber es gibt auch viele Dinge, die man auf den ersten Blick nicht sieht.

Es ist wichtig, dass Sie dieses Buch von vorne nach hinten durchlesen. Blättern Sie nicht weiter und überspringen Sie keinen Abschnitt! Das visuelle Notieren ist ein additiver Prozess, und jede Lektion baut auf der vorherigen auf. Wir legen zunächst ein starkes Fundament, ergänzen es mit Fähigkeiten und Werkzeugen, und am Ende können Sie auf Ihr solides und umfangreiches Wissen bauen.

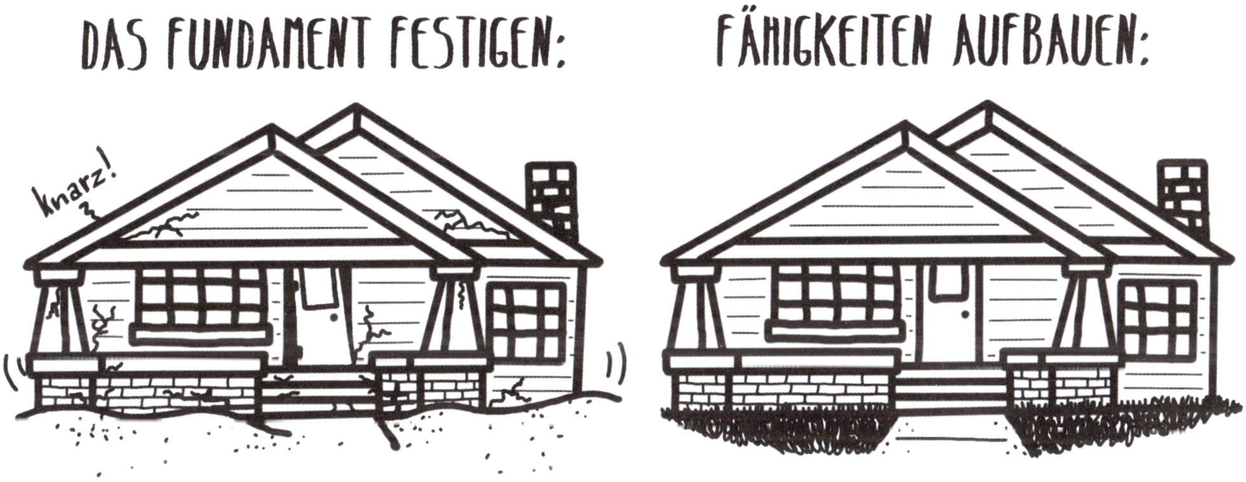

Jeder Abschnitt enthält Anleitungen, praktische Tipps und Übungen, die Ihnen helfen, das Erlernte zu üben, sowie einige lustige Erfahrungsberichte, die ich auf meinem Weg gesammelt habe.

Ich empfehle Ihnen, ein unliniertes Notizbuch oder ein Skizzenbuch zum Üben zu verwenden. Bei gebundenen Notizbüchern bleibt Ihre Arbeit an einem Ort, sie sind leicht zu transportieren und zu lagern. Wenn Sie Notizbücher nicht mögen, verwenden Sie das Papier, das Sie zur Hand haben. Vor allem kann ich nicht oft genug wiederholen, dass Sie IHRE ARBEITEN AUFBEWAHREN müssen!

Es ist sehr wichtig, zurückzuschauen und zu sehen, wie Sie sich weiterentwickeln. Mein erstes Notizbuch war ziemlich schlecht, aber mit etwas Übung wurde ich besser! Ich bin sehr froh, dass ich meine alten Arbeiten aufbewahrt habe. So kann ich sehen, wo ich mich verbessert habe und wie weit ich gekommen bin, egal wie peinlich es sich anfühlt.

Blättern Sie weiter, und fangen Sie an, Ihr Grundlagenwissen aufzubauen!

DIE GRUNDLAGEN:

WAS SIND SKETCHNOTES?

Wahrscheinlich wollen Sie sofort mit dem Üben anfangen, aber zuerst müssen wir eine Grundlage schaffen und das Warum und Was hinter den visuellen Notizen lernen. Wenn Sie nicht wissen, warum Sie etwas tun, machen Sie es wahrscheinlich nicht sehr gut! Legen wir los.

> Visuelle Notizen, auch »Sketchnotes« genannt, dienen dem Festhalten von Informationen. Es handelt sich um handgemachte, visuelle Aufzeichnungen von Informationen oder einer Erfahrung mit Hilfe von Zeichnungen und geschriebenem Text.

Wow, das war eine Menge! Schauen wir uns das genauer an.

INFORMATIONEN FESTHALTEN

Das Hauptziel visueller Notizen besteht darin, sich an Informationen zu erinnern, die von anderen mitgeteilt oder selbst erlebt wurden. Informationen haben keinen Wert, wenn sie nicht erinnert oder weitergegeben werden können! Sketchnotes sorgen dafür, dass Informationen ihren Wert auf Dauer behalten.

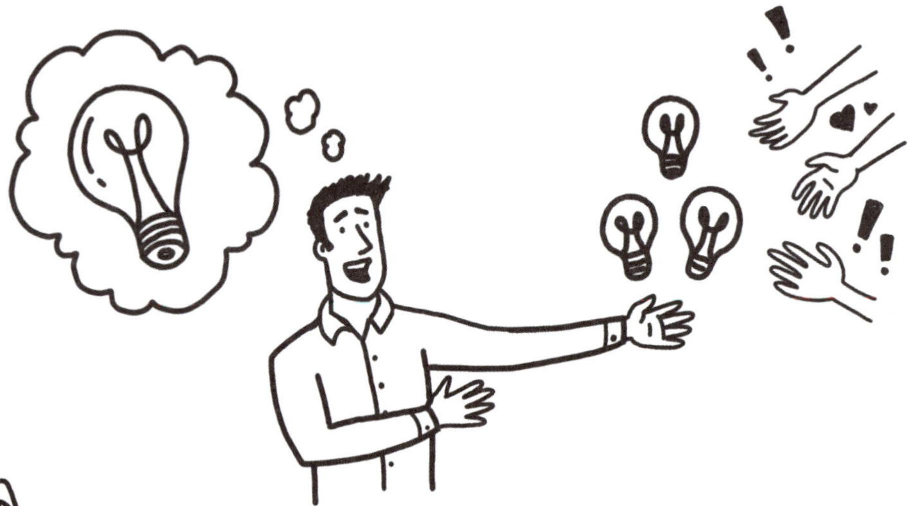

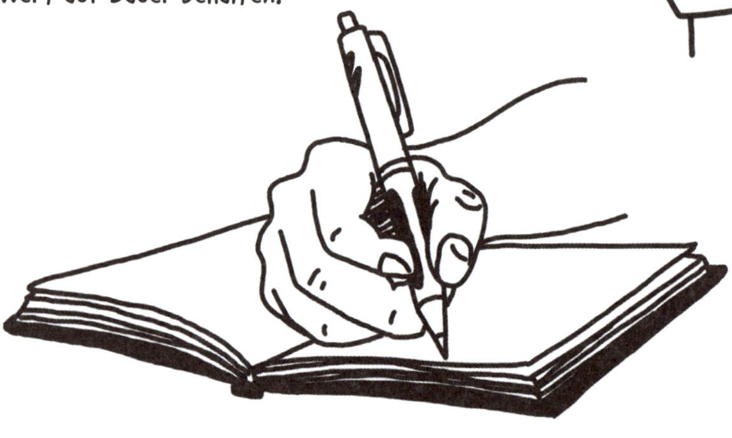

HANDGEMACHT

Sketchnotes müssen von Hand gemacht werden, sei es in Echtzeit oder nachträglich, digital oder auf Papier. Ausschlaggebend für wirkungsvolle visuelle Notizen ist, dass sie von Menschenhand gemacht sind.

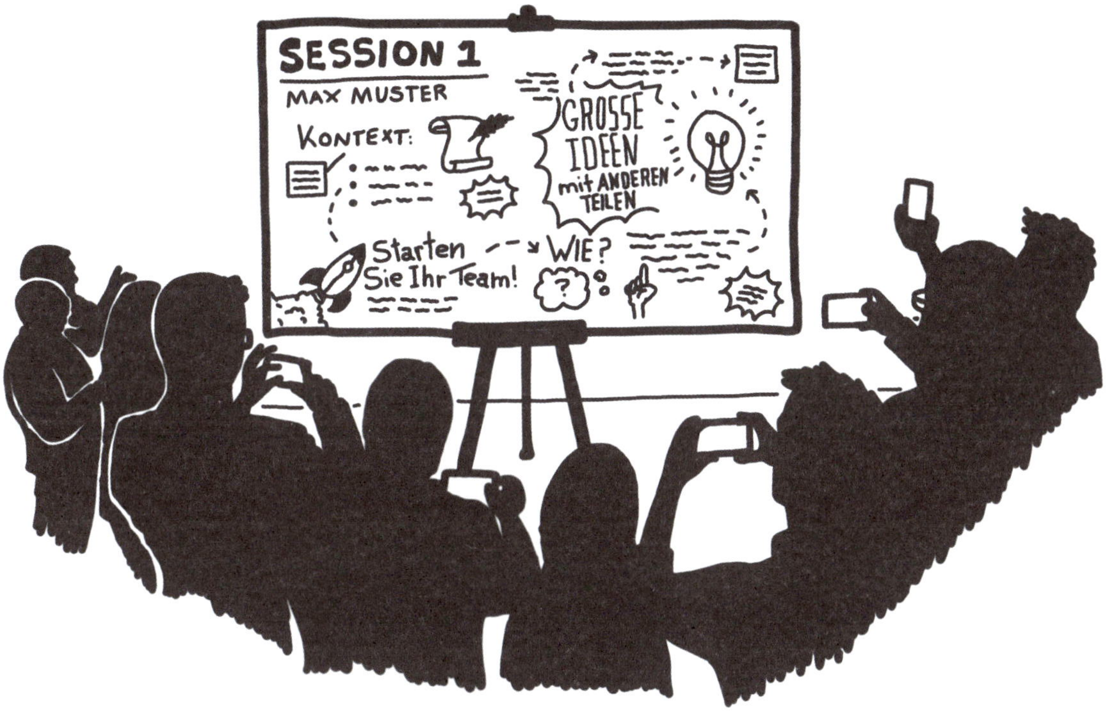

VISUELLE AUFZEICHNUNGEN VON INFORMATIONEN

So wie ein Foto eine visuelle Darstellung und Dokumentation eines Augenblicks ist, sind Sketchnotes eine visuelle Darstellung von vermittelten Informationen oder einer Erfahrung.

ZEICHNUNGEN UND GESCHRIEBENER TEXT

Darauf kommt es besonders an! Mit visuellen Notizen schaffen Sie entweder Klarheit oder Verwirrung. Sketchnotes dienen dazu, Informationen bildlich darzustellen, zu verdeutlichen und zu strukturieren. Durch die Illustrationen soll das Verständnis erleichtert und die Erinnerung daran gefördert werden. Daher sollte die Kombination aus Illustrationen und Informationen immer in einem direkten Zusammenhang stehen, andernfalls entsteht Verwirrung. Die Kombination aus Illustrationen und Informationen soll ein visuelles Verständnis und somit mehr Klarheit schaffen. Wie das genau funktioniert, erfahren Sie später.

Hier sehen Sie ein Praxisbeispiel dieser Methodik:

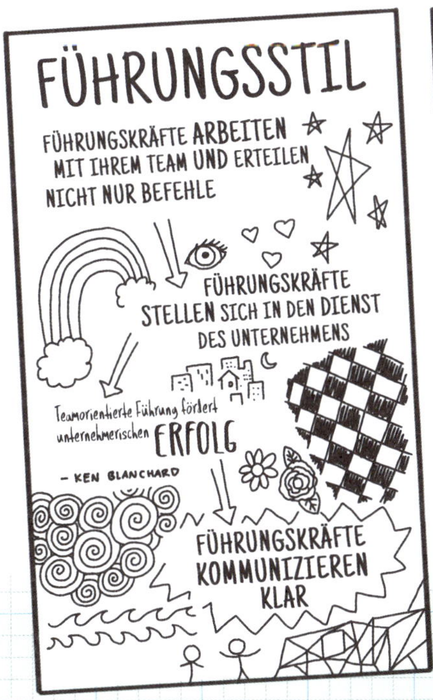

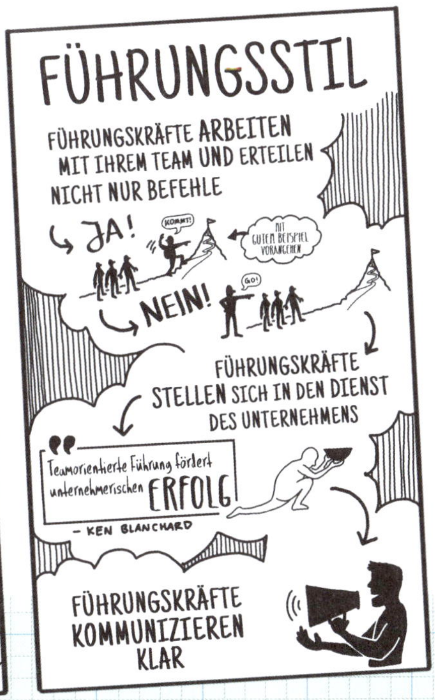

Es ist leicht zu erkennen, welche Seite der Notizen effektiver ist. Wenn Informationen illustriert werden, ist das sehr wirkungsvoll!

SKETCHNOTES SIND NICHT NUR ILLUSTRATIONEN

Die Illustration an sich ist mehr Form als Funktion. Sketchnotes verbinden die Illustration mit Informationen, die Funktion ist wichtiger als die Form. Die treibende Kraft der Sketchnotes liegt in der Information. Der Zweck einer Illustration ist es, die Information bildlich darzustellen und hervorzuheben; daher muss die Information vorhanden sein, bevor die Illustration existieren kann.

»Aber was ist, wenn ich ein wirklich tolles Bild zeichnen kann, das das Konzept klar vermittelt? Muss ich Worte schreiben?«

Die Frage ist: Was dauert länger? Schreiben Sie den Satz »Führungskräfte sollten ihren Mitarbeitern zuhören« oder zeichnen Sie ein Bild einer Führungskraft, die den Mitarbeitern zuhört? Schreiben geht VIEL schneller als Zeichnen.

Wenn die Informationen nicht mit geschriebenen Wörtern vermittelt werden, verlieren sie an Klarheit. Wirkungsvolle Sketchnotes enthalten deshalb immer auch geschriebene Worte. Illustrationen und Informationen gehen Hand in Hand, um eine effektivere Lernerfahrung zu schaffen.

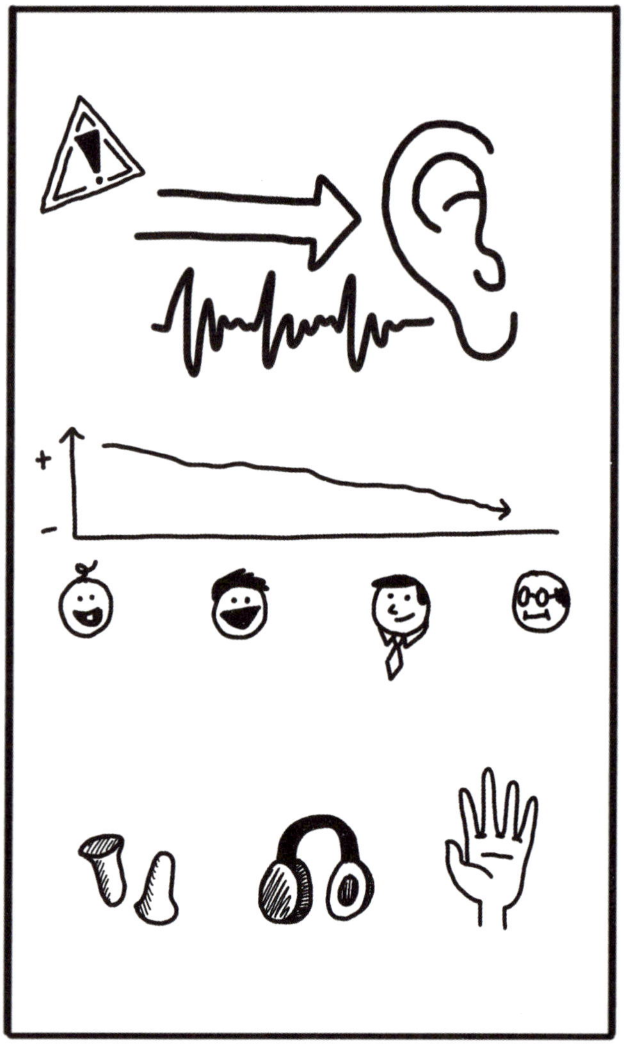

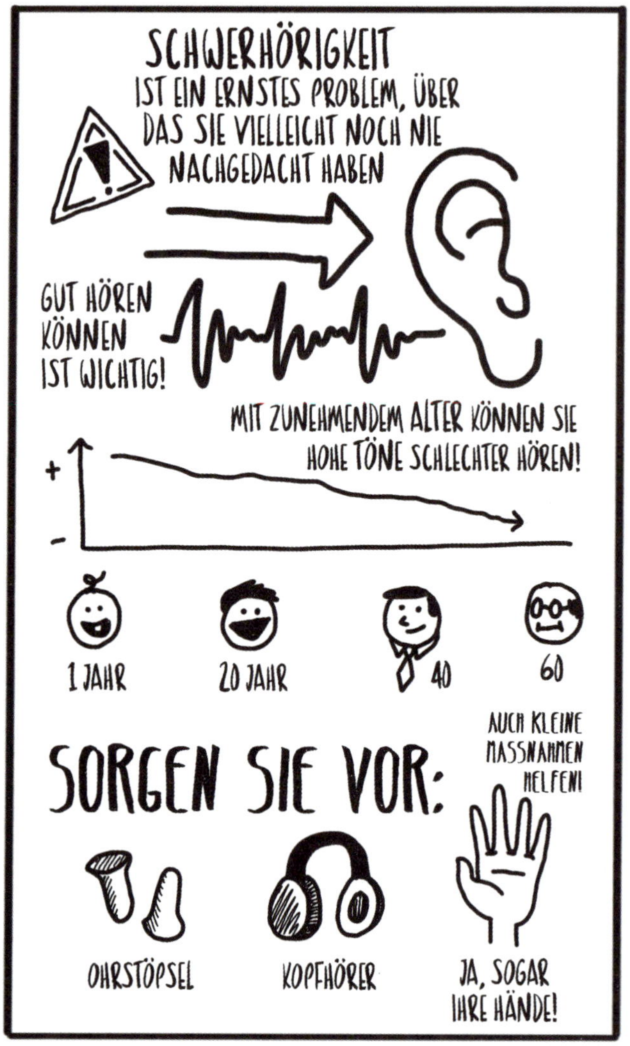

SKETCHNOTES SIND NICHT NUR INFORMATIONEN

Sketchnotes sind keine reinen Illustrationen, sie sind aber auch keine reinen Informationen.

Obwohl die Information bei Sketchnotes immer Vorrang hat, verliert sie ohne die Illustration ihre treibende Kraft. Eine Wand voller geschriebener Worte ist nicht einprägsam! Geben Sie einer Person ein Blatt geschriebenen Text und bitten Sie sie, es zu lesen – sie wird wahrscheinlich stöhnen! Wenn Sie ihr ein Blatt mit Bildern und Text geben, wird die Reaktion wahrscheinlich anders ausfallen.

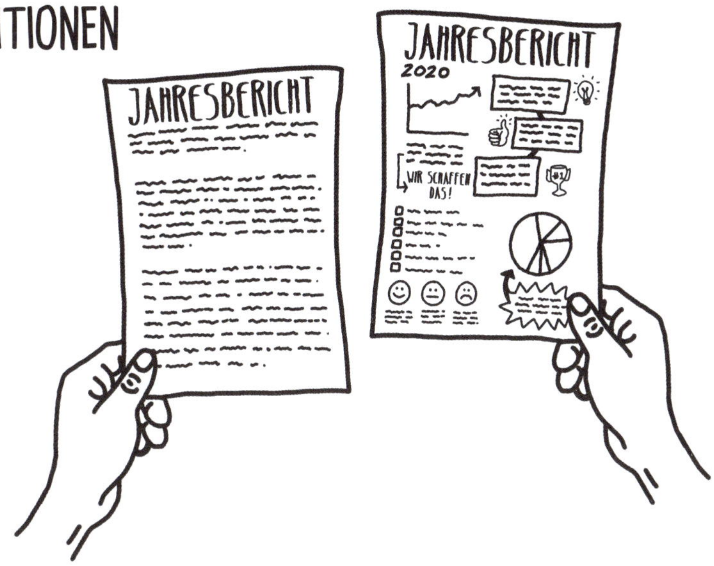

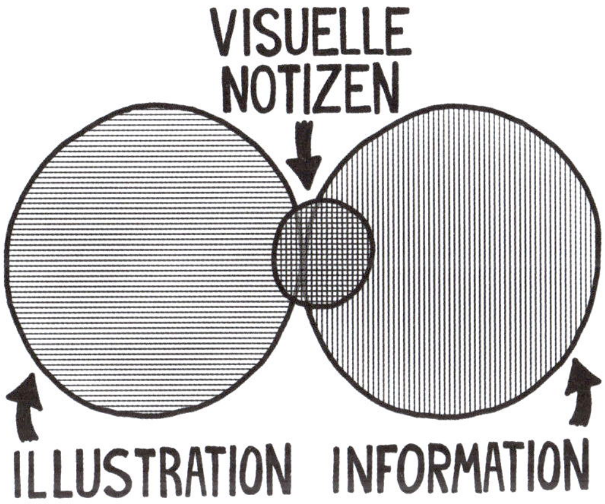

Bei Sketchnotes geht es um das Zusammenwirken von Illustrationen und Informationen, um durch ein visuelles Verständnis mehr Klarheit zu schaffen. Lassen Sie uns dieses Konzept veranschaulichen. Illustration und Information sind zwei verschiedene Bereiche. Die Stelle, an der sie sich überschneiden, wird »visuelle Notizen« oder »Sketchnotes« genannt. Sie werden feststellen, dass »Sketchnotes« viel mehr Informationen enthalten als reine Illustrationen.

SKETCHNOTES SIND KEINE KRITZELEIEN

Die Definition einer Kritzelei ist laut Wörterbuch »eine grobe, zerstreut angefertigte Zeichnung«. Sketchnotes sind alles andere als das! Wirkungsvolle Sketchnotes werden mit voller Konzentration gemacht. Wie wir bereits gesehen haben, stehen die Illustrationen in einem bewussten Zusammenhang mit den vermittelten Informationen.

ALLE MENSCHEN KOMMUNIZIEREN VISUELL

Bildliche Darstellungen gehen über Kultur, Alter, Geschlecht, gesprochene Sprache und so gut wie jeden anderen Unterschied hinaus. Menschen sind in hohem Maße visuell orientiert – das waren wir schon immer. Von den Höhlenmalereien von Lascaux in Frankreich bis hin zu modernen Emoticons – wir lieben es, visuell zu kommunizieren! Wenn Sie nach Frankreich gehen und nach dem Weg zum Eiffelturm fragen müssten, bräuchten Sie nur ein Bild zu malen, und man würde Sie verstehen.

> »Ich wollte alle Sprachen der Welt lernen, also lernte ich zeichnen.«
> – Alejo Porras

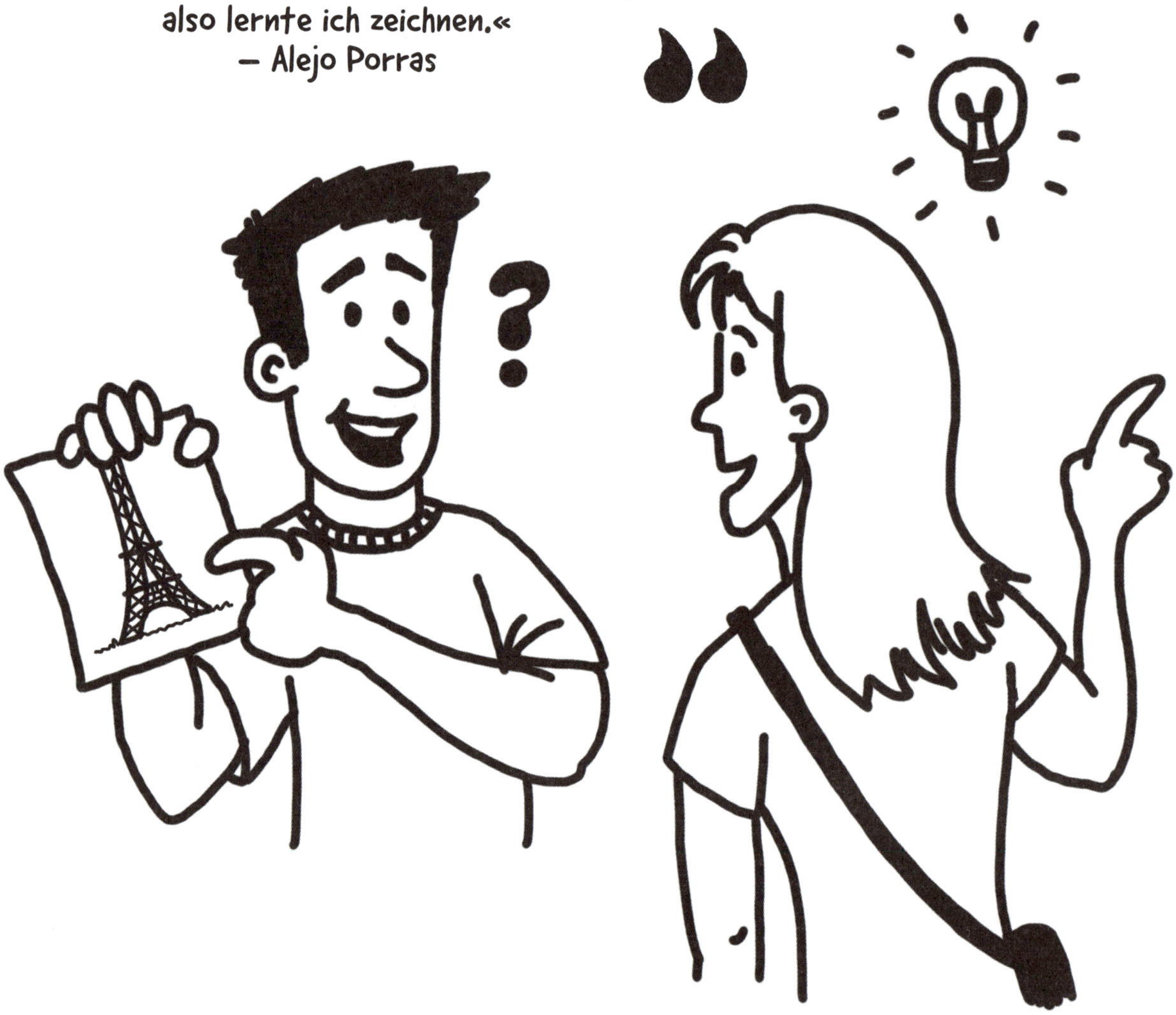

> »Wenn Sie heutzutage mitreden wollen, müssen Sie visuell arbeiten!«
>
> – Dan Roam

Wenn man in der modernen westlichen Kultur nicht visuell kommuniziert, kommuniziert man nicht effektiv. Denken Sie darüber nach. Die meisten der von Ihnen genutzten Anwendungen sind sehr visuell. Zeigt Ihnen Ihre Wetter-App Bilder, wie das Wetter aussieht? Verwenden Sie Instagram™, um Fotos von Ihren Freunden und Helden zu sehen? Schauen Sie sich YouTube™-Videos an, um etwas zu lernen oder sich unterhalten zu lassen? Die meiste moderne Kommunikation ist visuell, und das wird sich in nächster Zeit nicht ändern. Wenn Sie eine wirkungsvolle Möglichkeit suchen, Ideen festzuhalten und zu teilen, sind visuelle Notizen von unschätzbarem Wert.

WARUM SIND SKETCHNOTES WICHTIG?

SKETCHNOTES SIND EINE DER BESTEN LERNMETHODEN

Wie wir bereits gesehen haben, dienen visuelle Notizen dazu, Informationen bildlich darzustellen, zu verdeutlichen und zu strukturieren, so dass die Informationen einprägsam und aussagekräftig bleiben. Fünfundsechzig Prozent der Bevölkerung bezeichnen sich selbst als visuelle Lerner – Sketchnotes sind ein Kinderspiel! Visualisierungen sind menschliche Sprache; wenn Sie nicht visuell kommunizieren, verpassen Sie etwas.

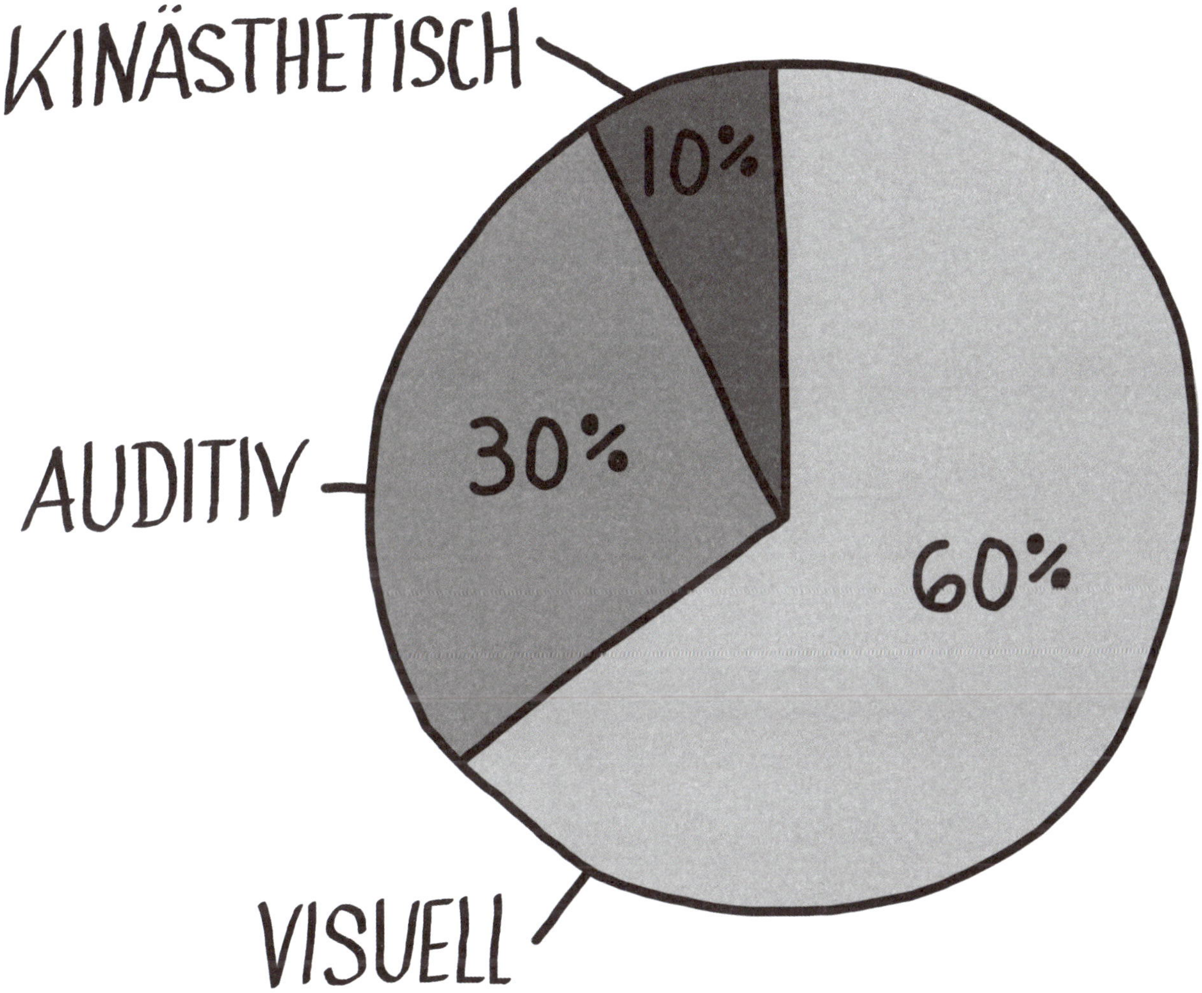

Auditive Informationen haben eine erschreckend geringe Chance, tatsächlich hängenzubleiben, wenn sie für sich allein präsentiert werden (d. h., wenn Sie einen Vortrag hören). Informationen haben eine bessere Chance, im Gedächtnis zu bleiben, wenn man sie mit anderen Lernmethoden, wie z. B. visuellen Mitteln und Bewegung, kombiniert.

Je mehr Lernmethoden Sie anwenden, desto besser. Jeder lernt anders. Einige lernen am besten durch Zuhören, andere durch Sehen und wieder andere durch Tun. Wenn Sie Sketchnotes machen, können Sie alle drei Dinge vereinen. Wenn wir das visuelle und kinetische Lernen (das Zeichnen von Bildern von Hand) kombinieren, beziehen wir mehr Teile des Gehirns mit ein – und die Rate der Informationsaufnahme ist bis zu sechsmal höher!

SKETCHNOTES ALS VERMÄCHTNIS

Wenn Sie Sketchnotes machen, erschaffen Sie ein greifbares Zeugnis Ihres Lebens, Ihrer Arbeit, Ihres Lernens, einfach von allem! Das sind wertvolle Dinge, die Sie an Ihre Familie weitergeben können. Wie cool wäre es, solche Notizen aus dem Leben Ihrer Großmutter Anfang 1900 durchzublättern! Oder wenn Ihre Kinder die Dinge sehen könnten, die Ihnen in Ihrer Jugend wichtig waren. Gegenstände wie Fotos und Briefe von Familienmitgliedern sind schwer zu bekommen, und es wird im fortschreitenden digitalen Zeitalter immer schwieriger.

Bedenken Sie auch, wie die Welt durch die Skizzen von Leonardo da Vinci und das Tagebuch von Anne Frank verändert wurde. Gegenständliche Kreationen wie Sketchnotes mögen die Welt nicht verändern, aber wenn etwas, das Sie erschaffen, einen Menschen inspirieren kann, ist das sehr kraftvoll!

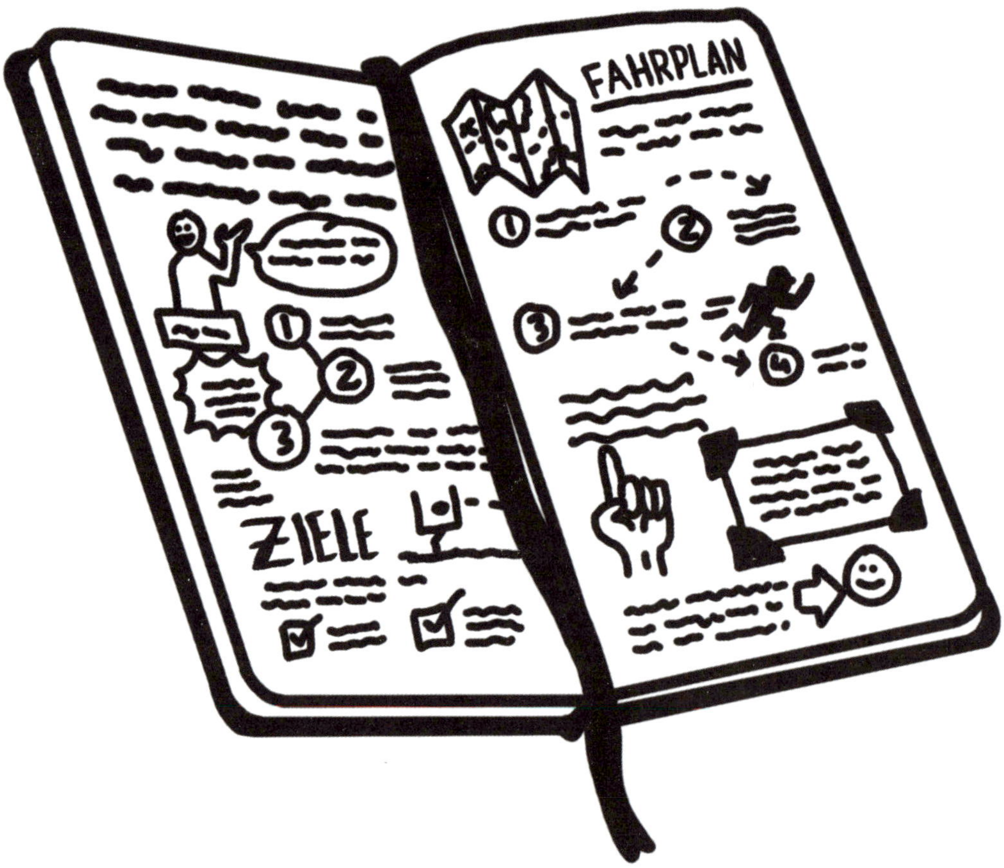

■ ZUSAMMENFASSUNG

Sketchnotes sind wichtig, weil

- sie Informationen verdeutlichen und organisieren,
- Menschen visuell kommunizieren und visuelle Notizen eine der besten Lernmethoden sind,
- sich der größte Teil der Weltbevölkerung als visuelle Lerner bezeichnet,
- sich die Informationsaufnahme verbessert, wenn man sie mit anderen Lernmethoden, wie z. B. visuellen Mitteln, kombiniert.
- Sketchnotes sind greifbare Zeugnisse des Lebens.

WER KANN SKETCHNOTES MACHEN?

Jeder! Ob Sie sich für einen Künstler halten oder nicht!

Sketchnotes sind in Lernumgebungen sehr leistungsstark. Lehrer können sie verwenden, um komplexe Konzepte zu erklären und um Schülerinnen und Schüler zu erreichen, die visuelle Lerner sind. Selbst im Alter von 6 oder 7 Jahren können Kinder Sketchnotes verwenden, um ihre Gedanken und Ideen zu visualisieren, sie mit anderen zu teilen, oder in der Klasse visuelle Notizen machen, um Informationen besser zu behalten. Sketchnotes können Studierenden helfen, Ideen für eine Hausarbeit oder ein Projekt zu entwerfen, Ideen zusammenzufassen und zu vereinfachen.

In der Geschäftswelt sind Sketchnotes sehr effektiv, weil es in den meisten Geschäftsbereichen kaum visuelle Darstellungen gibt. Viele Berufstätige können ein Lied von langweiligen Besprechungen, Präsentationen und Konferenzen singen. Da meist keine visuellen Hilfsmittel zur Kommunikation verwendet werden, kommt es häufig zu Missverständnissen. Folglich haben diejenigen, die visuelle Hilfsmittel verwenden, automatisch die Nase vorn.

> »Wer das beste Bild zeichnet, gewinnt.«
> – Dan Roam

Die Verwendung von Sketchnotes kann Ihnen helfen, Ihre Besprechungen zu dokumentieren, Informationen zu verdeutlichen und mit anderen in einem Format zu teilen, das eine bessere Chance hat, gelesen zu werden. (Geben Sie zu, dass Sie die E-Mail mit dem Protokoll nur selten lesen!) Sketchnotes konzentrieren sich auf die großen Ideen, anstatt jedes einzelne Detail zu dokumentieren.

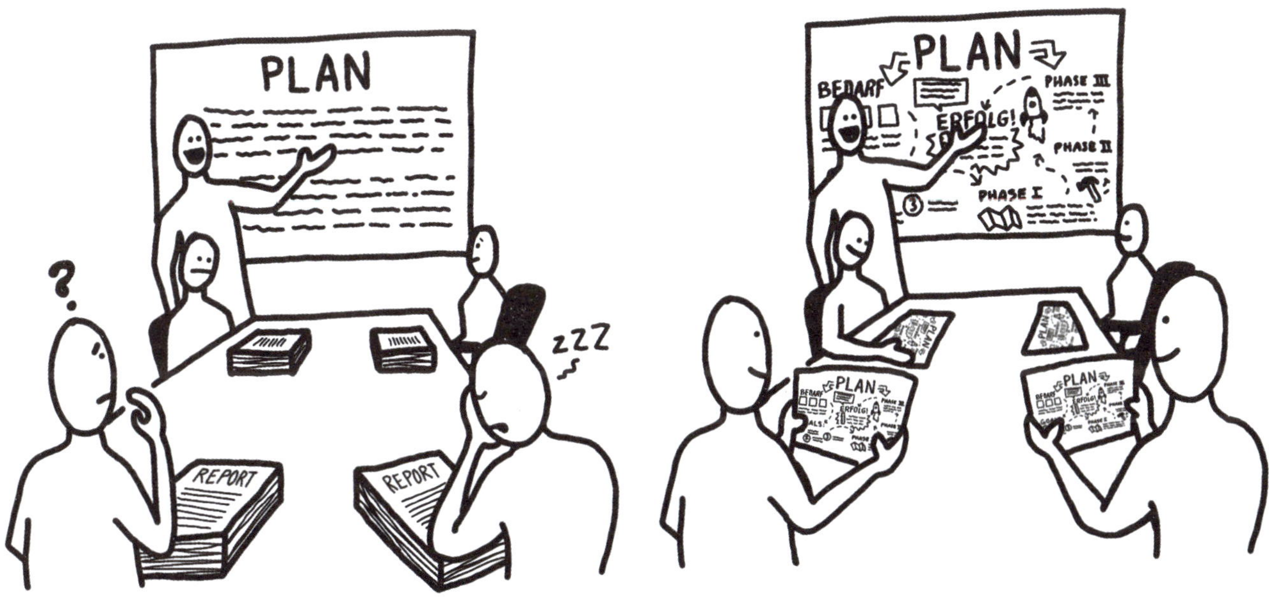

ARTEN VON SKETCHNOTES

Es gibt zwei Kategorien von Sketchnotes:

1) vortragsbasiert
2) erfahrungsbasiert

VORTRAGSBASIERTE
Wenn eine Person einer anderen Person Erkenntnisse mitteilt oder Informationen weitergibt, zum Beispiel bei Konferenzen, Kirchenpredigten, Podiumsdiskussionen, Meetings und Workshops.

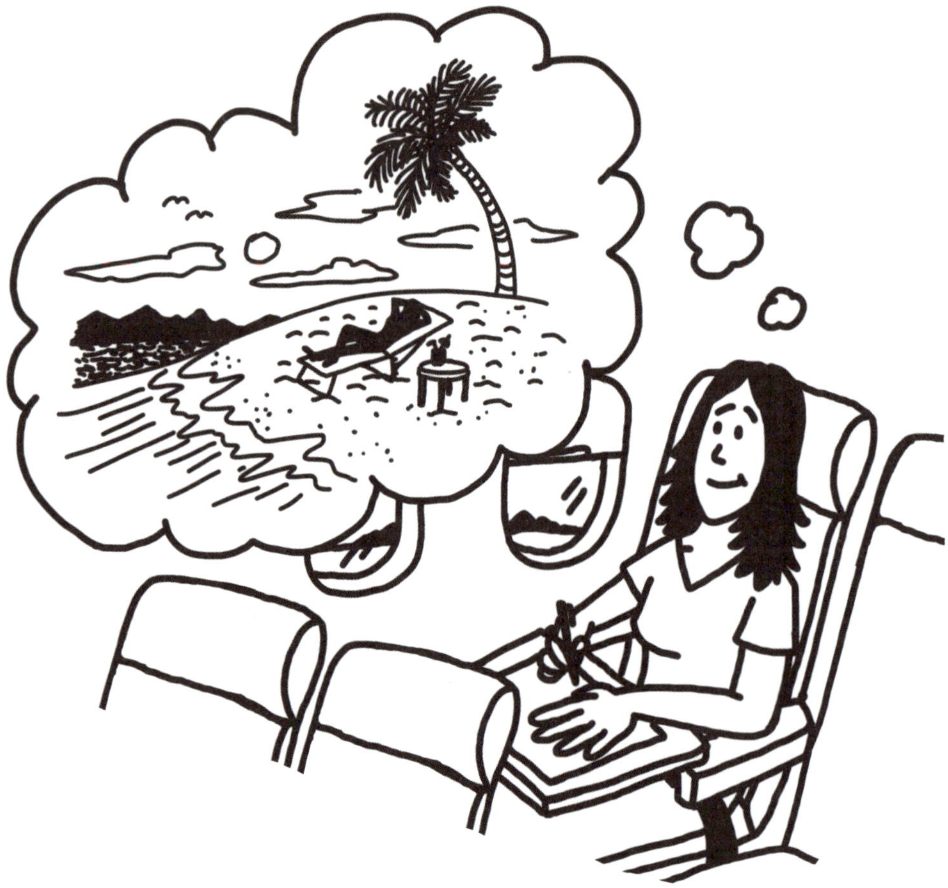

ERFAHRUNGSBASIERT
Wenn Sie etwas persönlich erleben, zum Beispiel reisen, nach Rezept kochen, ein neues Restaurant ausprobieren oder ein persönliches Tagebuch führen.

Vortragsbasierte Sketchnotes sollten live und in Echtzeit gemacht werden. Erfahrungsbasierte Sketchnotes sollten später gemacht werden. Ich sage Ihnen, warum ...

VORTRAGSBASIERTE Sketchnotes enthalten in der Regel mehr Informationen, wie Fakten, Zitate, Statistiken, Beispiele und Geschichten. Diese Informationen sind meist komplexer, und da sie aus einer externen Quelle stammen und nicht persönlich sind. Sie sind fremder und nicht so leicht oder so schnell zu verstehen. Um gute vortragsbasierte Sketchnotes zu machen, zeichnen Sie diese live und in Echtzeit auf, um so viele Informationen wie möglich zu erfassen; dadurch geht nichts (oder nur sehr wenig) verloren. Die Informationen sind noch frisch im Gedächtnis, und Ihre Notizen werden genauer sein, als wenn Sie sich auf Ihr Gedächtnis verlassen. Denken Sie daran, dass das Lernen höchst ineffektiv ist, wenn es nur im Hörsaal stattfindet. Verlassen Sie sich also nicht darauf, dass Sie sich später an all diese Informationen erinnern werden!

ERFAHRUNGSBASIERTE Sketchnotes unterscheiden sich dadurch, dass die Informationen sehr persönlich sind, und Sie sich leicht an das Erlebnis erinnern. Erfahrungen sollten im Augenblick genossen werden, mit so wenig Ablenkung wie möglich. Besuchen Sie die Sehenswürdigkeiten! Sammeln Sie Erinnerungen! Probieren Sie neue Dinge aus! Machen Sie sich keine Sorgen um Ihre Notizen, bis Sie etwas Zeit haben, sich hinzusetzen und alles festzuhalten. Das Dokumentieren sollte Sie nicht davon abhalten, eine Erfahrung intensiv zu erleben. Wenn Sie dabei Fotos oder einige kurze Notizen machen wollen, tun Sie das ... aber machen Sie die kompletten Sketchnotes erst später.

PRAXISBEISPIEL

Ich habe einmal versucht, an einem Restauranttisch Sketchnotes zu machen. Erstens war es wahrscheinlich unhöflich. Wenn man mit Leuten zusammen ist, sollte man in diesem Moment besser deren Gesellschaft genießen. Zweitens tropfte Kondenswasser über mein Skizzenbuch, als ich mein Wasserglas darüberschob, und die Tinte verlief! Manchmal ist es einfach besser, auf den richtigen Zeitpunkt zu warten!

ZUSAMMENFASSUNG

Vortragsbasierte Sketchnotes müssen vor Ort live gemacht werden, weil

- die Menge der zu dokumentierenden Informationen höher ist,
- die Informationen komplex sind,
- die Informationen für Sie nicht unbedingt persönlich sind.

Erfahrungsbasierte Sketchnotes müssen später gemacht werden, weil

- es weniger Informationen gibt,
- die Information einfacher ist,
- die Informationen persönlich (vertraut = einprägsamer) sind,
- es einfacher zu bewerkstelligen ist.

WIE KANN ICH SKETCHNOTES VERWENDEN?

Fragen Sie zuerst: »Für wen ist das?« Das Publikum oder der Verwendungszweck entscheiden darüber, wie Sie Ihre Sketchnotes machen.

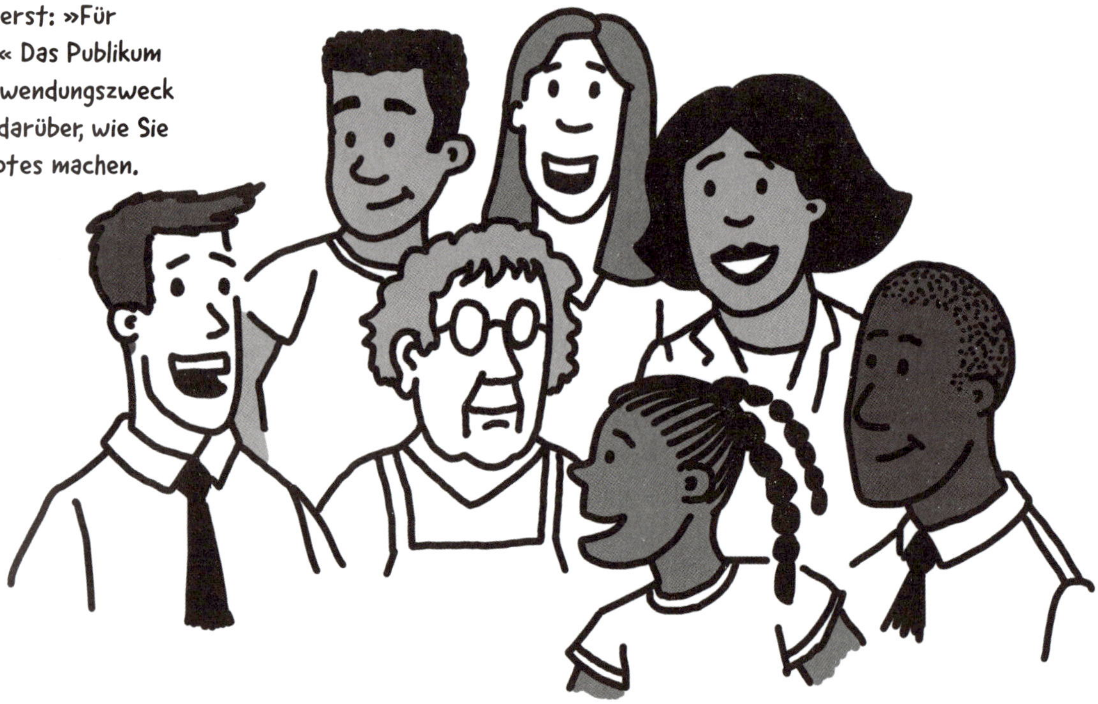

VISUELLE NOTIZEN: METHODEN

Wenn Sie visuelle Notizen für sich selbst machen, sind **Sketchnotes** effektiv, wenn Sie diese in einem Heft oder Notizblock eintragen. Möchten Sie Ihre Arbeit mit anderen teilen, scannen Sie Ihre Notizen ein, und senden Sie sie per E-Mail. Wenn Sie etwas für eine Gruppe dokumentieren, eignet sich die Live-Illustration (**Graphic Recording**) besonders, da das große Format leicht zu lesen ist. Sie können Papier, Whiteboards, Plakatkarton oder Schaumstoffkarton verwenden. Während diese Methode leicht mit Gruppen zu teilen ist, kann es schwierig sein, das Material zu transportieren und aufzubewahren. Ich empfehle, Fotos von Ihrer Arbeit zu machen und sie digital zu teilen. Die Arbeit an der Tafel sollte auch nur vorübergehend sein! Wenn Sie etwas brauchen, das länger hält, versuchen Sie es mit Papierbögen oder Schaumstoffkarton!

Visuelle Moderation ist wie eine Live-Illustration, aber anstatt beim Meeting nur zuzuhören, leiten Sie es! Sie behalten Ihre Ziele im Auge, während Sie die Anwesenden durch Ihre Tagesordnung führen und klärende Fragen stellen. Dabei visualisieren Sie alles, was zur Sprache kommt. Visuelle Moderation ist nichts für schwache Nerven und am erfolgreichsten, wenn Sie bereits Erfahrung mit Sketchnotes oder Live-Illustrationen haben.

Sketchnote-Videos oder Whiteboard-Videos sind eine hervorragende Möglichkeit, komplexe Konzepte, Anweisungen oder Methoden vereinfacht darzustellen und mit anderen zu teilen. Wie bereits erwähnt, ist der Mensch ein hochgradig visuelles Wesen, und es ist wahrscheinlicher, dass wir uns ein Video anschauen, als dass wir einen langen Text lesen.

Fangen Sie klein an mit einem Skizzenbuch oder einem Heft. Während Sie üben, Ihre Fähigkeiten verbessern und Vertrauen aufbauen, arbeiten Sie sich zu größeren, komplizierteren Formaten vor.

WERKZEUGE:
EIN GANZES ARSENAL AN FÄHIGKEITEN

Eine Frage, die mir immer wieder gestellt wird, ist: »Welchen Stift benutzen Sie?« Die Leute fragen mich nicht, wie sie das visuelle Notieren lernen können, welche Bücher oder Kurse ich empfehle oder wie ich selbst gelernt habe – sie fragen nach meinen Werkzeugen! Aber es sind nicht die Werkzeuge, die den Künstler ausmachen: **Der einzige Weg, um im Sketchnoting gut zu werden, ist regelmäßige Übung.**

Es geht nicht um die Werkzeuge, die Sie verwenden, sondern um Ihre visuellen Darstellungen. Einige der effektivsten visuellen Notizen, die ich gesehen habe, wurden mit einem Kugelschreiber auf einem Notizblock gemacht! Es ist nichts falsch daran, ausgefallene, teure Werkzeuge zu verwenden – man sollte immer das Beste aus seinen Fähigkeiten machen –, aber bei visuellen Notizen hat die Information Vorrang, nicht die Ästhetik.

MATERIALIEN

Bevor Sie Ihre Materialien auswählen, legen Sie fest, wie Ihre visuellen Notizen verwendet oder veröffentlicht werden sollen. Wollen Sie Ihre Sketchnotes z. B. online zur Verfügung stellen? Viele Plattformen wie Instagram™ und Facebook™ bevorzugen quadratische und horizontale Bilder, so dass es keinen Sinn macht, Notizen im A4-Hochformat anzufertigen. Besser Sie machen Ihre Notizen hier im Quer-Format oder auf einem Stück quadratischen Papier.

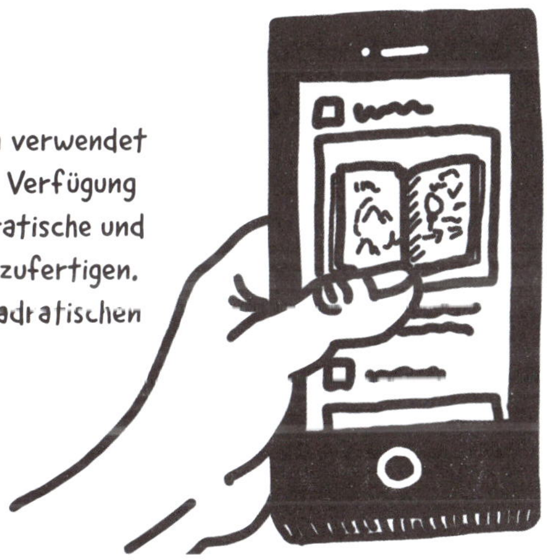

PAPIER

Manche Menschen zeichnen Notizen auf losem Papier, andere verwenden ein Notizbuch. Ich benutze ein Notizbuch, weil es handlich ist. Der Einband und die Bindung schützen das Papier, ich kann es in die Tasche stecken und muss mir keine Sorgen machen, dass es beschädigt wird. Tipps für die Papierauswahl:

FARBE: Weißes Papier ist für Anfänger am einfachsten. Wenn Sie Mist bauen, können Sie Korrekturflüssigkeit verwenden.

PAPIERSTÄRKE: Papier gibt es in verschiedenen Stärken, die sich auf die Festigkeit des Papiers beziehen und in g/m^2 angegeben werden. Einfaches Druckerpapier hat normalerweise eine Stärke von 80 g/m^2, ist dünn und kann leicht beschädigt werden. Zeichenpapier variiert zwischen 80 und 120 g/m^2. Die qualitativ hochwertigsten Zeichenpapiere und Zeichenkartons gibt es auch in Stärken von mehr als 120 g/m^2.

STRUKTUR/OBERFLÄCHE: Wie rau oder glatt fühlt sich das Papier an? Aquarellpapier und Kreidepapier sind eher rau. Achten Sie auf Wörter auf der Verpackung wie »Pergamentoberfläche« oder »Hochglanz«, um eine Vorstellung davon zu bekommen, was Sie erwartet. Auf einigen Papierverpackungen oder Skizzenbüchern steht auch, wofür sie verwendet werden sollten. Z. B. »ideal zum klassischen Skizzieren und Zeichnen« oder »für trockene Medien«.

VORTEILE

- **Preiswert**
- **Einfache Weitergabe**
- **Haltbar.** Im Vergleich zu anderen Methoden ist Papier sehr beständig.

NACHTEILE

- **Braucht Platz.** Nicht jeder hat genügend Stauraum für alle Arbeiten. Es kann auch schwer zu beschaffen sein.
- **Anfällig für Schäden.** Ein überschwemmter Keller oder verschütteter Kaffee kann Ihre Sketchnotes im Handumdrehen ruinieren.

Probieren Sie verschiedene Papiere aus und experimentieren Sie mit Ihren Zeichenwerkzeugen, um zu sehen, wie langlebig sie sind.

PRAXISBEISPIEL

Ich habe einmal einen Vorrat an dicken Karten mit glatter Oberfläche für einen Kundenauftrag gekauft. Ich dachte, die hohe Haltbarkeit wäre ideal, aber meine Marker passten nicht zum Papier, die Farbe verwischte sehr leicht auf der glatten Oberfläche. Das war eine gute Lektion, bei der ich gelernt habe, welchen Einfluss die Oberfläche auf das Arbeitsergebnis haben kann!

NOTIZBÜCHER

Notizbücher sind sehr praktisch für Sketchnotes. Probieren Sie eines mit Buchbindung und eines mit Spiralbindung aus, um herauszufinden, was Ihnen besser zusagt.

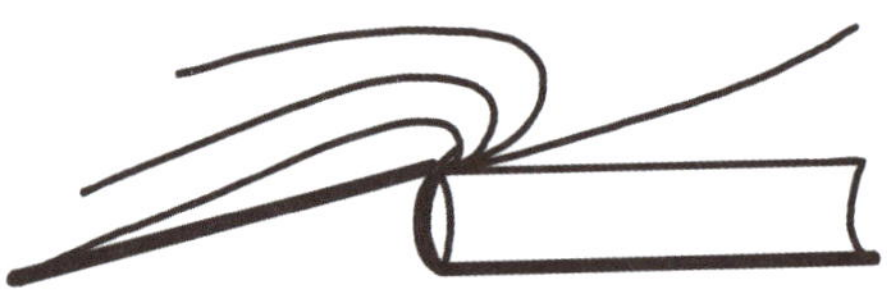

BUCHBINDUNG

SPIRALBINDUNG

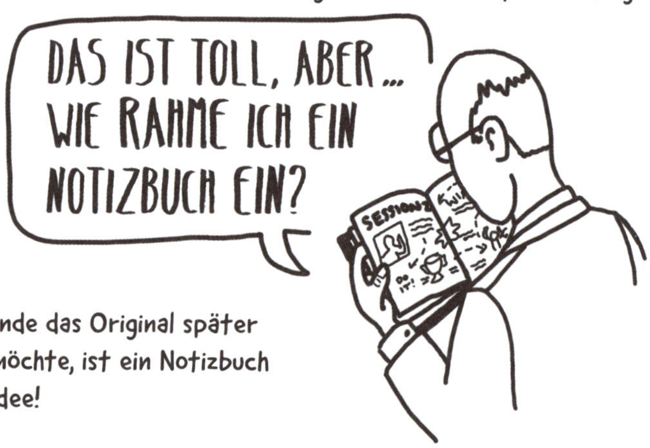

Wenn Ihr Kunde das Original später einrahmen möchte, ist ein Notizbuch keine gute Idee!

WHITEBOARD

Denken Sie daran, dass visuelle Notizen an der Tafel in größerem Maßstab gemacht werden und Live-Illustration (Graphic Recording) genannt werden. An Whiteboards können Sie Fehler leicht korrigieren. Aber man muss bei den Korrekturen klug vorgehen. Jedes Mal, wenn Sie sich auf die Bearbeitung konzentrieren, sind Sie nicht auf das Zuhören konzentriert. Whiteboards können auch frustrierend sein: Jemand kann im Vorbeigehen etwas verwischen und Ihre Arbeit zunichtemachen. Womöglich löschen Sie selbst versehentlich etwas aus!

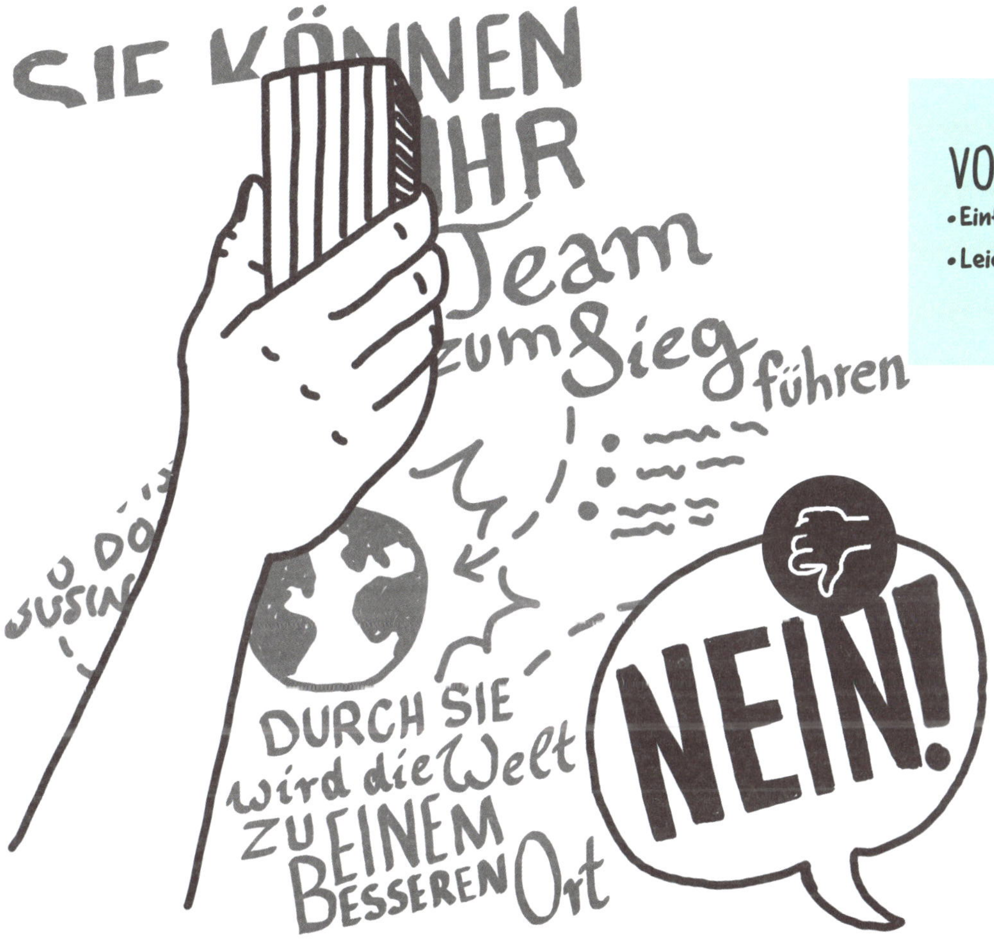

VORTEILE

- Einfach in der Handhabung
- Leicht zu bearbeiten

NACHTEILE

- **Nicht beständig.** Zu leicht zu löschen.
- **Schwierig zu fotografieren.** Whiteboards spiegeln stark, das macht das Abfotografieren schwierig.
- **Begrenzte Farbpalette.** Es gibt nur begrenzte Farboptionen für Whiteboard-Marker, und viele sind schwer zu lesen.
- **Größe.** Das große Format kann einschüchternd wirken, und trocken abwischbare Stifte sind auf etwa drei verschiedene Spitzengrößen beschränkt.

Verwenden Sie keine Whiteboard-Farben auf einem Whiteboard! Sie sind wirklich unangenehm, schwer zu kontrollieren, und Flecken sind schwer zu entfernen.

DIGITAL

Da immer neue Technologien auf den Markt kommen, werden digitale Formate für visuelle Notizen immer beliebter. Das müssen Sie beachten:

KOSTEN

Angesichts der Geschwindigkeit, mit der neue Produkte und Updates auf den Markt kommen: Sind die Kosten für den Kauf eines Tablets eine kluge Investition für Sie, oder wird es in wenigen Jahren veraltet sein und keine neuen Programme mehr ausführen können? Für einige ist der Kauf eines digitalen Tablets kein Problem. Für andere ist es vielleicht am besten, bei den analogen Geräten zu bleiben, um Geld zu sparen.

ZEITAUFWAND

Viele Sketchnoter lieben es, ihre Notizen digital zu erstellen, erkennen aber auch, dass es länger dauert. Bedenken Sie, dass Ihre digitalen Werkzeuge womöglich dazu führen, dass Sie Informationen verpassen. Sketchnotes sollen Informationen visualisieren, verdeutlichen und strukturieren. Wenn Sie das nicht auf effiziente Weise tun können, erfüllen sie nicht ihren Zweck.

WEITERGABE

Digitale visuelle Notizen lassen sich leicht mit anderen teilen. Ein kleiner möglicher Nachteil besteht vielleicht in der persönlichen Weitergabe z. B. in einem Meeting – nicht jeder ist darauf erpicht, sein teures Tablet jemand anderem zu übergeben!

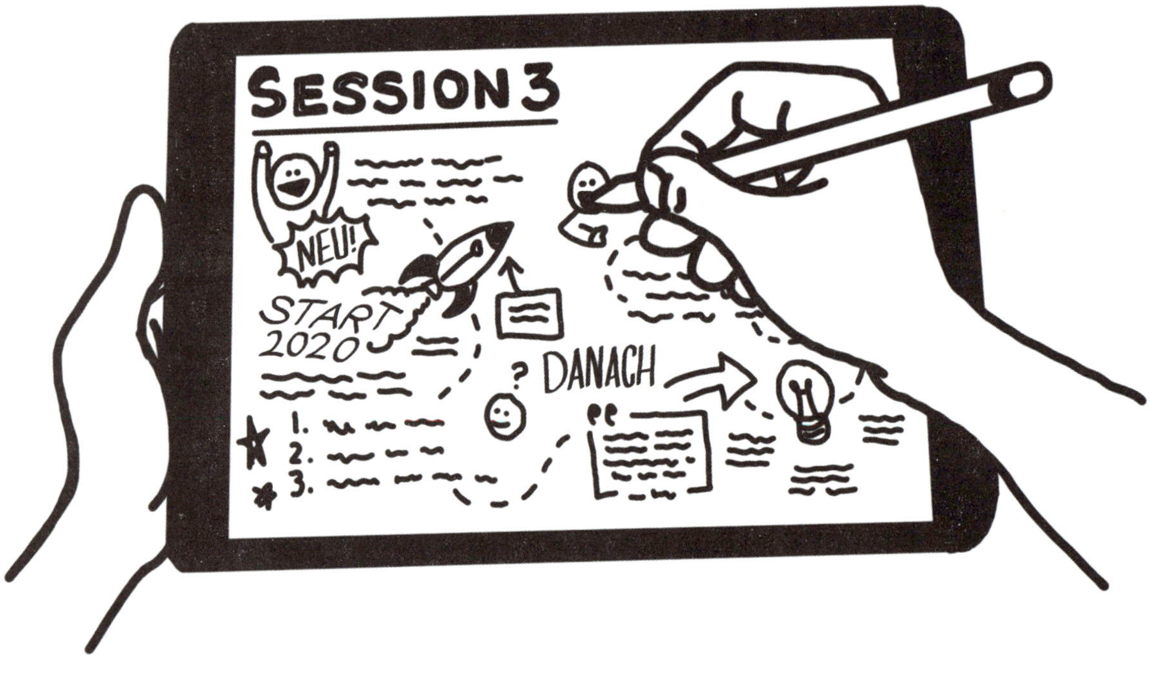

Auf meinem iPad® Pro bin ich langsam, aber ich kann Notizen sehr schnell auf Papier bringen. Ich verbinde das Beste aus beiden Welten: Ich mache meine Notizen so, dass ich effizient und sicher bin, und ich habe ein Bearbeitungsprogramm, das ich ebenfalls gut beherrsche. Dieser Workflow ist perfekt für mich.

VORTEILE

- **Endlos viele Werkzeuge.** Ein einziges Programm kann Ihnen unendlich viele Farben, Pinsel und Bearbeitungsmöglichkeiten bieten.
- **Kosten.** Für viele sind digitale visuelle Notizen kostengünstiger.
- **Komfortabel.** Sie benötigen lediglich ein Tablet und einen Stift.
- **Einfache Weitergabe.** Teilen Sie Ihre visuellen Notizen mit nur wenigen Fingertipps oder Klicks!
- **Integrierte Lichtquelle.** Die Anpassung der Bildschirmhelligkeit ist ein großer Vorteil!

NACHTEILE

- **Unendliche Möglichkeiten.** Manchmal ist man von der schieren Anzahl an Optionen überfordert und verbringt zu viel Zeit mit der Suche nach dem perfekten Pinsel.
- **Ästhetik.** Einige digitale visuelle Notizen sehen zu sehr nach Computer aus, und es fehlt die eigenwillige, handgezeichnete Ästhetik. Es gibt einfach etwas an Stift und Papier, was den visuellen Notizen mehr Aufmerksamkeit verleiht.
- **Glatte Oberfläche.** Viele Klagen, die ich über das digitale Zeichnen höre, beziehen sich darauf, dass die Oberfläche glatter ist als Papier und Stift, so dass schnell Fehler passieren.
- **Kosten.** Digitale Bildnotizen sind nicht immer kosteneffizient. Sie müssen entscheiden, was für Sie sinnvoll ist.
- **Akkulaufzeit.** Wenn Sie nicht regelmäßig ans Aufladen denken oder keinen Ersatzakku haben, ist Ihr Notizgerät schnell leer!

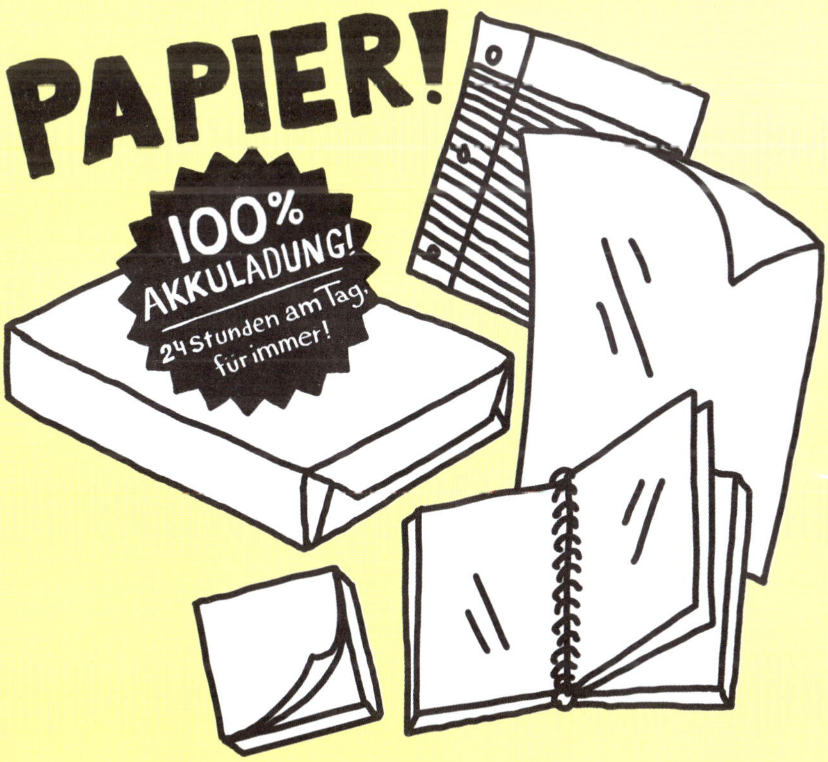

SCHREIB- UND ZEICHENWERKZEUGE

Sie können Sketchnotes mit jedem verfügbaren Schreibgerät machen (denken Sie daran: die Werkzeuge sind nicht wichtig!), aber es gibt einige Dinge zu beachten, wenn Sie einen Stift aussuchen.

Haben Sie das mitbekommen? Ich sagte STIFT, nicht Bleistift.
»Aber das ist neu für mich! Ich werde viele Fehler machen!«

Ganz genau. Ich glaube, der beste Weg, um ein guter Sketchnoter zu werden, ist das bewusste Üben mit Stiften. Die Tinte kann nicht bearbeitet werden, und Sie sind zum Scheitern verurteilt. Misserfolg klingt nicht nach Spaß, aber es ist langfristig hilfreich. Aus Misserfolgen lernt man schneller und mehr als aus ständigen kleinen Verbesserungen, die kein Risiko beinhalten. Notizen mit solchen Stiften stärken Ihr Selbstvertrauen, und sie sind obendrein viel leichter zu lesen als Bleistiftnotizen.

ÜBERLEGUNGEN ZUM STIFT

- Trocknet die Farbe schnell, oder verschmiert sie (besonders wichtig für Linkshänder)?
- Wie funktioniert der Stift in Kombination mit Ihrem Papier und anderen Schreibgeräten?
- Wie viel kostet er? Ist ein 10-Euro-Stift praktisch, wenn Sie ihn alle paar Wochen austauschen müssen?
- Ist die Farbe oder die Patrone nachfüllbar, oder müssen Sie jedes Mal den ganzen Stift austauschen?
- Ist der Stift leicht erhältlich? Können Sie ihn vor Ort kaufen oder müssen Sie ihn online bestellen?
- Ist die Farbe haltbar (lichtbeständig)?
- Können Sie den Stift verwenden, sobald Sie die Kappe abnehmen, oder braucht er eine »Aufwärmzeit«, bis die Farbe richtig fließt?

MARKER

Bei Markern erfolgt die Farbzufuhr durch eine poröse Feder, wie zum Beispiel Filz oder sogar poröse Keramik.

Tombow® Brush Pen Markers Die beiden Spitzen eignen sich hervorragend zum Ausmalen großer Flächen und zum Zeichnen kleiner Details. Die Farben können gemischt werden, oder Sie können Misch-Marker kaufen. Tombow bietet mehr als 90 Farben. Die Farben sind wasserbasiert, und der gesamte Marker muss ausgetauscht werden, wenn er austrocknet. Sie können die Farbe schichtweise auftragen, um einen satteren Ton zu erhalten.

Paper Mate® Flair® Flairs sind meine Markerstifte für einfache visuelle Schwarz-Weiß-Notizen ohne Farbe oder Schattierung. Es stehen etwa 24 Farben zur Auswahl. Die Farbe ist auf Wasserbasis, und der gesamte Marker muss ausgetauscht werden, wenn er austrocknet. Die feine Spitze fühlt sich sehr gut an.

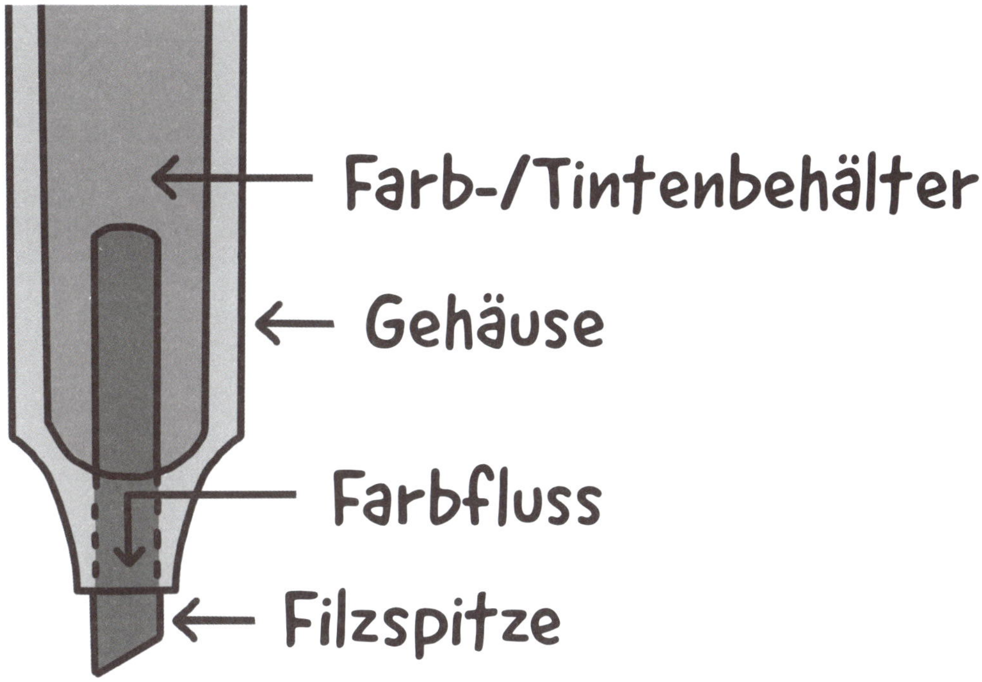

Ich empfehle keine traditionellen Permanentmarker:
Sie sind oft nicht farbecht und auf Alkoholbasis, deshalb haben sie einen starken Geruch, und die Farbe verläuft oder läuft aus.

Sakura® Pigma® Micron® Diese Marker haben eine sehr feine Spitze. Die Tinte ist ein Archivierungspigment (keine Farbe), so dass sie auf dem Papier nicht verläuft. Allerdings wird sie verlaufen, wenn man sie mit anderen Markern oder Farben vermischt. Es gibt etwa 15 Farben, und der gesamte Marker muss ersetzt werden, wenn er trocken wird.

Copic® Multiliner Ein großartiges Werkzeug, das dem Pigma Micron ähnlich ist, jedoch mit einigen zusätzlichen Vorteilen. Die Archivierungstinte ist intensiver schwarz, und der Radierer lässt sie nicht verblassen. Copic Multiliner sind nur in sehr wenigen Farben erhältlich.

Neuland® Markers: SketchOne (0.1–0.7) + fineOne® (0.5–5 mm) Der SketchOne-Stift ist ähnlich wie der Micron und Copic Multiliner, aber die Farbe ist wasserbasiert und verläuft stärker. Der gesamte Marker muss ersetzt werden, wenn er trocken wird. Die fineOne-Marker sind meine erste Wahl, um Farbe hinzuzufügen. Ich verwende die größeren Neuland-Marker für grafische Darstellungen, und ich liebe es, dass ich alle meine Neuland-Marker mit der gleichen Tinte (RefillOne) nachfüllen kann.

Pentel® EnerGel®: 0.3, 0.5, 0.7 Gel-Farbe zieht nicht so schnell ein, es dauert bis sie trocknet. Nach dem Trocknen lassen nur sehr wenige Farb- und Schattierungswerkzeuge die Linie ausbluten. Sie sind in vielen Farben erhältlich, und ich kann den Füllstand überprüfen. Pentel verkauft auch Ersatzminen.

Sakura® Gelly Roll® White Gel Pen Ich benutze diesen weißen Gelstift wie Korrekturflüssigkeit, aber auch zum Hervorheben von Illustrationen. Er ist nicht nachfüllbar und muss ersetzt werden, wenn er austrocknet.

NÜTZLICHES ZUBEHÖR

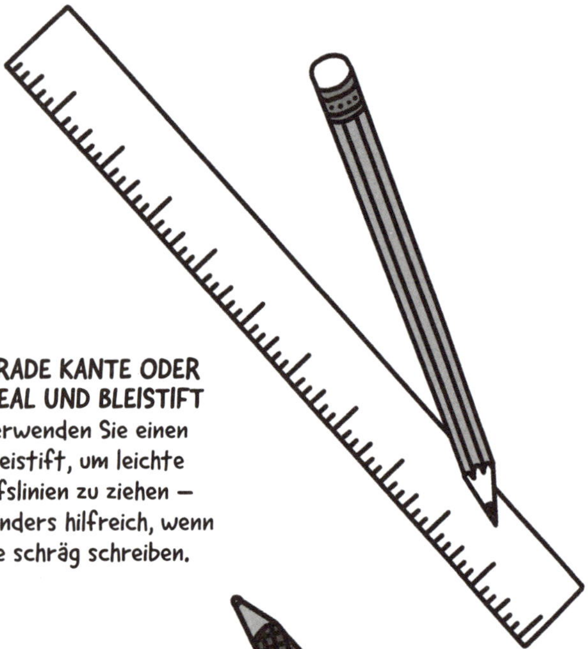

GERADE KANTE ODER LINEAL UND BLEISTIFT
Verwenden Sie einen Bleistift, um leichte Hilfslinien zu ziehen – besonders hilfreich, wenn Sie schräg schreiben.

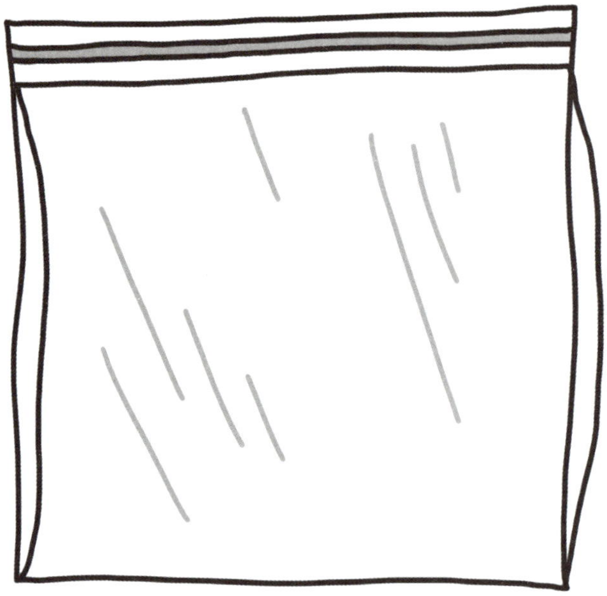

PLASTIKBEUTEL
Darin bleiben Ihre Sachen wasserdicht, und sie schützt vor Stiftexplosionen und Lecks, die alles ruinieren!

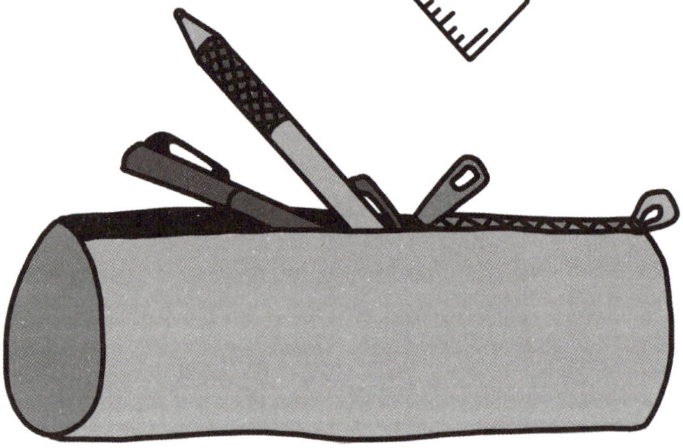

FEDERMÄPPCHEN
Bewahren Sie Ihre Werkzeuge an einem Ort auf, damit sie schnell griffbereit sind.

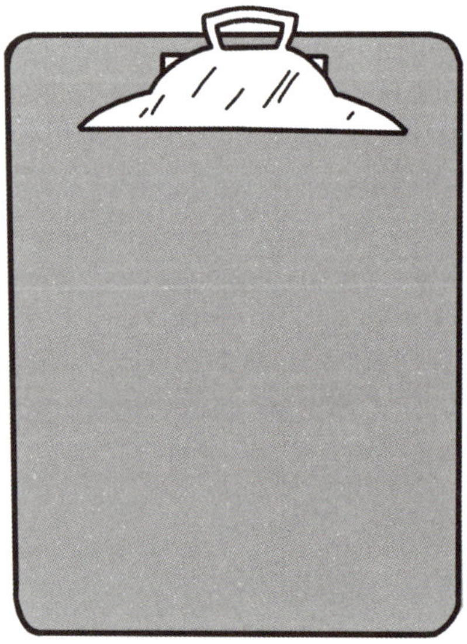

SCHREIBUNTERLAGE
Ein Clipboard oder Buch genügt, oder verwenden Sie Ihr Tablet oder den Laptop.

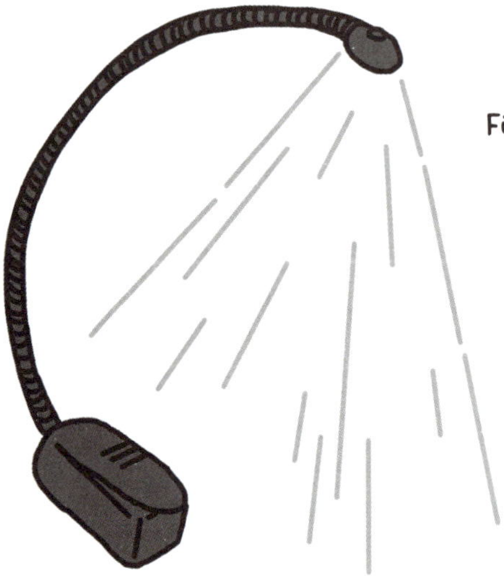

LESE- ODER STIRNLAMPE
Für dunkle Räume.

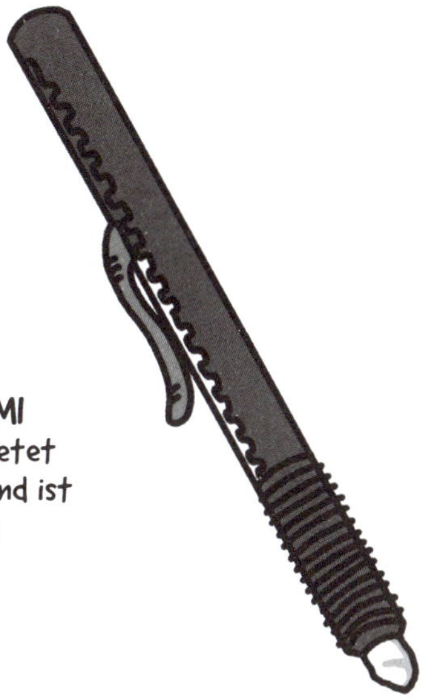

KLICK-RADIERGUMMI
Bleibt sauber, bietet mehr Kontrolle und ist nachfüllbar.

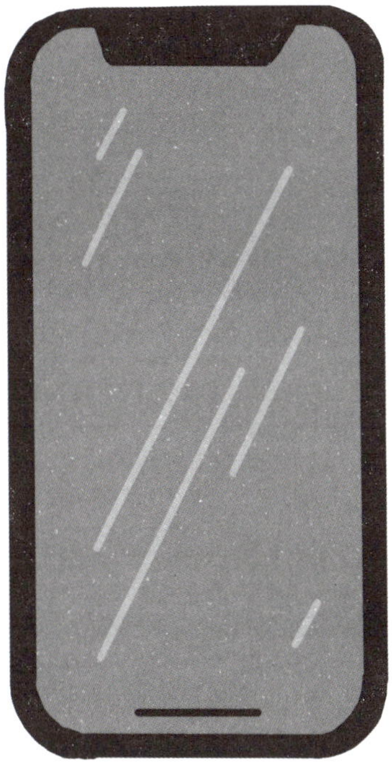

SMARTPHONE
Großartig zum Nachschlagen von Rechtschreibung, Referenzbildern und Porträts.

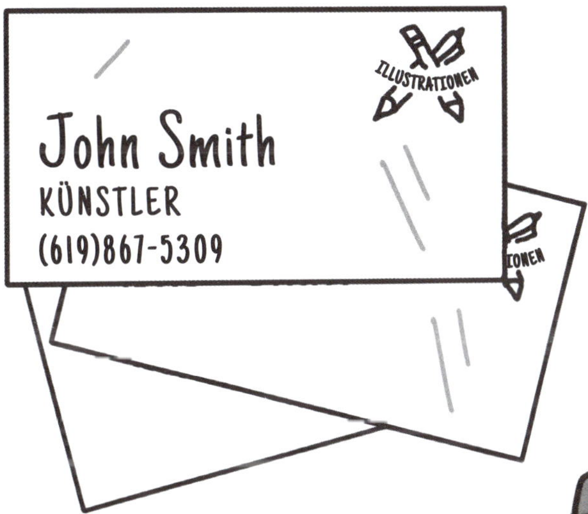

VISITENKARTEN
Jemand findet Ihre visuellen Notizen schön und möchte Sie vielleicht später kontaktieren, um sie in sozialen Medien zu sehen, eine Kopie zu erhalten oder um Sie zu engagieren.

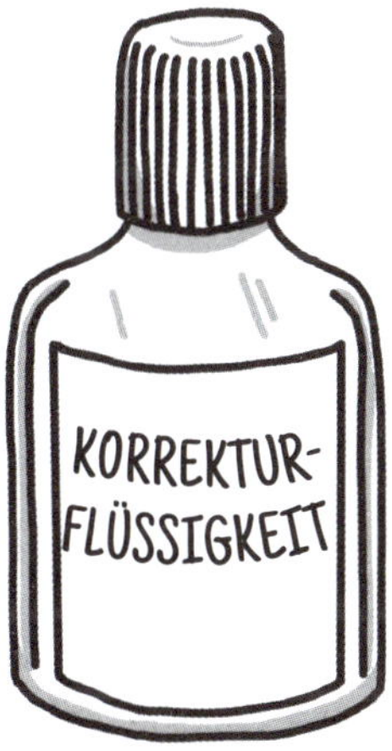

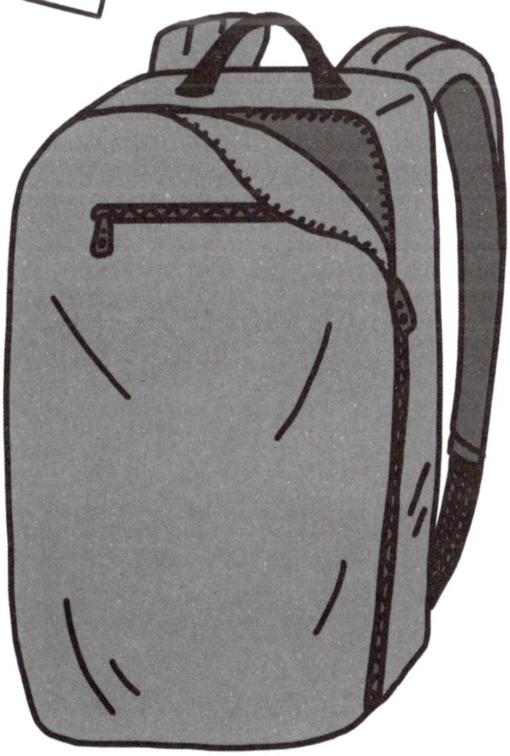

RUCKSACK
Nützlich, um alle Sachen aufzubewahren, und die Hände frei zu behalten.

KORREKTURFLÜSSIGKEIT
Zur Fehlerkorrektur. Das sieht nur dann gut aus, wenn Ihr Papier hochweiß ist!

ÜBERLEGUNGEN ZUR AUSWAHL IHRER WERKZEUGE

Wählen Sie Werkzeuge aus, die den Bedürfnissen Ihres Publikums entsprechen.

- Wie werden die Notizen geteilt? Wählen Sie ein Medium, das die Weitergabe Ihrer Notizen erleichtert?
- Eignen sich Ihre Werkzeuge dazu, dass Ihre Notizen von den richtigen Leuten gesehen werden?

Wählen Sie Werkzeuge aus, die zusammen funktionieren.

- Passen Ihre Schreibutensilien und Ihr Papier zusammen? Verschmiert Ihre Tinte auf diesem oder jenem Papier?
- Wenn Sie Linkshänder sind, nimmt Ihre Hand Farbe auf, wenn sie auf dem Papier aufliegt?
- Funktionieren Ihre Schreibgeräte, wenn sie zusammen benutzt werden? Wenn Sie zum Beispiel mit Ihrem gelben Marker über eine schwarze Stiftlinie gehen, verschmiert er die Linie oder ruiniert die Linie Ihren Marker?

Wählen Sie Werkzeuge aus, die für Ihre Umgebung geeignet sind.

- Wird der Raum hell sein? Ein Whiteboard könnte zu stark reflektieren, und die Zuschauer erkennen vielleicht nichts. Wird der Raum dunkel sein? Vielleicht müssen Sie eine Buch- oder eine Stirnlampe mitbringen.
- Wird der Raum eng sein? Große Formate sind vielleicht ungeeignet, wenn Sie keine Bewegungsfreiheit haben.
- Wenn Sie sich für Marker auf Alkoholbasis entscheiden, gibt es einen Luftstrom, damit Sie die Leute nicht durch den Geruch ablenken oder stören?
- Wenn Sie mit einem großen Format arbeiten, haben Sie dann die Möglichkeit, Ihre Arbeit leicht darzustellen?
- Wenn Sie mit einem kleinen Format arbeiten, haben Sie dann einen Tisch zum Arbeiten? Oder eine Schreibunterlage?

IHRE EINSTELLUNG

Um wirkungsvolle Sketchnotes zu machen, braucht man die richtige Einstellung.

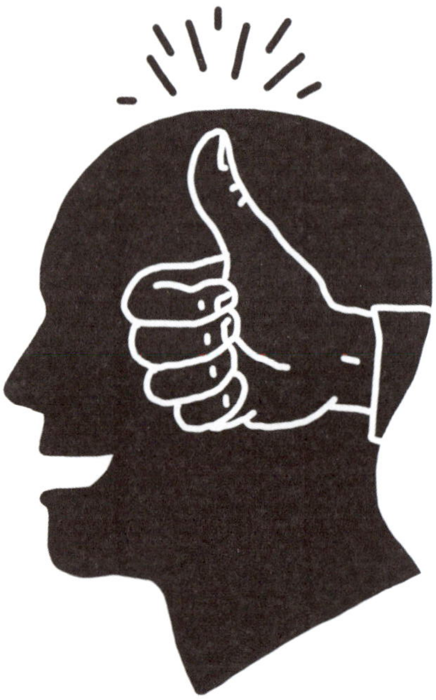

Bleiben Sie konzentriert!
Wenn Sie vortragsbasierte Notizen machen, dürfen Sie sich nicht von Ihren Gedanken ablenken lassen.
Wenn Sie erfahrungsbasierte Notizen für sich selbst machen, dann befreien Sie sich von der Ablenkung. Konzentrieren Sie sich beim Notizenmachen auf das, was Sie gedacht und gefühlt haben.

Seien Sie kein Perfektionist.
Sie werden nicht ALLES notieren können, was Sie hören oder erleben. Der Sinn von Sketchnotes besteht darin, Informationen zu visualisieren, zu klären und zu strukturieren und sich dabei auf die Hauptpunkte und wichtige Ideen zu konzentrieren. Ihre Bilder sind vielleicht nicht perfekt, und das ist in Ordnung. Ihre Handschrift ist vielleicht etwas unruhig, und das ist in Ordnung. Sie haben vielleicht ein Wort falsch geschrieben, und auch das ist in Ordnung!

Lassen Sie sich auf die Sache ein.
Die Redner werden vom Thema abweichen oder länger sprechen als erwartet. Der Zeitplan wird sich ändern. Ihr Stift geht womöglich aus, oder Sie müssen eine zusätzliche Seite Papier verwenden. Akzeptieren Sie all diese Dinge!

VORBEREITUNG:
BEVOR SIE ANFANGEN

Bevor Sie sich ins visuelle Notieren stürzen, müssen Sie Ihren Erfolg vorbereiten! Sehen wir uns einige Möglichkeiten an, wie Sie sich und Ihre Umgebung optimal vorbereiten.

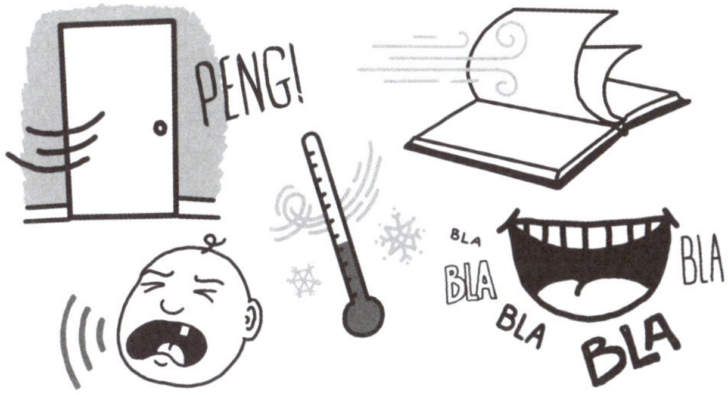

DEN BESTEN PLATZ WÄHLEN

Man kann keine guten Notizen machen, wenn man schlecht hört. Das Wichtigste bei der Suche nach einem guten Sitzplatz ist folglich, **dass man den Redner gut hören kann.** Achten Sie auf folgende unangenehme Ablenkungen:

TÜREN

- Tür geht auf und zu
- Lichtwechsel
- Lärm

MENSCHEN

- Leute, die tuscheln
- Zappler
- Babys und Kinder

LÜFTUNGEN

- Luft, die auf Sie oder Ihre Notizbuchseiten bläst
- Abrupte Temperaturänderungen
- Lärm

Wenn ich den Platz frei wählen und vor Beginn einer Veranstaltung anreisen kann, stelle ich mich gerne bei den Leuten vor, die in der Tonkabine arbeiten. Ich frage sie, wo sie sitzen, um besonders gut zu hören. Oftmals ist der beste Platz in der Nähe der Tonkabine.

ZEITPLAN BESORGEN

Eine der häufigsten Fragen, die sich die Leute stellen, wenn sie meine Arbeit sehen, ist: »Woher wissen Sie, wie man alles so perfekt anordnet?« Ganz einfach: **Planung!** Ich bekomme immer einen Veranstaltungsplan im Voraus. Zeitpläne sind eine Goldgrube für visuelle Notizen! Ein Zeitplan enthält normalerweise die Namen der Redner, die Titel der Vorträge und den Zeitrahmen. Ich kann meine visuellen Notizen vorab mit diesen Infos füllen.

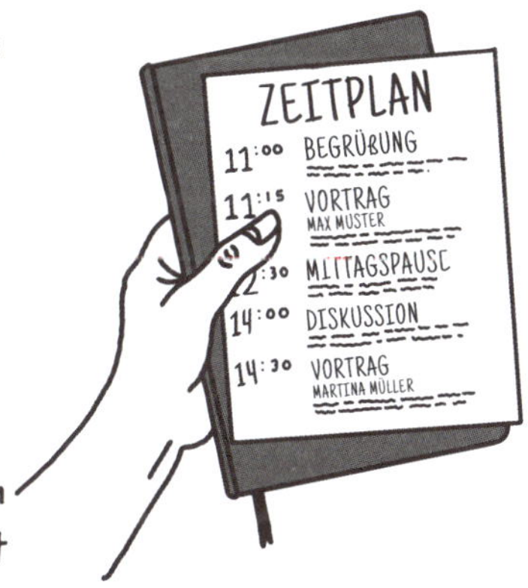

Wenn Sie wissen, wie lange ein Vortrag dauert, können Sie Ihre visuellen Notizen planen. Ich plane meine Arbeitsfläche sehr locker in 5- bis 15-Minuten-Intervallen. Ich schreibe die Zeiten mit Bleistift über die Seiten oder die Tafel, damit ich weiß, ob mein Abstand mit der verbleibenden Zeit übereinstimmt. In der Regel fülle ich eine Seite mit Sketchnotes im Notizbuch mit jeweils 30 Minuten Inhalt.

Die Raumtemperaturen für Besprechungen und Konferenzen können schwanken, daher ist es hilfreich, sich in Schichten zu kleiden, um sich wohlzufühlen.

ZUHÖREN

Es gibt noch einen weiteren wichtigen Schritt, den es zu lernen gilt, bevor man den Stift zu Papier bringt. Das Erstellen effektiver Sketchnotes hängt von einer wesentlichen Fähigkeit ab: dem Zuhören.

DREI SCHRITTE ZUM GUTEN ZUHÖREN

Es gibt drei Schritte zum guten Zuhören:

1) **Hören:** Der erste Schritt besteht darin, einen Platz mit guter Akustik zu finden. In einem kleineren Raum ohne Tonanlage gehen Sie so nah wie möglich an den Referenten heran. Halten Sie Abstand zu lauten Bereichen oder Menschen. Wenn Sie sich in einem großen Raum befinden, stellen Sie sicher, dass Sie sich in der Nähe oder unter einem Lautsprecher befinden.

2) **Konzentration:** Beseitigen Sie alle Ablenkungen. Schalten Sie Ihr Telefon in den Ruhemodus.

3) **Zuhören:** Dies ist der letzte Schritt zu einem guten Zuhören – tatsächlich zuhören! Es gibt zwei Arten des Zuhörens: vom Kopf zum Herzen und vom Kopf zur Hand.

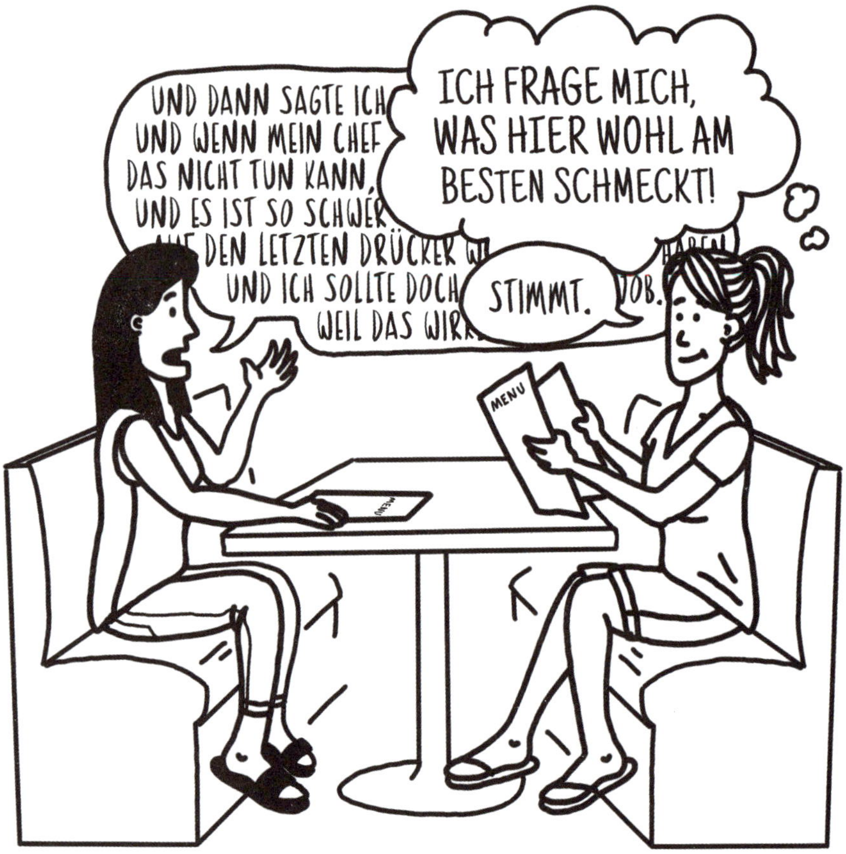

HÖREN VS. ZUHÖREN

Haben Sie sich schon einmal ausgeklinkt, während Sie einem Kollegen in einer Sitzung »zugehört« haben? Oder haben Sie sich beim Mittagessen überlegt, was Sie bestellen wollten, während Sie Ihrer Freundin »zuhörten«?

In solchen Fällen hören Sie nicht zu – Sie hören. Hören ist das, was passiert, wenn Sie Geräusche empfangen. Zuhören ist das, was passiert, wenn Sie sich bewusst auf die Geräusche konzentrieren.

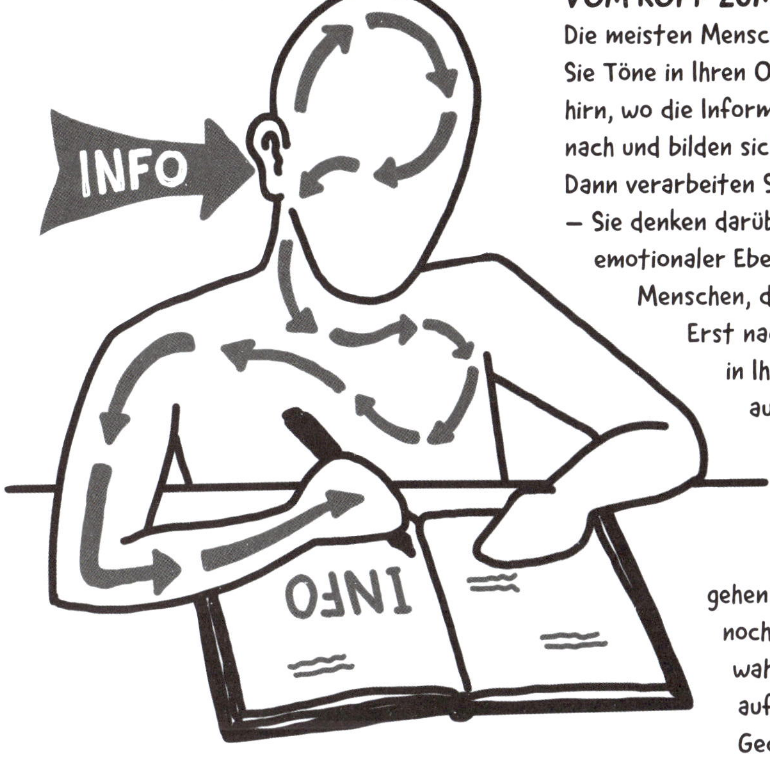

VOM KOPF ZUM HERZEN HÖREN

Die meisten Menschen hören normalerweise so: Zuerst empfangen Sie Töne in Ihren Ohren. Als Nächstes wandert der Ton zu Ihrem Gehirn, wo die Informationen verarbeitet werden. Sie denken über diese nach und bilden sich Ihre Meinungen, Urteile und sogar Argumente. Dann verarbeiten Sie sie in dem, was Sie Ihr »Herz« nennen könnten – Sie denken darüber nach, wie Sie sich durch die Informationen auf emotionaler Ebene fühlen. Vielleicht denken Sie auch an andere Menschen, die die Informationen ebenfalls hören müssen. Erst nachdem Sie die Informationen in Ihrem Kopf und in Ihrem Herzen betrachtet haben, werden Sie etwas aufschreiben. Dieser Prozess geschieht sehr schnell, aber es sind viele Schritte nötig, und deshalb ist er nicht effektiv.

Wenn Informationen in Ihren Kopf und Ihr Herz gelangen, bleiben sie auf dem Weg stecken und gehen verloren. Wenn Sie sie dann aufschreiben, ist es nur noch ein Bruchteil dessen, was gesagt wurde. Sie haben wahrscheinlich aufgehört, dem Sprecher weiterhin aufmerksam zuzuhören, weil Sie sich auf Ihre eigenen Gedanken und Gefühle dazu konzentriert haben.

VOM KOPF ZUR HAND HÖREN

Das Hören vom Kopf zur Hand wird auch als aktives Zuhören bezeichnet. Sie sind vollständig auf die Botschaft des Sprechers konzentriert. Die Information umgeht Ihre Gedanken, Urteile, Argumente und Gefühle und geht direkt in Ihre Notizen ein. In Ihren Notizen kommen mehr Informationen an, weil sie nicht in Ihrem Kopf und in Ihrem Herzen verloren gehen. Das ist es, was wir anstreben! Wenn Sie visuelle Notizen machen, wollen Sie das, was Sie auf der Bühne hören, direkt auf die Seite übertragen.

Wenn die Leute meine Sketchnotes nach einer Präsentation sehen und mit mir sprechen, ist unser Gespräch oft so: »Hat der Referent das tatsächlich gesagt? Daran kann ich mich nicht erinnern!« Meine Antwort ist immer: »Ja! Ich füge selbst nichts hinzu – ich notiere nur, was ich höre. Die Leute sind immer wieder überrascht, wie wenig sie mitbekommen haben, wenn sie sehen, wie gründlich meine Notizen sind.

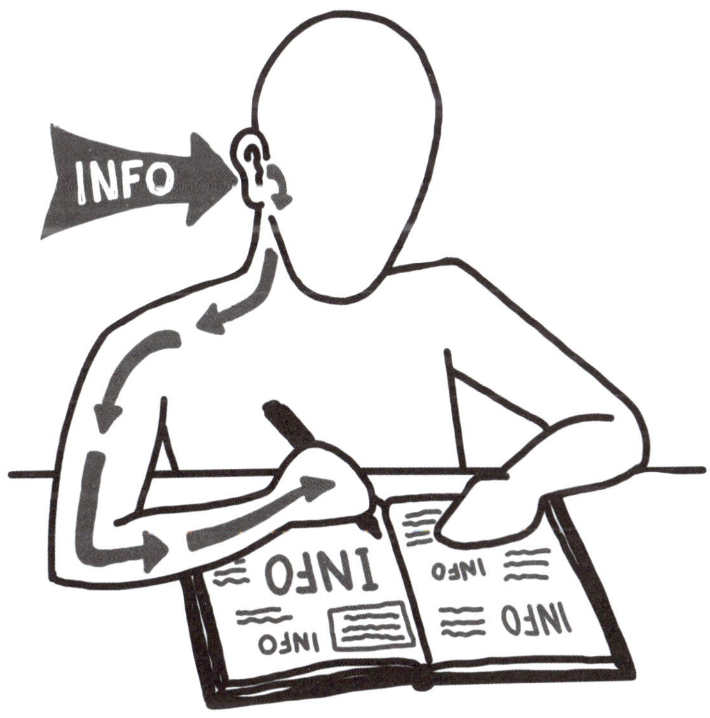

WORAN SIE ERKENNEN, DASS SIE ES RICHTIG MACHEN

Ertappen Sie sich bei Präsentationen dabei, wie Sie sagen: »Ich glaube, dieser Typ ist falsch, weil ...«, oder: »Ich glaube, Susi muss diesen Vortrag wirklich hören«, oder: »Ich frage mich, wann das Mittagessen ist«, oder: »Oh, das war so gut. Ich muss mir das auch angewöhnen.«? Wenn ja, dann lassen Sie den Kopf und das Herz bei der Information mitreden – beide sind nicht eingeladen! Richten Sie Ihre Aufmerksamkeit wieder auf die Gegenwart und auf das, was der Referent sagt.

HINWEISE FÜR DAS ZUHÖREN

Es ist unmöglich, alles zu notieren, was auf einer Bühne oder in einer Besprechung gesagt wird – wir können einfach nicht so schnell schreiben, wie gesprochen wird. Zum Glück geht es nicht darum, alles aufzuschreiben, sondern um Sketchnotes. Wenn man visuelle Notizen macht, geht es um die Hauptideen und wiederkehrende Themen, nicht um jedes Detail. Versuchen Sie nicht, jedes Wort zu notieren, sondern konzentrieren Sie sich auf die wichtigen Dinge!

Die nächste Frage, die Sie wahrscheinlich stellen, lautet: »Wie finde ich heraus, was wichtig ist und was nicht?« Ich habe festgestellt, dass dies meist mit Erfahrung und Praxis einhergeht. Im Laufe der Zeit werden Sie lernen, wichtige Themen sofort zu erkennen, aber es gibt auch ein paar Tricks, die Ihnen dabei helfen.

Es mag Sie überraschen, dass Sie **auch mit den Augen zuhören** können! Einem Sprecher zuzuschauen wird Ihnen beim Zuhören helfen, und sobald Sie wissen, worauf Sie achten müssen, wird Ihnen das Zuhören noch viel leichter fallen! Ich nenne es »Zuhör-Hinweise«, und es sind Verhaltensweisen, die Sie erkennen lernen müssen. Fangen wir an!

VERBAL

Am einfachsten ist es, wenn Sie den Hinweis hören, ohne dafür arbeiten zu müssen – der Referent wird Ihnen sagen, was die wichtigsten Ideen sind. Solche Sätze sind:

- »Es gibt drei Schritte zur Lösung des Problems …«
- »Erstens …«
- »Wenn es eine Sache gibt, an die Sie sich erinnern sollen, dann ist es …«
- »Zusammenfassend kann man sagen, es geht hier um …«

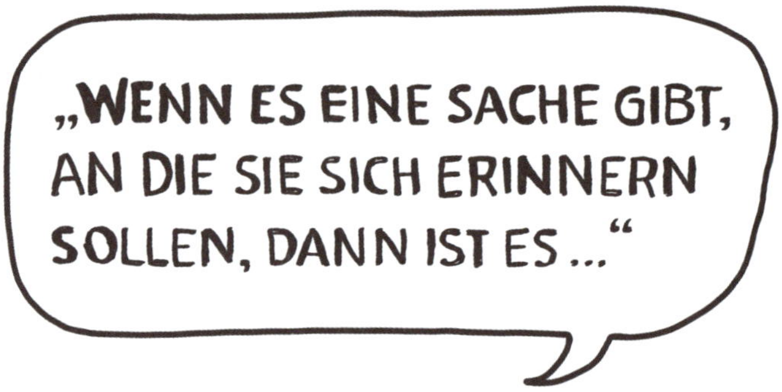

Solche Formulierungen geben die Struktur des Vortrags vor, so dass Sie nicht genau zuhören müssen, um sie zu erkennen. Einige, aber nicht alle erfahrenen Redner teilen die Struktur verbal mit. Andere verwenden ein Erzählformat mit weniger Struktur, so dass Sie sich auch auf andere Hinweise verlassen müssen.

WIEDERHOLUNGEN

Die Referenten wollen, dass Sie verstehen, was sie sagen, deshalb werden sie ihre Ideen oft mehr als einmal wiederholen. Erfahrene Redner wissen, dass es länger dauert, zu schreiben als zu sprechen, daher wenden sie oft eine Wiederholungsmethode namens »Bookending« an. Sie besteht darin, die Hauptidee vorzustellen, darüber zu sprechen und sie dann noch einmal zu wiederholen, bevor es weitergeht.

PAUSEN

Redner, die im Begriff sind, etwas Wichtiges zu erzählen, halten manchmal vor und nach dem eigentlichen Thema inne. Manchmal geschieht das absichtlich, weil sie der Idee »Raum zum Atmen« und dem Publikum die Zeit geben wollen, die Idee in sich aufzunehmen. Es könnte aber auch unbeabsichtigt sein – sie sammeln ihre Gedanken, um die wichtige Idee bestmöglich zu vermitteln; zum Beispiel können sie nach dem Vorstellen einer wichtigen Idee eine Pause machen, während sie sich überlegen, mit welcher Geschichte sie das soeben Gesagte am besten untermauern.

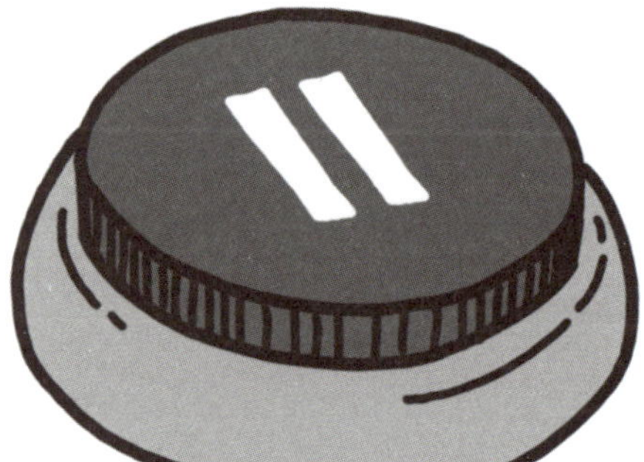

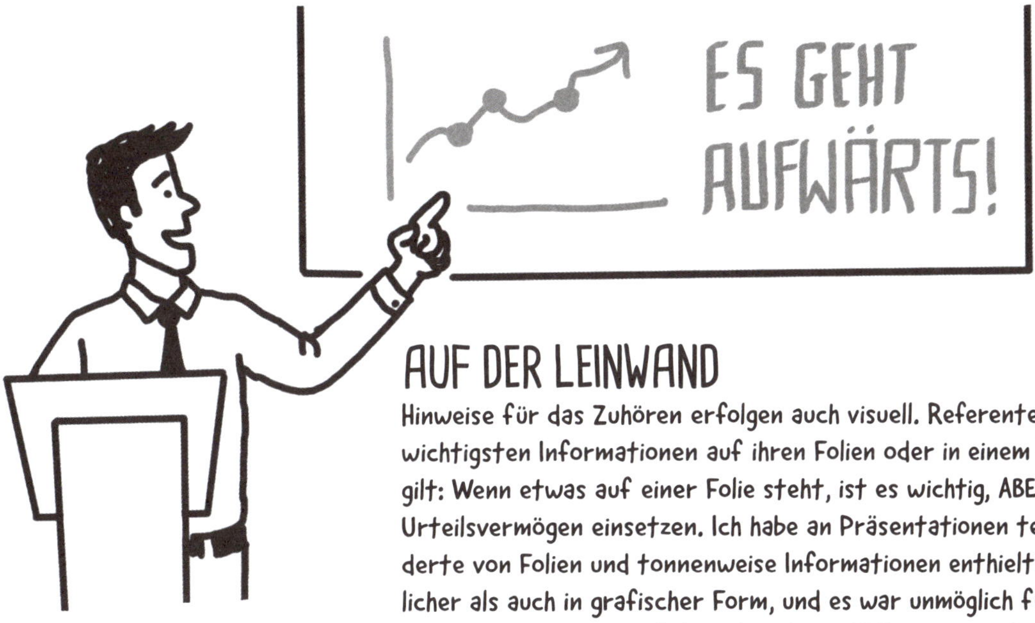

AUF DER LEINWAND

Hinweise für das Zuhören erfolgen auch visuell. Referenten zeigen oft die wichtigsten Informationen auf ihren Folien oder in einem Video. Als Faustregel gilt: Wenn etwas auf einer Folie steht, ist es wichtig, ABER Sie müssen Ihr eigenes Urteilsvermögen einsetzen. Ich habe an Präsentationen teilgenommen, die hunderte von Folien und tonnenweise Informationen enthielten, sowohl in schriftlicher als auch in grafischer Form, und es war unmöglich für jemanden, das alles zu lesen oder mitzuverfolgen. In solchen Fällen müssen Sie selbst erkennen, was gerade am wichtigsten ist.

GESTEN

Wenn Redner auf wichtige Punkte eingehen, verwenden sie oft Gesten, Handbewegungen und ihren Körper, um die Kommunikation zu unterstützen. Das kann so einfach sein wie das Hochhalten eines Fingers, um auf etwas Wichtiges hinzuweisen, oder es kann eine Bewegung des ganzen Körpers sein, mit der Sie dazu gebracht werden, aufmerksam zu sein.

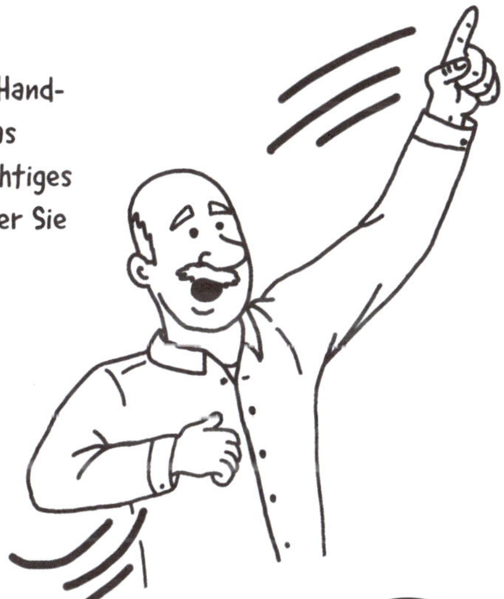

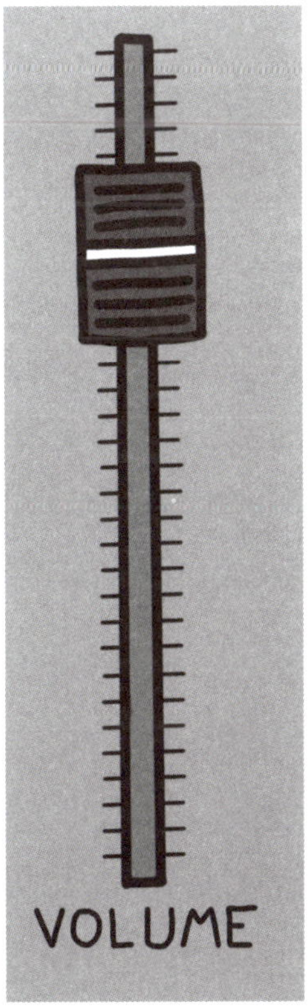

TEMPO UND LAUTSTÄRKE

Hierbei handelt es sich um subtilere Hör-Hinweise. Menschen, die über etwas sprechen, das ihnen wichtig ist, ändern das Tempo und werden oft lauter. Ein Redner, der normalerweise schnell spricht, könnte langsamer werden, um sicherzugehen, dass Sie den Punkt verstehen. Ein Redner, der eher langsam spricht, spricht vielleicht schneller, um das Argument zu betonen, das er gerade vorbringt. Sie können darauf wetten, dass ein Referent, der lauter wird, versucht, Ihre Aufmerksamkeit zu wecken. Prüfen Sie also, ob die Lautstärke auf etwas Notierenswertes hinweist.

WAS IST MIT GESCHICHTEN?

Viele Redner beginnen mit einer Geschichte, aber die Geschichten beziehen sich nicht immer auf ihr Thema. Manchmal dient die Geschichte dazu, die Besucher einzustimmen oder es dem Redner selbst angenehmer zu machen. Wenn jemand mit einer Geschichte beginnt, warten Sie ein paar Minuten, bevor Sie Notizen machen. Bezieht sie sich auf seinen Vortrag, fangen Sie die wichtigsten Ideen aus der Geschichte ein oder ein kleines, damit verbundenes Bild – aber nicht jedes Detail.

SCHREIBEN

Na, endlich! Jetzt können Sie anfangen, den Stift zu Papier zu bringen! Wenn Ihnen Ihre Handschrift nicht gefällt oder Sie sich um die Lesbarkeit sorgen, keine Sorge! Mit etwas Übung kann jeder visuelle Notizen machen, die auch jeder lesen kann.

SCHRIFT

Es mag Jahrzehnte her sein, seit Sie das letzte Mal das Schreiben des ABCs geübt haben, darum frischen wir Ihre Kenntnisse kurz auf. Üben Sie das folgende Alphabet:

A B C D E F G H I J K L M

N O P Q R S T U V W X Y Z

a b c d e f g h i j k l

m n o p q r s t u v w x y z

Wenn Sie Ihre Buchstaben anders zeichnen als im obigen Beispiel, ist das in Ordnung! Ich möchte Sie dennoch ermutigen, dieses klassische Alphabet zu üben und es mindestens einmal in Ihren Notizen auszuprobieren, bevor Sie zu Ihrer Standard-Handschrift zurückkehren. Es ist wichtig, neue Dinge auszuprobieren, die uns in unserer Kreativität fordern – auch wenn es um die Schreibkunst geht!

Eine Sache, die mir geholfen hat, mich zu entspannen, war, nicht an das Schreiben von Buchstaben zu denken, sondern sie zu zeichnen.

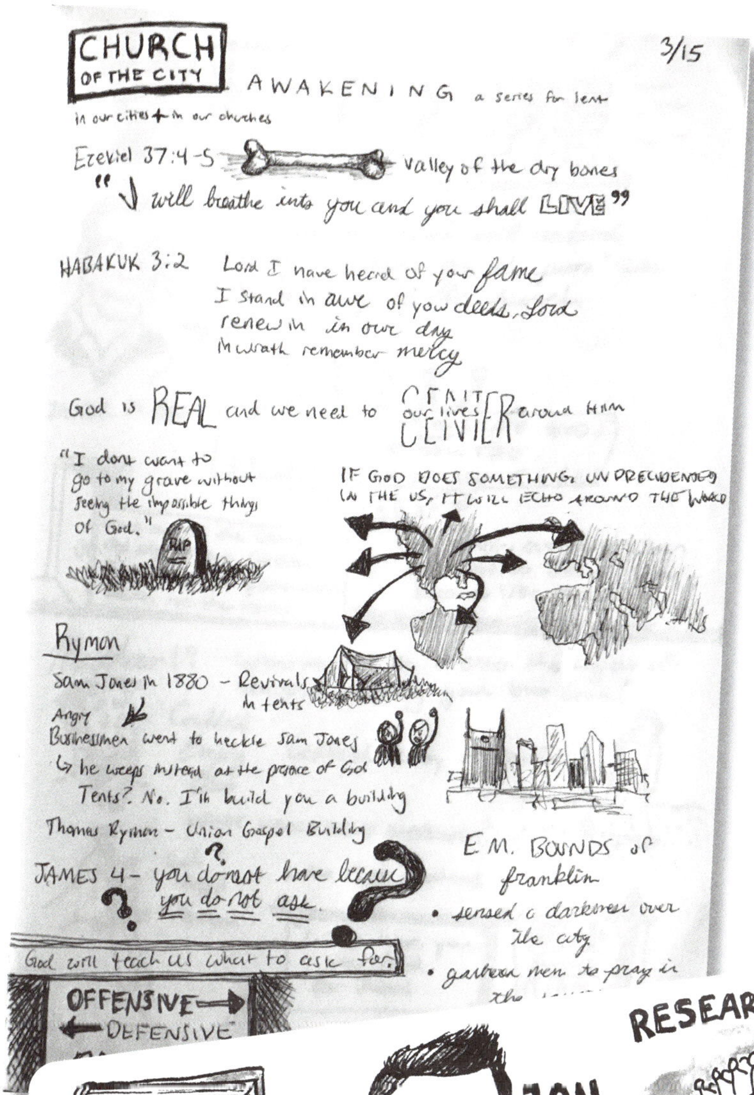

PRAXISBEISPIEL

Hier ist die erste Seite mit visuellen Notizen, die ich jemals während einer Predigt in einer Kirche gemacht habe (links). Sie können meine Handschrift kaum lesen! Als ich merkte, dass ich meine Notizen weitergeben wollte, wusste ich, dass ich meine Handschrift verbessern musste. Auch wenn ich anfangs langsamer war, änderte ich meinen Schreibstil vollständig.

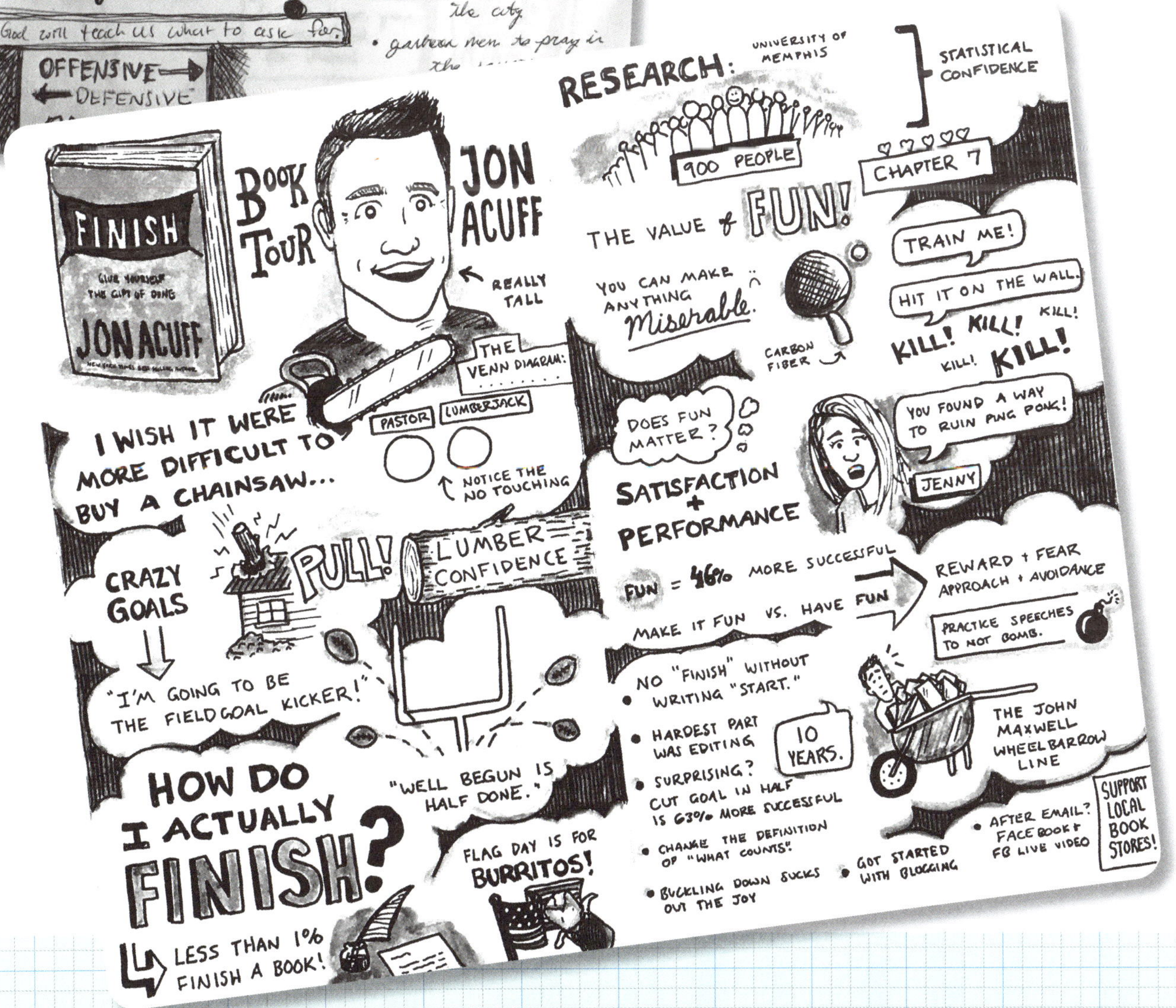

KURSIV-SCHREIBSCHRIFT

Jetzt versuchen Sie es mit Kursivschrift! Es scheint kompliziert zu sein, aber mit etwas Übung werden Sie es schnell lernen. Üben Sie das folgende Kursiv-Alphabet.

A B C D E F G H I J K L M

N O P Q R S T U V W X Y Z

a b c d e f g h i j k l

m n o p q r s t u v w x y z

Wenn Sie das ABC beherrschen, üben Sie, einige Wörter in Kursivschrift zu schreiben, und sehen Sie, wie die Buchstaben miteinander verbunden werden. Hier ist eine Liste von Wörtern, mit denen Sie üben können, wenn Sie Ideen brauchen:

Joker
Shorts
Zoom

Systeme
gratis
Handel

fein
offen
ultimativ

thematisch
atemlos
lax

ÜBEN SIE HIER!

BLOCKSCHRIFT

Jetzt können Sie damit beginnen, verschiedene Arten von Schriften für mehr Abwechslung (und Spaß) zu erstellen! Beginnen wir mit der Blockschrift. Stellen Sie sich die Blockschrift als eine fettgedruckte Version der Standardschrift vor. Blockschrift eignet sich hervorragend, um Akzente zu setzen und um auf etwas aufmerksam zu machen. Ich benutze Blockschrift oft für die Titel und Überschriften. Es gibt verschiedene Methoden, Blockschrift zu entwickeln.

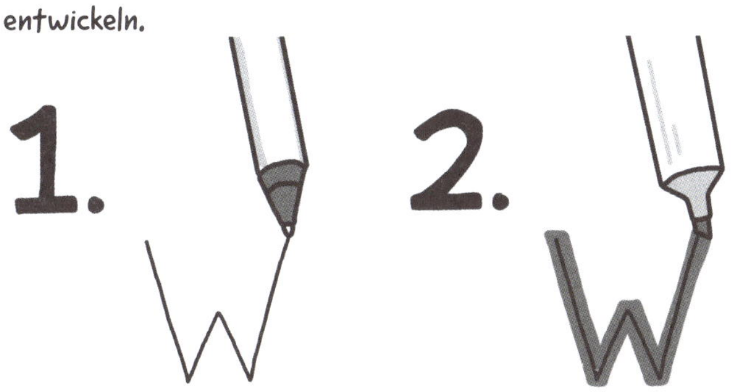

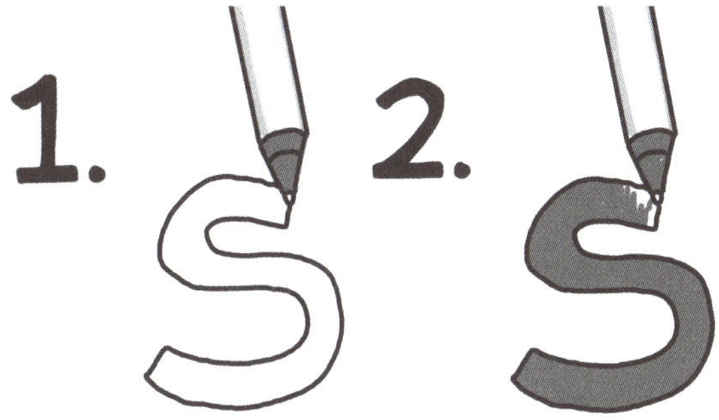

ÜBERSCHREIBEN Schreiben Sie einen Buchstaben in normaler Stärke. Übermalen Sie ihn dann mit einem Schreibwerkzeug mit einer dickeren Strichstärke. Diese Methode ist schnell, sieht aber nicht immer sehr sauber aus.

BLOCKBUCHSTABE Zeichnen Sie den Umriss eines Blockbuchstabens. Sie können ihn innen leer lassen oder ausmalen. Diese Methode ist schwieriger und gelingt mit etwas Übung!

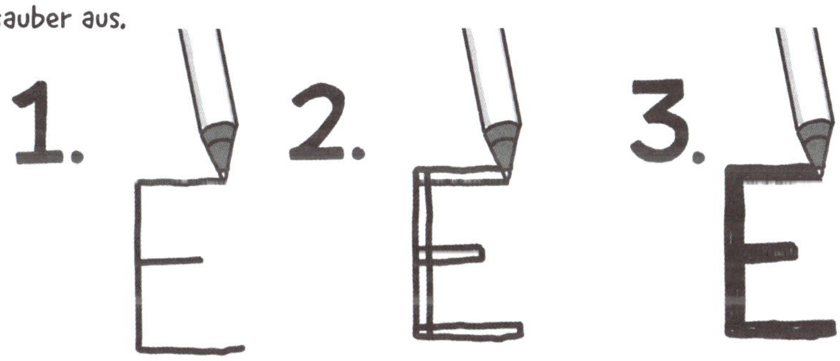

DOPPELKONTUR Schreiben Sie einen Buchstaben in normaler Stärke; dann zeichnen Sie ihn knapp außerhalb der Linien nach, so dass eine Doppelkontur entsteht. Wenn Ihr Schreibwerkzeug dünner ist, können Sie den Zwischenraum damit ausmalen.

ÜBEN SIE HIER!

SERIFENBUCHSTABEN

Eine weitere Möglichkeit, Buchstaben zu verschönern, besteht darin, Serifen hinzuzufügen, die aussehen wie »Füße« an den Enden der Buchstabenformen.

Linien-SERIFE

Klassische SERIFE

LINIEN-SERIFE Dieser Stil ist am einfachsten, weil Sie einfach eine kleine Linie an den Enden Ihrer Buchstaben hinzufügen. In kleineren Größen sieht dies am besten aus, wenn Sie nur einen Strich für jeden Buchstaben verwenden.

KLASSISCHE SERIFE Dieser Stil ist Ihnen wahrscheinlich vertraut, wenn Sie schon einmal Times New Roman verwendet haben. Der einfachste Weg, eine klassische Serife zu erstellen, besteht darin, ein kleines, geschwungenes Dreieck an die Enden der Linien eines Buchstabens anzufügen. Versuchen Sie beim Üben, die Linie zu krümmen, um ein konisches Aussehen zu erzeugen.

ÜBEN SIE HIER!

Block-SERIFE

BLOCK-SERIFE Dieser Stil ist wie eine fettere Version einer Serifenlinie. Anstatt eine Linie zu zeichnen, zeichnen Sie einen Kasten am Ende der Linien oder auf Winkeln und Schnittpunkten.

VERZIERUNGEN

Fügen wir noch ein paar Verschönerungen hinzu! Diese Extras setzen Schwerpunkte in Ihren visuellen Notizen und wecken visuelles Interesse.

SCHATTEN Schatten sind eine der auffälligsten Verzierungen, die man einem Text hinzufügen kann. Wenn sie gut eingesetzt werden, können Schattierungen die richtigen Teile Ihrer Sketchnotes betonen.

Um einen Schatten hinzuzufügen, wählen Sie eine Seite oder zwei benachbarte Seiten jedes Buchstabens des Wortes. Fügen Sie hinter jedem Buchstaben einen grauen oder schwarzen Hintergrund hinzu. Sie können auch einen flachen Schatten an der Unterseite (Grundlinie) Ihrer Wörter hinzufügen.

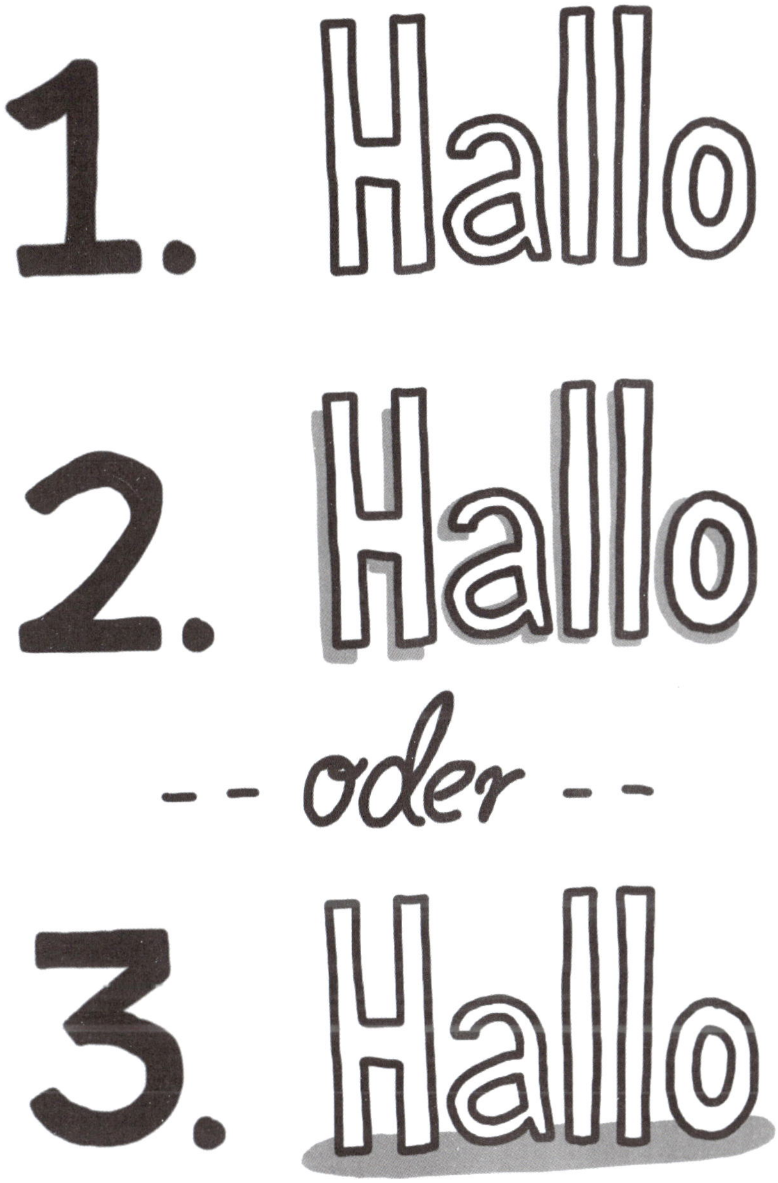

Verzierungen können ablenken und dazu führen, dass man nicht aktiv zuhört. Konzentrieren Sie sich auf die Informationen, die Sie momentan erhalten, denn Sie können es auch später noch cool aussehen lassen. Ich füge nur dann Verzierungen hinzu, wenn es in der Präsentation oder danach eine Ruhepause gibt. Wenn ich weiß, dass ich irgendwo Verzierungen hinzufügen möchte, lasse ich eine größere Lücke und notiere die Idee mit Bleistift; dann mache ich weiter.

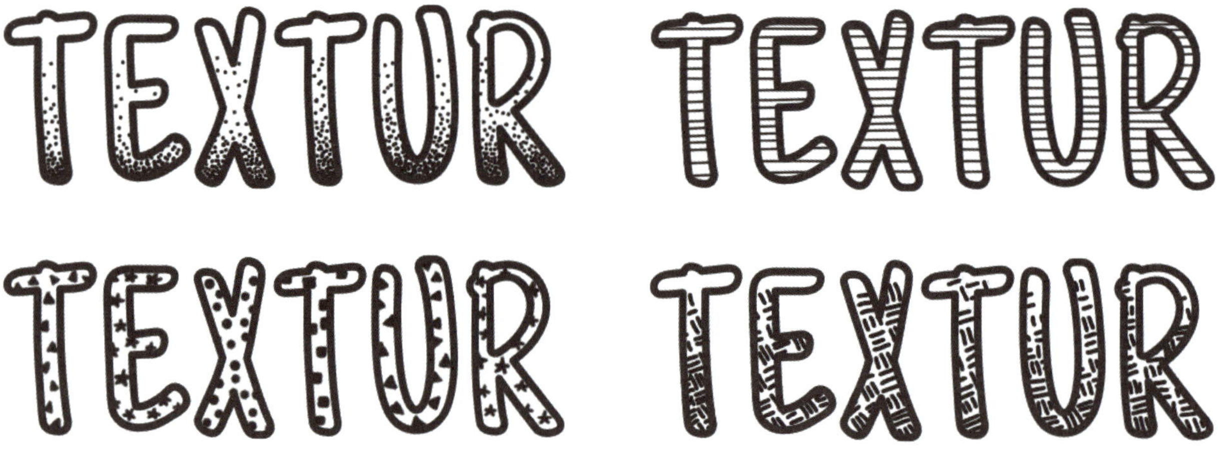

TEXTUREN Das Hinzufügen einer Textur hilft, die Einheitlichkeit der Buchstaben aufzubrechen. Texturen funktionieren am besten auf weißen oder »leeren« Buchstaben.

Es gibt unendlich viele Möglichkeiten für Texturen! Sie können Punkte, Linien oder Formen verwenden, um für Abwechslung zu sorgen. Einen dramatischen Effekt erzielen Sie, wenn Sie die Textur in einem Farbverlauf verwenden.

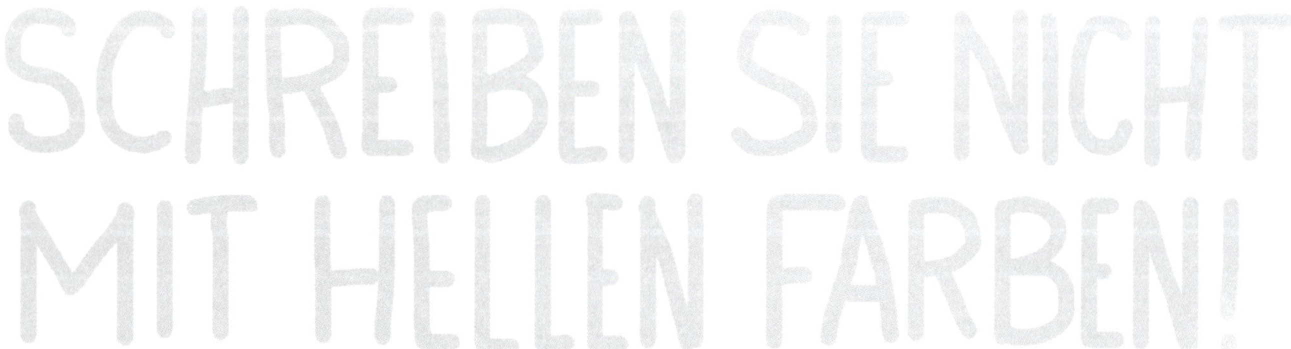

FARBE Das selektive Einfärben Ihrer Schrift ist eine weitere einfache Möglichkeit, Akzente zu setzen. Übertreiben Sie es nicht – wählen Sie einige wenige Farben aus, die zusammenpassen. Sorgen Sie dafür, dass die Farbe genügend Kontrast zum Papier hat und gut lesbar ist!

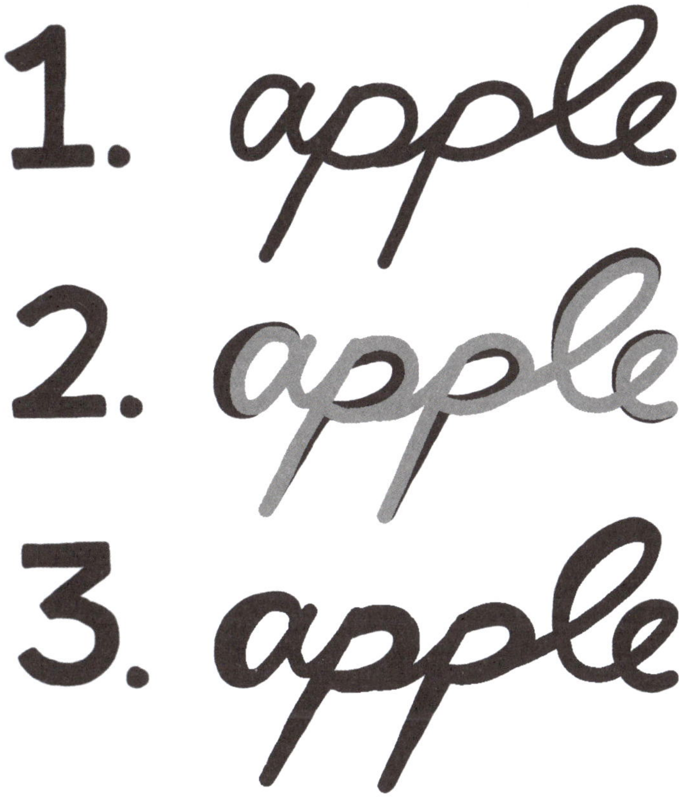

Kursivschrift ist etwas schwieriger zu verschönern, aber es ist nicht unmöglich. Fügen Sie einfach eine weitere Linie auf einer Seite jedes Buchstabens hinzu. Dadurch sieht der Text aus wie von Hand geschrieben.

Wenn Sie in Kursivschrift schreiben, können Sie auch pinselartige Marker oder andere Stifte verwenden, um unterschiedliche Strichstärken und Effekte zu erzielen.

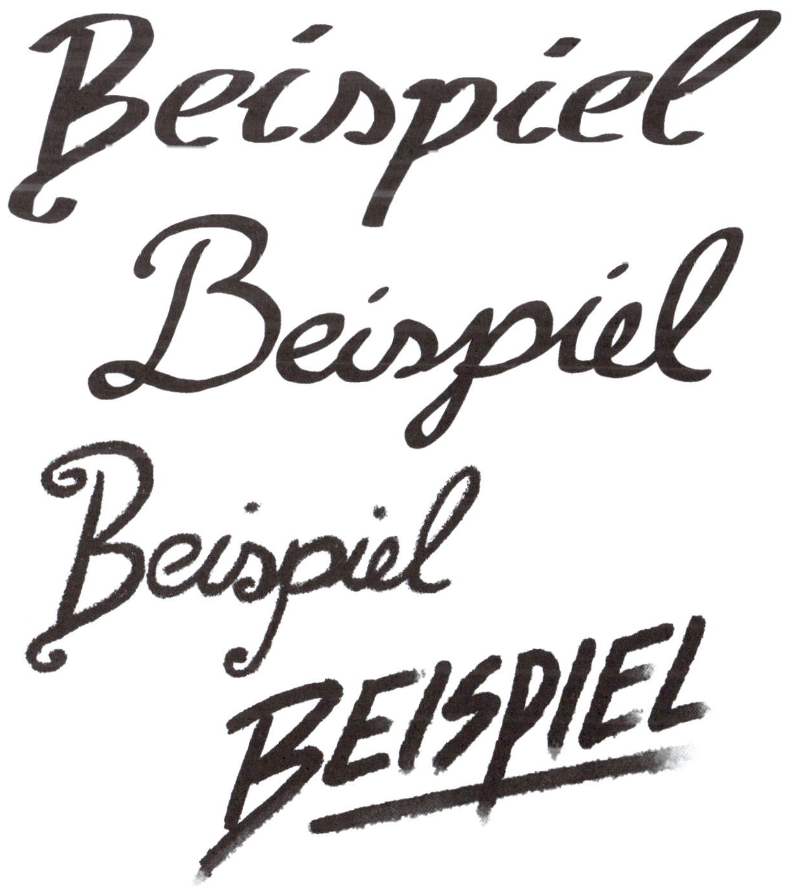

Wenn Sie lernen wollen, wie man Kursivschrift, Kalligraphie oder Handschrift gut beherrscht, ziehen Sie einige andere Bücher und Anleitungen zu Rate, um einen tieferen Einblick zu gewinnen, wie man solche Effekte erzielt.

ÜBEN SIE HIER

Verwenden Sie diese Seiten, um einen der Schreibstile zu üben, die Sie auf den vorhergehenden Seiten kennengelernt haben!

HIERARCHIE & GESTALTUNG

Hierarchie ist ein Organisationssystem, das Ihren Lesern hilft, schnell und einfach die Bedeutung der Informationen zu verstehen.

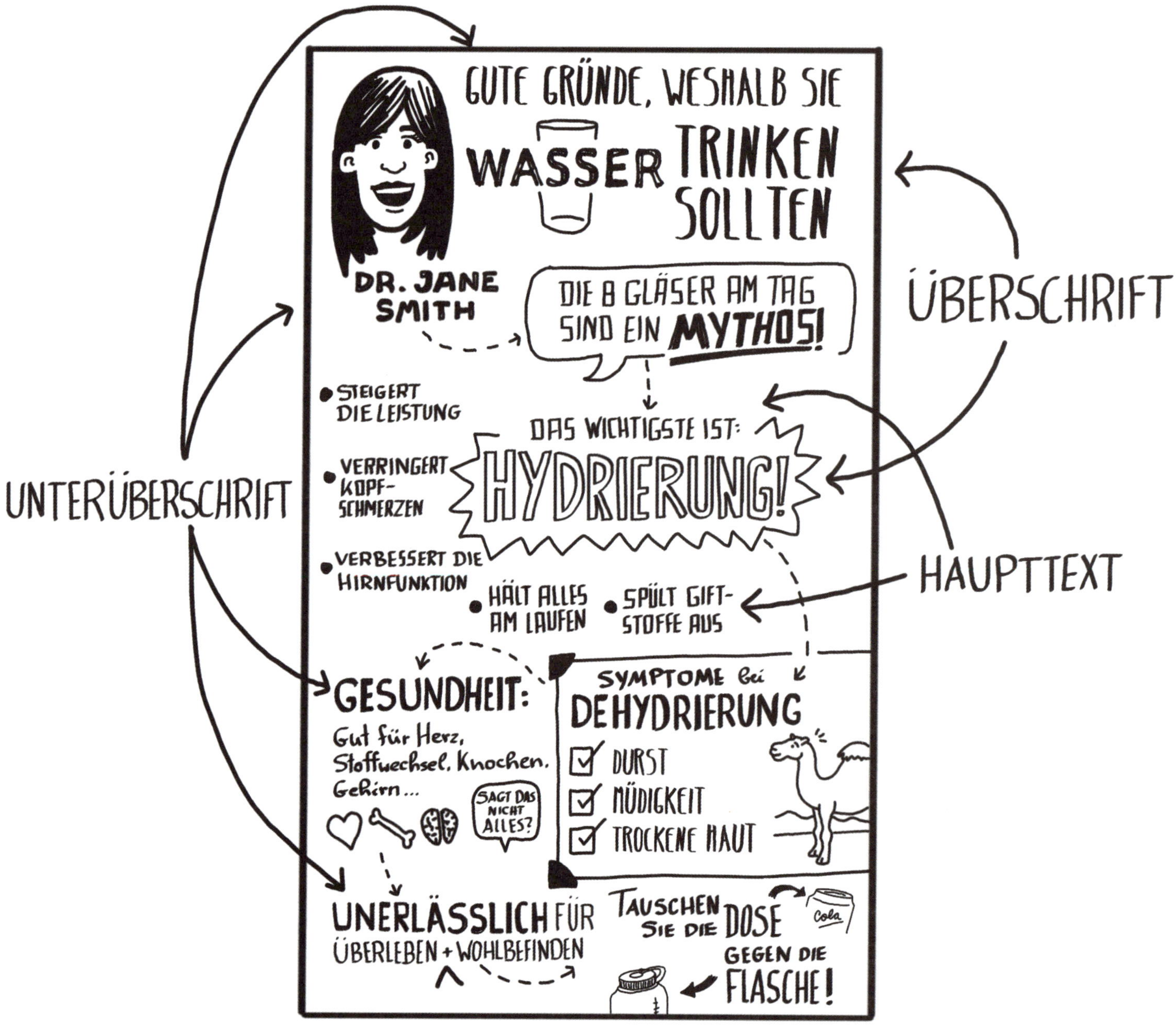

Gut strukturierte Sketchnotes sind leicht zu lesen und zu verstehen. Man wird nicht von der Information erschlagen, weil es ein visuelles Gleichgewicht gibt – eine Mischung aus großer und kleiner Schrift. Anfängern empfehle ich die Verwendung von drei Schriftgrößen. Diese Formate werden im Journalismus, bei der Programmierung und beim Schreiben verwendet und sind Ihnen vielleicht vertraut! Achten Sie vor allem darauf, dass Ihr Schriftbild konsistent ist. Zu viele Stile und Größen verursachen ein Chaos und machen Ihre Notizen schwer lesbar.

ÜBERSCHRIFT Das größte Format, in dem Sie schreiben. Das kann ein Blockbuchstabe sein oder Serifen haben. Verwenden Sie diese Größe für den Titel oder die Überschrift sowie für alle zentralen Ideen, Themen oder Wörter.

UNTERÜBERSCHRIFT Kleiner als die Überschrift, aber größer als der Haupttext. Sie können Block- oder Serifenbuchstaben verwenden. Nutzen Sie dieses Format, um wichtige Sätze oder Handlungsanweisungen zu notieren.

HAUPTTEXT Die Größe Ihrer normalen Handschrift; hat normalerweise keine Verzierung und keinen besonderen Stil. Die meisten Ihrer Inhalte werden in diesem Format dargestellt.

ÜBUNG 1

Lesen Sie den folgenden Absatz. Erstellen Sie Grobnotizen, und wenden Sie eine Hierarchie an, um die Wichtigkeit darzustellen. Die wichtigsten Punkte und zentralen Themen sollten größer als alles andere sein.

> *Es ist nicht der Kritiker, der zählt; nicht derjenige, der darauf hinweist, wie der Starke stolpert oder wo der Handelnde seine Taten besser hätte vollbringen können. Der Ruhm gebührt demjenigen, der tatsächlich in der Arena steht, dessen Gesicht von Staub und Schweiß befleckt ist; der tapfer strebt; der sich irrt, der immer wieder zu kurz kommt, weil es keine Anstrengung ohne Fehler und Unzulänglichkeiten gibt; aber der sich tatsächlich um Taten bemüht; der große Begeisterung, große Hingabe kennt; der sich für eine würdige Sache einsetzt; der im besten Fall am Ende den Triumph der großen Leistung kennt und der im schlimmsten Fall, wenn er scheitert, zumindest mit großem Wagemut scheitert, so dass sein Platz nie bei jenen kalten und ängstlichen Seelen sein wird, die weder Sieg noch Niederlage kennen.*
>
> – Auszug aus »Staatsbürgerschaft in einer Republik«, Theodore Roosevelt, 1910

ZÄHLT NICHT:

- KRITIKER
- LEUTE DIE AUF MISSERFOLG HINWEISEN
- JEMAND, DER ES BESSER MACHEN KÖNNTE

ÜBUNG 2

Es ist eine Sache, Informationen zu lesen und sie in eine Hierarchie einzuordnen, aber eine andere, sie zu hören! Suchen Sie eine Rede oder einen Vortrag auf YouTube™. Üben Sie das Übertragen von gehörten Informationen in eine visuelle Hierarchie. Machen Sie sich keine Sorgen um Zeichnungen, Farbe oder Layout, konzentrieren Sie sich nur darauf, dass Ihre Schreibhierarchie die Wichtigkeit wiedergibt.

ÜBEN SIE HIER

Verwenden Sie diese Seiten, um die auf Seite 45 beschriebenen Übungen durchzuführen.

ZEICHNEN

»Ich kann nicht einmal ein Strichmännchen zeichnen« ist einer der häufigsten Sätze, die ich höre, wenn die Leute meine visuellen Notizen sehen. Der Sinn von Sketchnotes besteht darin, sich mehr auf genaue Informationen als auf Illustrationen zu konzentrieren. Visuelle Notizen sind mit einfachen Zeichnungen und Strichfiguren genauso effektiv wie professionelle Zeichnungen.

Was ist das?

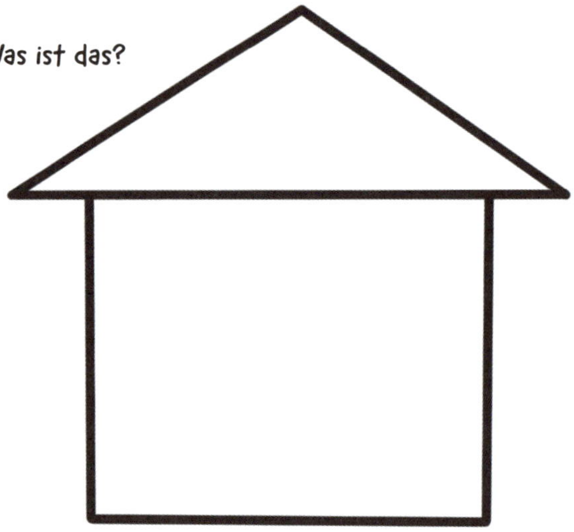

Noch einmal …
Was ist das?

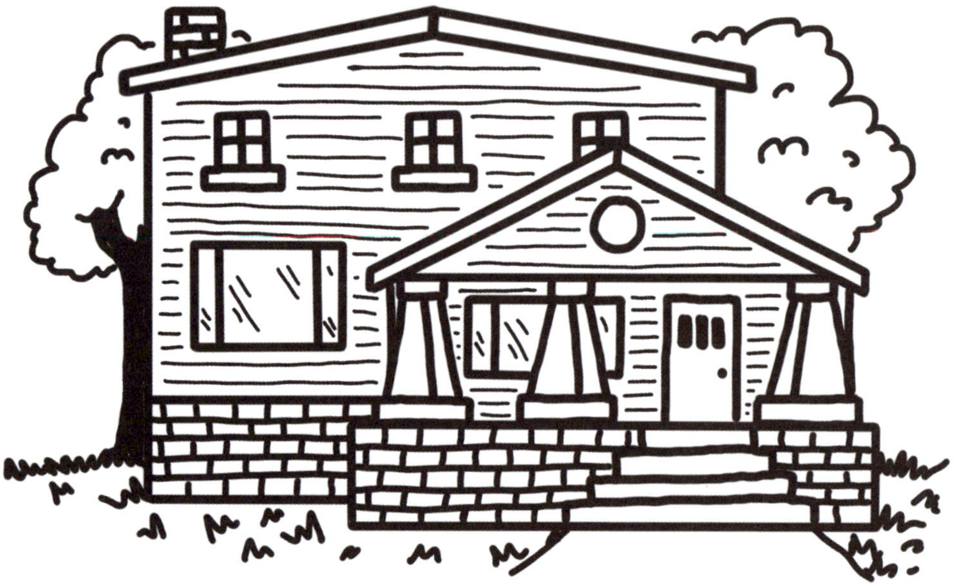

Das war keine Fangfrage! Wenn Sie mit »ein Haus« geantwortet haben, haben Sie Recht!

Natürlich ist auch das ein Haus, aber die Zeichnung ist ausgereifter.

Unsere Gehirne sind in der Lage, Bilder zu erkennen, egal ob sie einfach oder komplex sind. Ihr Gehirn erinnert sich vielleicht nicht an die Details, aber es weiß, dass ein Haus abgebildet war.

Denken Sie daran: Das Wichtigste ist, dass Sie der genauen Information gegenüber der Illustration den Vorrang geben.

Die wichtigste Lektion in diesem Abschnitt ist, dass Sie **bei Ihren Zeichnungen auf Erkennbarkeit anstatt auf Realismus setzen** müssen.

Mit diesem Gedanken im Hinterkopf widmen wir uns nun dem Zeichnen!

DIE GRUNDLAGEN

Alle Zeichnungen können auf drei Elemente reduziert werden: Punkt, Linie und Form. Sie können all diese Elemente miteinander kombinieren, um alles zu erschaffen!

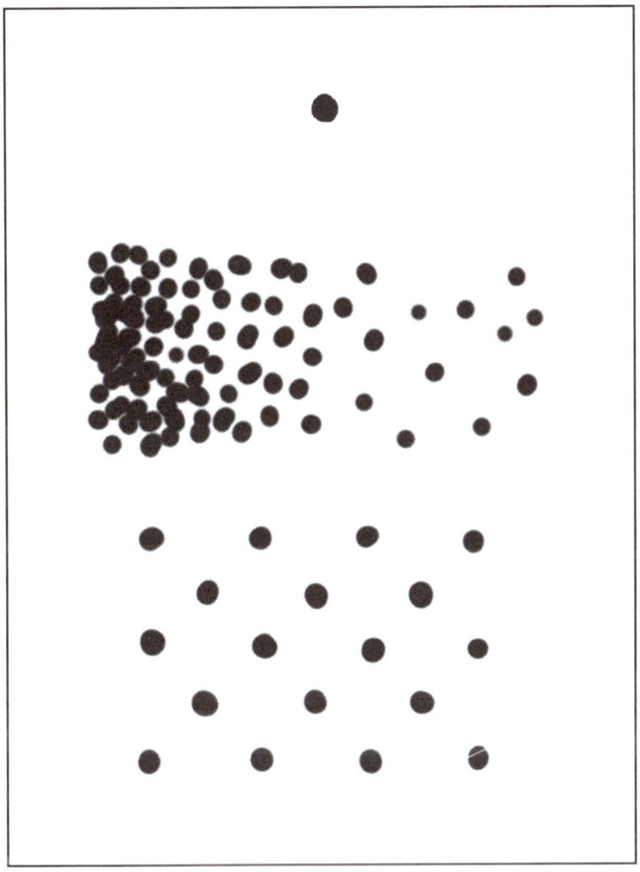

PUNKTE Ein Punkt ist ein einzelner Punkt auf einer Seite – der Stift berührt einmal das Papier, mehr nicht. Kombinieren Sie viele Punkte zu Schattierungen und Texturen und verteilen Sie sie unterschiedlich, um fließende Übergänge zu erzielen.

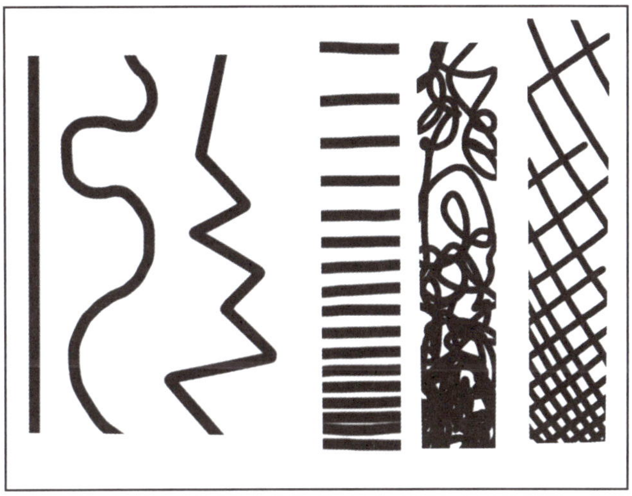

LINIEN Eine Linie ist einfach ein Punkt, der sich in eine beliebige Richtung ausdehnt. Linien können gerade, gebogen oder krumm sein. Sie können parallel oder rechtwinklig sein oder sich überschneiden.

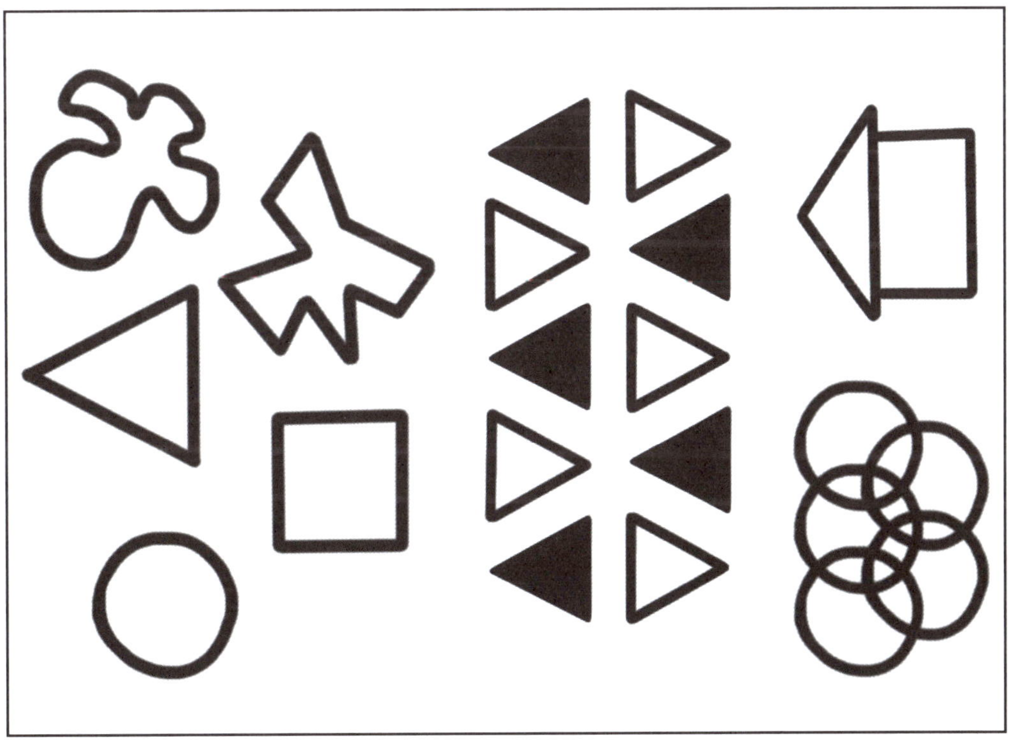

FORMEN Eine Form ist eine Linie, die zu ihrem Ausgangspunkt zurückkehrt und einen Raum umschließt. Sie kann gebogen oder gerade, fest (gefüllt) oder leer sein.

PHANTASIE UND ASSOZIATION

Jede Illustration beginnt im Kopf. Wenn man sich etwas vorstellen kann, kann man es auch zeichnen. Unsere Gehirne sind auch sehr gut im Assoziieren oder im Finden von etwas Vertrautem in etwas Fremdem, wie z. B. die Form eines Hundes in einer vorbeiziehenden Wolke. Entfesseln Sie Ihre Kreativität, um neue Möglichkeiten in den einfachsten Formen zu sehen, dadurch entwickeln Sie Ihre Phantasie und verbessern Ihre Zeichenfähigkeiten.

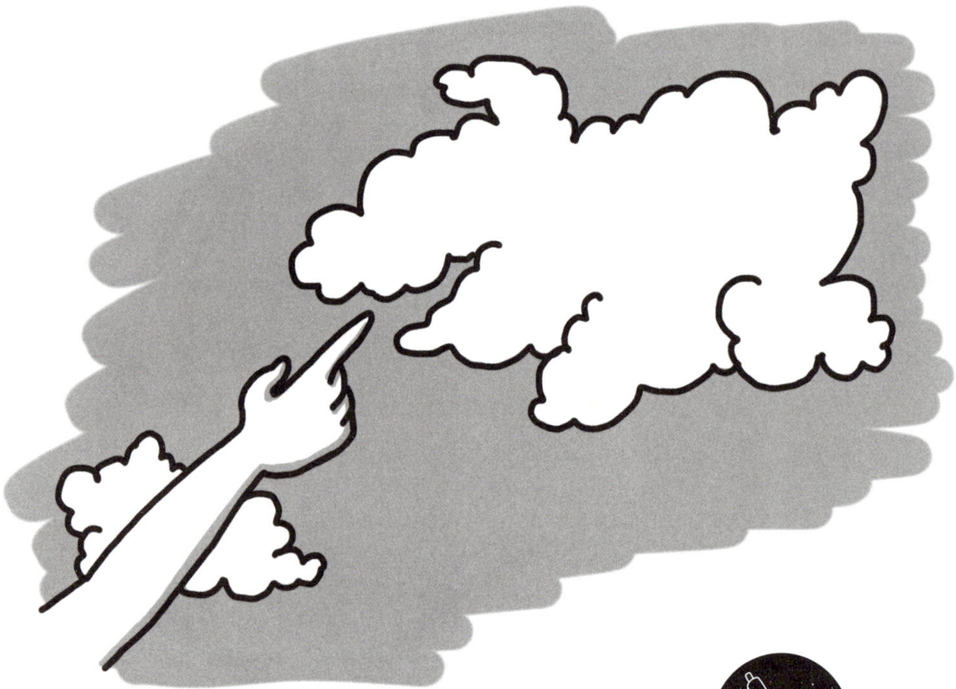

ÜBUNG

Zeichnen Sie einige Formen in Ihr Notizbuch oder auf ein Blatt Papier, und fügen Sie Punkte, Linien und andere Formen hinzu, um zu zeigen, was es sein könnte. Es gibt keine richtigen oder falschen Antworten – es kommt darauf an, was Sie sich vorstellen! Halten Sie es einfach. Setzen Sie auf Erkennbarkeit anstatt auf Realismus.

Wenn Sie nicht weiterwissen oder etwas nicht zeichnen können, denken Sie an Ihr Werkzeugarsenal! Zücken Sie Ihr Smartphone, und suchen Sie im Internet nach Bildern von dem, was Sie zu zeichnen versuchen (z. B. »Glühbirnenzeichnung«). Ein Trick, den ich benutze, ist, nach den Suchbegriffen das Wort »Clipart« hinzuzufügen. Obwohl Cliparts keine sehr gute Qualität haben, sind sie doch eine hervorragende Methode, um Ideen zu Bildern zu vereinfachen, die man leicht nachzeichnen kann. Achten Sie nur darauf, dass Sie niemals die Arbeit eines anderen kopieren und als Ihre eigene ausgeben! Das nennt man Urheberrechtsverletzung.

Wenn ich Workshops und Illustrationskurse für visuelle Notizen gebe, lasse ich die Leute oft in Gruppen zeichnen, denn man kann viel von anderen lernen. Fast jeder zeichnet den gleichen Gegenstand auf eine andere Art und Weise, in seinem eigenen Stil. Wenn Sie nicht weiterkommen oder eine neue Möglichkeit suchen, um etwas zu zeichnen, bitten Sie einen Freund oder ein Familienmitglied, es für Sie zu zeichnen – Sie werden sicher einige Ideen bekommen!

LEVELING UP – AUFWERTEN

Es ist an der Zeit, »Leveling Up« einzuführen! Diesen Begriff verwende ich, wenn ich einer Zeichnung etwas hinzufüge oder sie verbessere und sie damit auf ein neues Niveau bringe. Betrachten Sie das Hausbeispiel von vorhin.

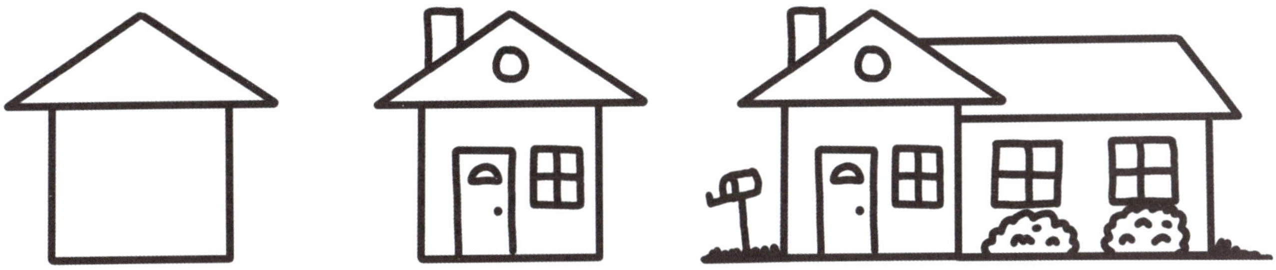

Das einfache Haus ganz links könnte ebenerdig sein. Jedes Mal, wenn Sie eine Zeichnung fertigstellen, fragen Sie sich: »Kann ich etwas hinzufügen, um sie aufzuwerten?« Wenn ja, fügen Sie es hinzu! Wenn nicht, ist das auch okay. Jedes Mal, wenn Sie etwas hinzufügen, überlegen Sie sich, ob Sie ihre Arbeit damit aufwerten wollen. Fügen Sie aber nicht etwas nur um des Hinzufügens willen hinzu. Jede Ergänzung sollte bewusst geschehen und die Zeichnung verständlicher machen. Es ist in Ordnung, einfach anzufangen, aber versuchen Sie, sich zu entwickeln und ein neues Niveau zu erreichen, während Ihr Selbstvertrauen und Ihre Fähigkeiten wachsen.

Hier sind einige Ideen zur Aufwertung Ihrer Zeichnungen:

- Weitere Punkte, Linien oder Formen hinzufügen
- Schattierungen hinzufügen
- Details hinzufügen
- Kontext hinzufügen (Wer, Was, Wann, Wo, Wie, Warum)
- Farben hinzufügen
- Ein vorhandenes Element ändern
- Räumliche Dimensionen hinzufügen oder den Winkel ändern
- Eine Beschriftung oder eine Überschrift hinzufügen

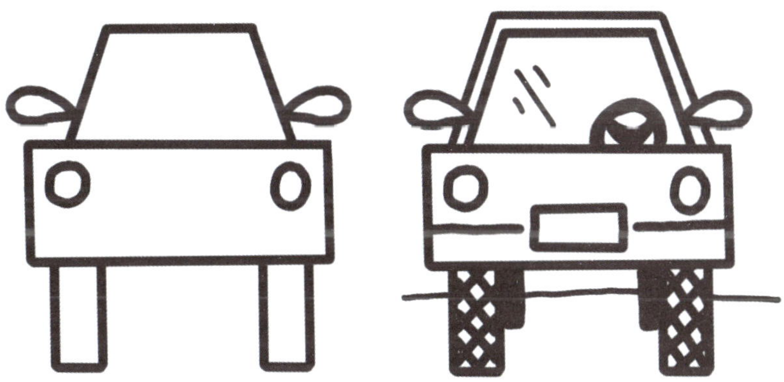

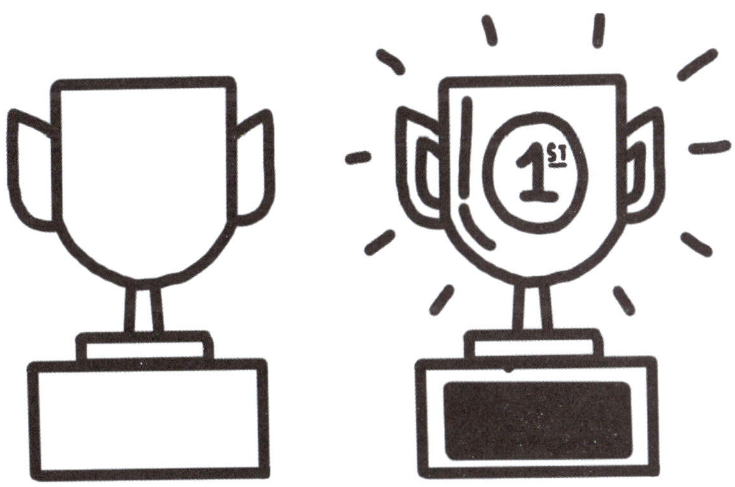

MENSCHEN UND FIGUREN

Manche Menschen haben Angst davor, Menschen zu zeichnen. Es ist aber wichtig, dass man es lernt, denn meistens sprechen wir: über uns selbst! Unsere Gehirne sind so verdrahtet, dass sie auf Gesichter reagieren. Sogar Kleinkinder können Gesichter erkennen, bevor sie lernen, andere Gegenstände zu identifizieren. Bedenken Sie, dass Sie eine »einfache und erkennbare« Darstellung machen wollen, keine »realistische« Abbildung.
Übertragen Sie diese Beispiele in Ihr Notizbuch. Denken Sie stets daran, Ihre Zeichnungen aufzuwerten, während Sie besser werden und üben! Bei jedem Beispiel finden Sie Anregungen, wie Sie die Figuren aufwerten können.

STRICHFIGUREN Strichfiguren kann jeder zeichnen! Beginnen Sie mit der Figur ganz links, und versuchen Sie, sie aufzuwerten! Beachten Sie die Entwicklung von links nach rechts; die Grundlagen sind immer noch vorhanden, aber sie sind verbessert worden, um mehr Aufmerksamkeit zu erzielen.

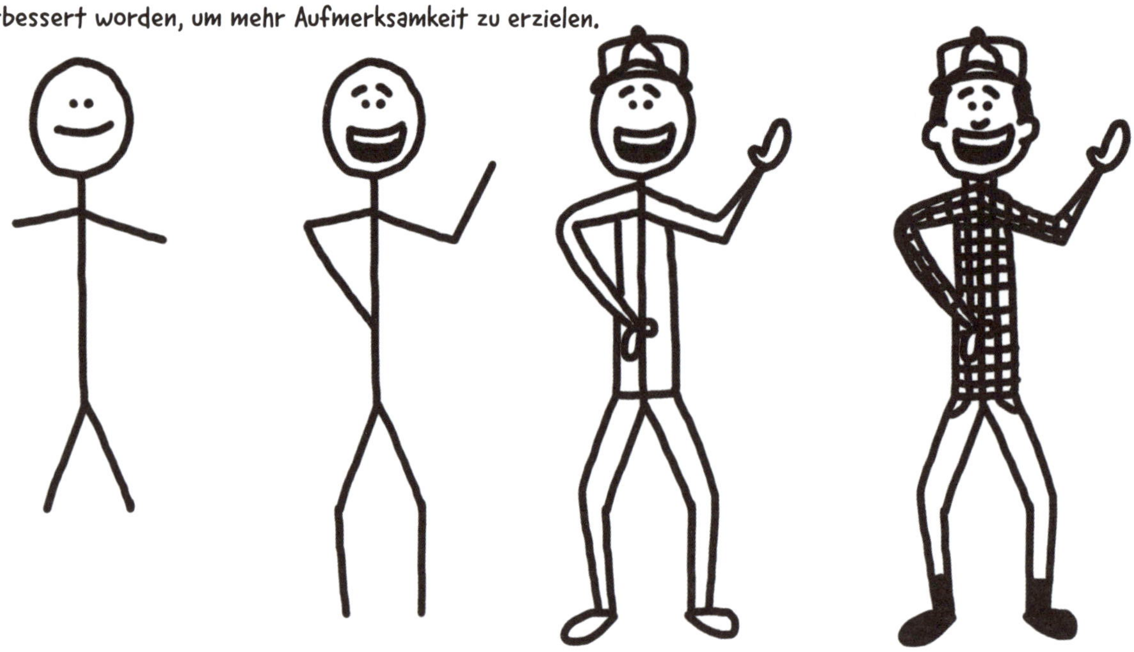

STERNFIGUREN Eine weitere erkennbare Form ist der Stern! Die Verwendung eines Sterns ist manchmal ein hervorragendes Mittel, um Menschen zu zeichnen. Beginnen Sie mit der Grundform, fügen Sie etwas hinzu, und ändern Sie sie, um die bestmögliche Sternfigur zu zeichnen!

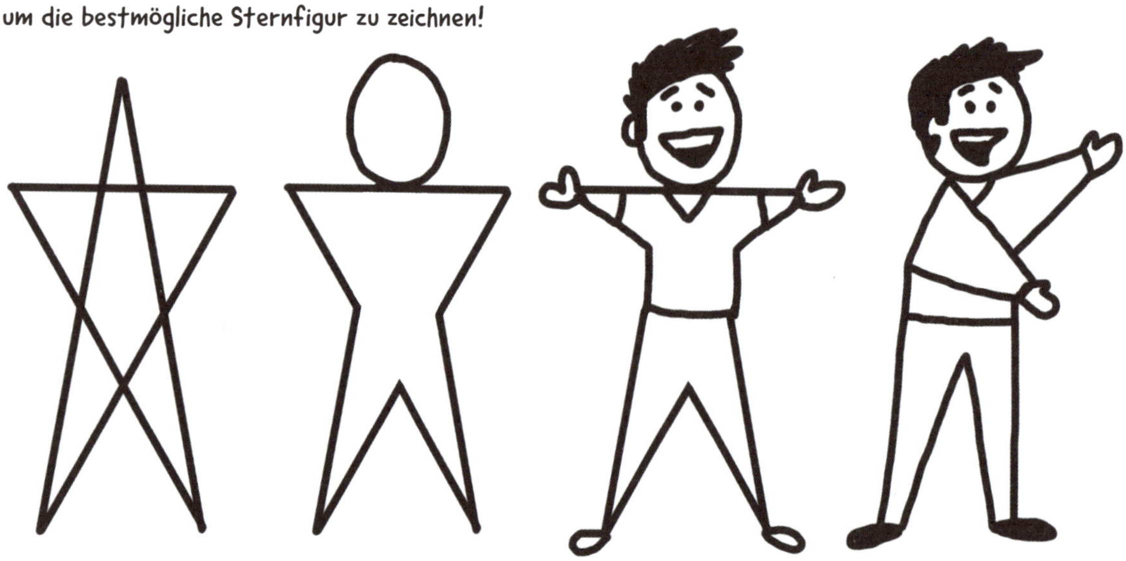

»A«-FIGUREN

Zeichnen Sie den Buchstaben A, und fügen Sie dann einen Kopf, Füße, Hände und sogar Kleidung hinzu! Ändern und optimieren Sie die Figur immer wieder, um sich zu verbessern!

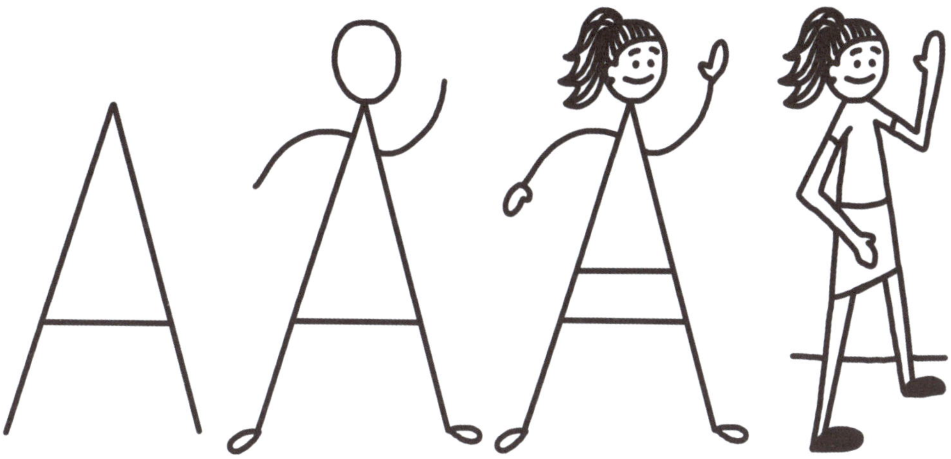

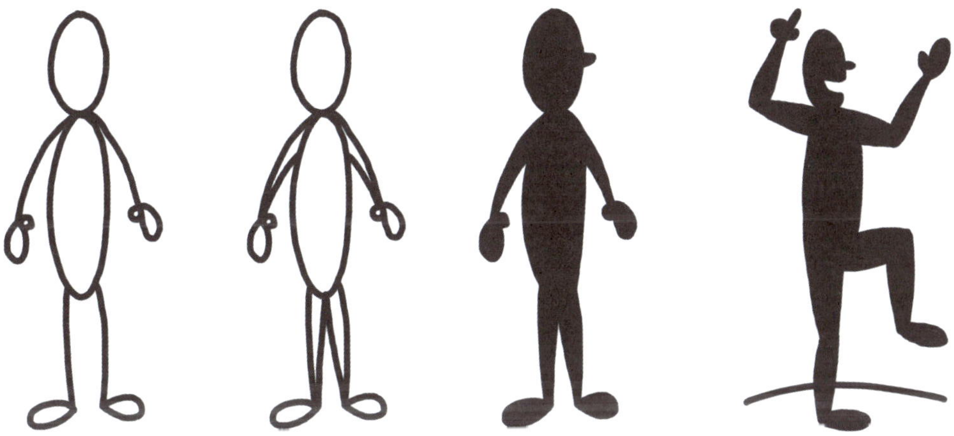

BAUCHFIGUREN

Die Bauchfigur besteht aus Kreisen und Ovalen, die mit Linien verbunden sind, um die Körperhaltung zu zeigen.

GESICHTER

Gesichter sind die beste Möglichkeit, eine Emotion oder Reaktion darzustellen. Statt den ganzen Körper zu zeichnen, können Sie sich auf den Kopf und das Gesicht einer Person konzentrieren, um das Wesentliche zu vermitteln.
Gesichter müssen nicht immer menschlich sein. Wenn Sie Ihre Zeichnungen mit Gesichtern vermenschlichen, hilft das, Emotionen zu vermitteln. Ein Lächeln auf einen Hund oder ein trauriges Gesicht auf eine Regenwolke zu übertragen, ist vielleicht nicht realistisch, aber denken Sie daran: Wir wollen nicht realistisch sein! Solange ein Gesicht Klarheit schafft und das Geschehen dadurch besser zu erkennen und zu verstehen ist, sollten Sie es tun!

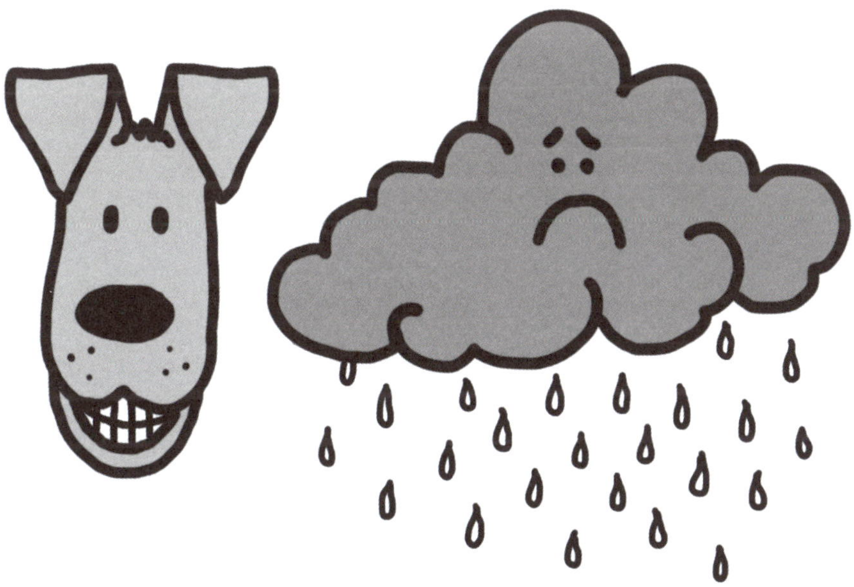

ÜBUNG

Üben Sie das Zeichnen eines menschlichen Gesichts. Zeichnen Sie 10 bis 15 Kreise, und wählen Sie aus der Liste unten die Emotionen aus, die Sie zeichnen möchten. Denken Sie daran – Sie müssen nicht realistisch sein!

ÄNGSTLICH	STARK	FREUDIG
LEBENDIG	HERZLICH	KLÄGLICH
WÜTEND	DISTANZIERT	NERVÖS
ALARMIERT	ALLEIN	PANISCH
VERWIRRT	MUTIG	SPIELERISCH
DEPRIMIERT	CLEVER	VOLLER GROLL
GUT	GELASSEN	HEITER
GLÜCKLICH	ENTSETZT	SCHÜCHTERN
HILFLOS	NEIDISCH	SKEPTISCH
VERLETZT	FRUSTRIERT	HARTNÄCKIG
GLEICHGÜLTIG	HOFFNUNGSLOS	DANKBAR
VERLIEBT	HASSERFÜLLT	UNWOHL
OFFEN	BELEIDIGT	GEREIZT
POSITIV	ERBOST	SCHIKANIERT
TRAURIG	FASZINIERT	

Weitere Überlegungen:

- **Intensität:** Ist das Gesicht ein wenig traurig oder WIRKLICH traurig? Sieht man den Unterschied?
- **Alter:** Ist das Gesicht alt, jung oder alterslos/neutral?
- **Perspektive:** Gesichter müssen nicht immer frontal gezeichnet werden! Ziehen Sie eine Dreiviertel- oder Seitenansicht in Betracht.
- **Extras:** Gibt es noch etwas, was Sie zum Kontext und zum besseren Verständnis hinzufügen können? Zeichnen Sie z. B. Tränen auf ein trauriges Gesicht oder zeichnen Sie Herzen auf ein Gesicht, um Liebe zu zeigen.

Sie wissen nicht, wie man ein Gefühl zeichnet? Schummeln Sie, und schauen Sie sich das Emoji auf Ihrem Smartphone an, um Ideen zu sammeln!

HÄNDE

Das Zeichnen von Händen wird während meiner Workshops und Kurse am häufigsten verlangt. Ob wir nun Zeichensprache verwenden oder eine einfache Geste wie das Zeigen ausführen, Hände sind ein wesentlicher Bestandteil unserer Kommunikation. Es ist kein Wunder, dass die Menschen sie in ihren visuellen Notizen zeichnen wollen!

Hände können leicht danebengehen, weil sich alle Teile auf ganz bestimmte Weise bewegen. Glücklicherweise geht es um Erkennbarkeit – nicht um Realismus. Der erste Schritt besteht darin, all diese komplizierten Teile in drei Elemente zu gliedern: die Handfläche, die Finger und den Daumen.

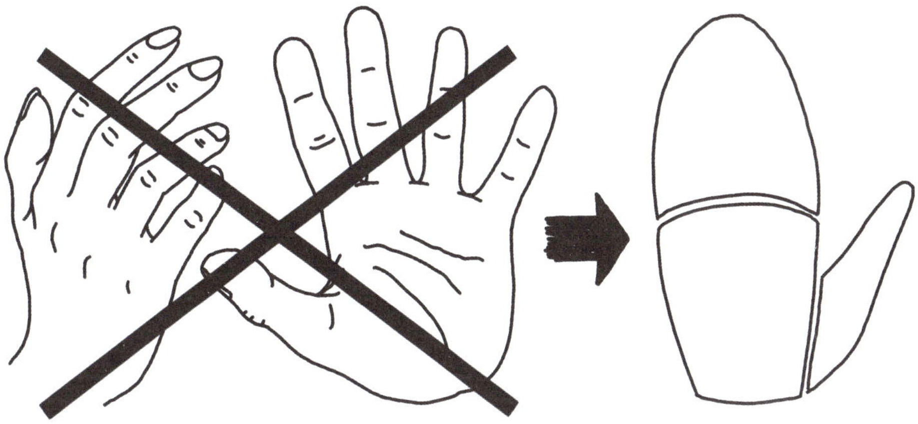

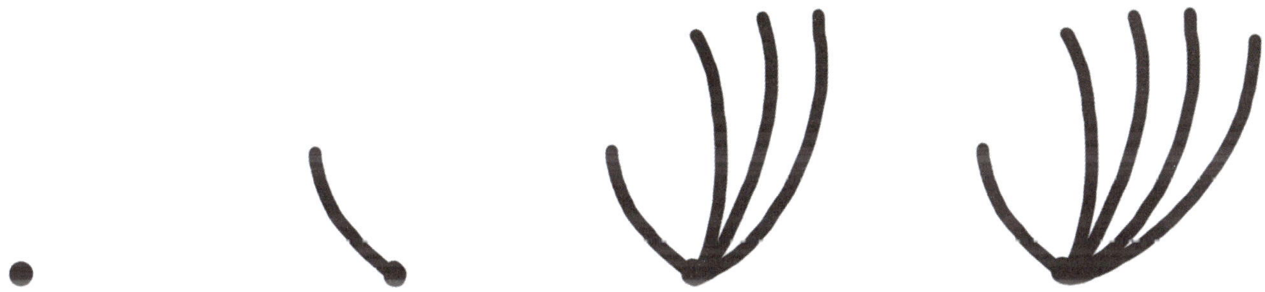

STRICHHAND Das ist eine der am leichtesten zu zeichnenden Hände. Wählen Sie einfach einen Punkt aus; dann zeichnen Sie einen kurzen Daumen auf die eine Seite und drei oder vier Linien auf die andere Seite. Die Linien können gerade, gebogen oder krumm sein. Da es sich um eine erkennbare (nicht realistische) Hand handelt, brauchen Sie nicht einmal alle fünf Finger. Ich denke, drei sind das Minimum.

Um die Strichhand aufzuwerten, zeichnen Sie ein Kästchen für die Handfläche. Fügen Sie den Daumen, der vom Boden des Kastens ausgeht, und dann die Finger an der Oberkante hinzu. Die Kastenmethode sieht mit vier Fingern oft am besten aus.

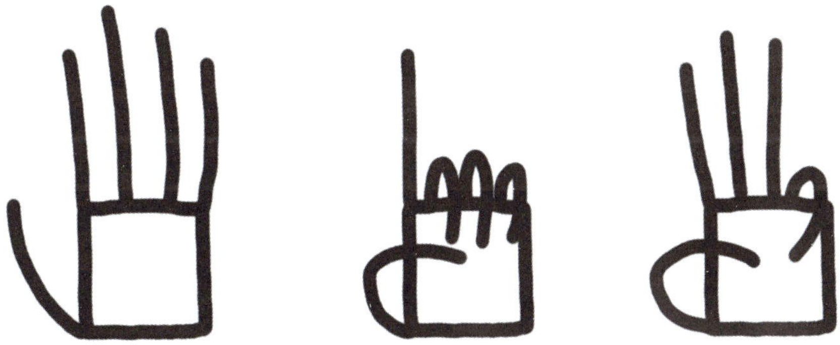

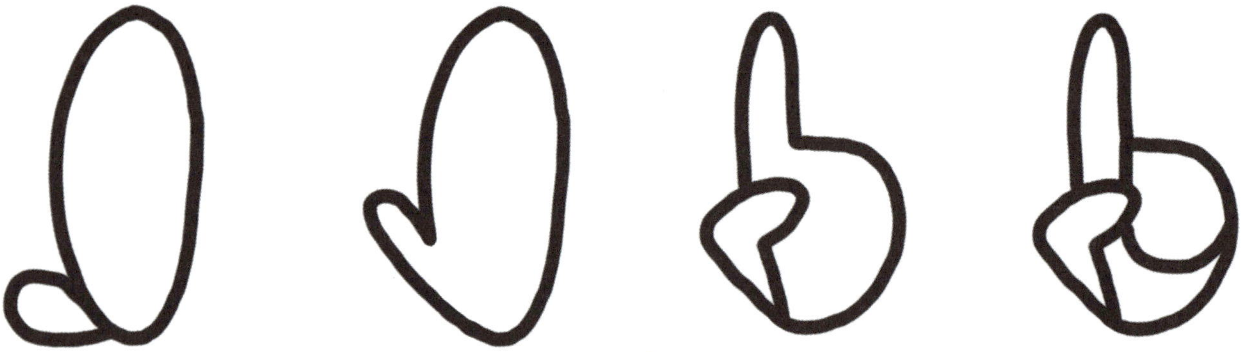

FÄUSTLINGSHAND Eine weitere einfache Hand ist der Fäustling. Diese Hände sind perfekt für Strichfiguren und für Bauchfiguren. Zeichnen Sie einfach ein großes Oval mit einem kleineren Oval, die an der Basis verbunden sind. Der Nachteil bei Fäustlingshänden ist, dass man nicht sehr detailliert sein kann, wie das Hochhalten von drei Fingern.

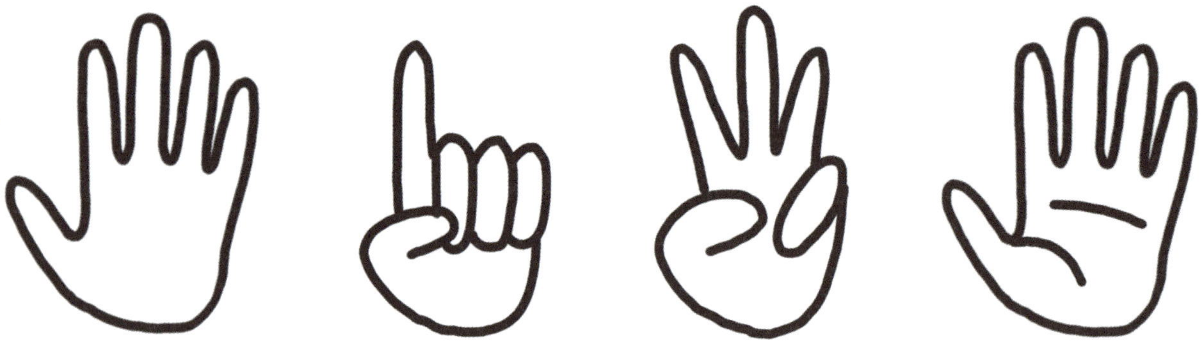

EINFACHE HAND Eine fortgeschrittene Art, Hände zu zeichnen, erinnert Sie vielleicht an Zeichentrickfiguren. Zeichnen Sie eine durchgehende Linie für die Handform, die die drei grundlegenden Teile abdeckt: Daumen, Handfläche und Finger. Wenn Sie diese drei Dinge zeichnen, erhalten Sie eine erkennbare Hand! Wenn die Handfläche Ihnen zugewandt ist, richten Sie sie auf, und zeichnen Sie die gekrümmte Daumenfalte und sogar die Falte unter den Fingern.

LEVELING UP – AUFWERTEN

Vielleicht haben Sie schon eine Weile gut erkennbare Hände gezeichnet, aber es ist immer noch etwas »daneben«, und Sie wollen genauer sein. Es ist gut, wenn Sie Ihre Zeichnungen aufwerten wollen, solange das realistischere Zeichnen Sie nicht vom aktiven Zuhören ablenkt. Wenn Sie bereit für ein neues Niveau sind, beachten Sie folgende Dinge:

Der Fäustling ist genauer, als Sie vielleicht denken!
Die Finger sind nicht alle gleich lang.

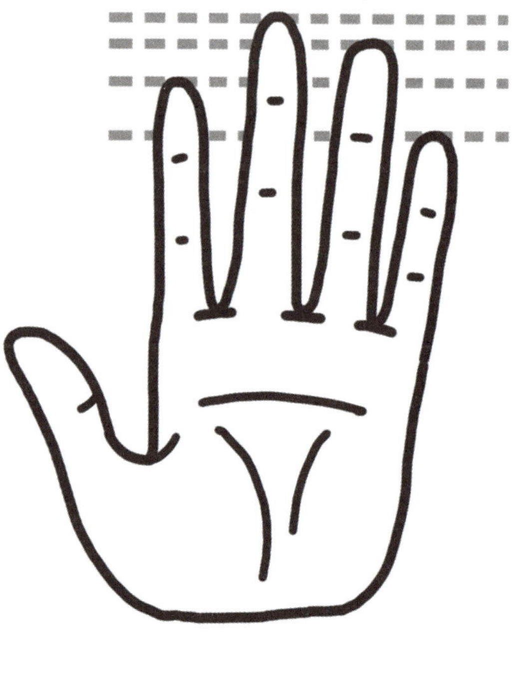

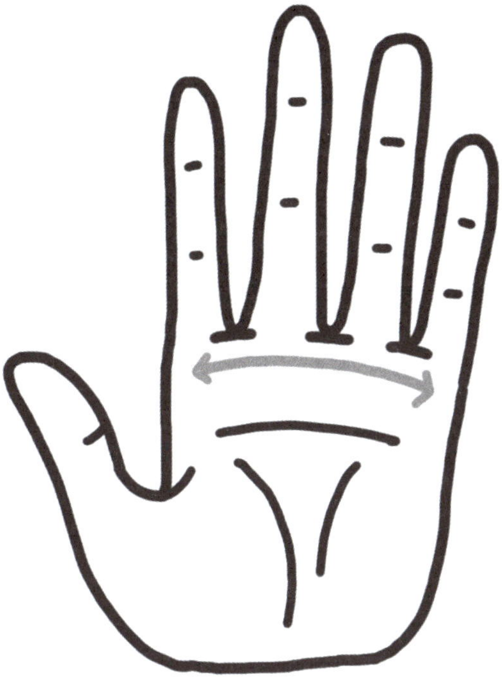

Auch die Fingerunterseiten verbinden sich nicht in einer geraden Linie. Stellen Sie sich die Handfläche als ein Quadrat mit gewölbten Seiten vor.

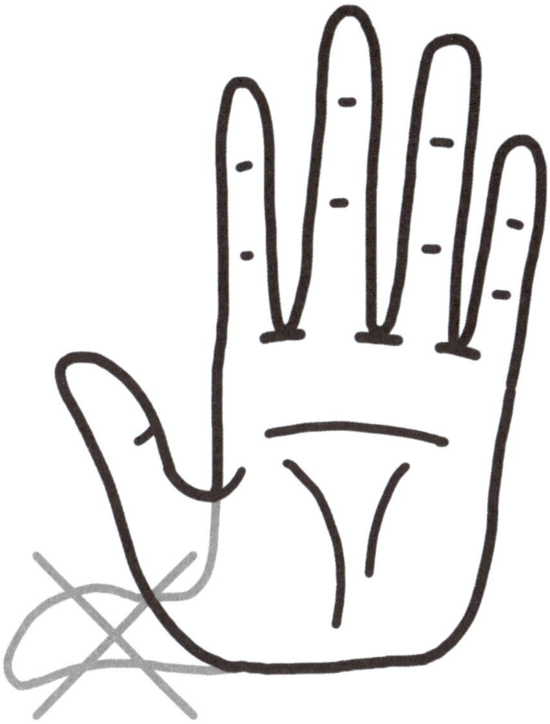

Der Daumen ist mit der Handwurzel verbunden, aber er kommt nicht direkt aus dem Verbindungspunkt heraus. Beachten Sie, wie er in der Mitte der Handfläche in einem Winkel herauskommt. Vergessen Sie nicht, die Innenseite des Daumens zu biegen!

ÜBUNG

Legen Sie Ihre nicht zeichnende Hand in die folgenden Positionen, und zeichnen Sie jede Pose mit einer der genannten Zeichenmethoden:

- Offene Hand, Finger gespreizt
- Offene Hand, Finger zusammen
- Mit einem Finger zeigen, die Finger zeigen zu Ihnen
- Hand hält ein Schreibgerät
- Machen Sie eine Faust, der Daumen liegt über den Fingern

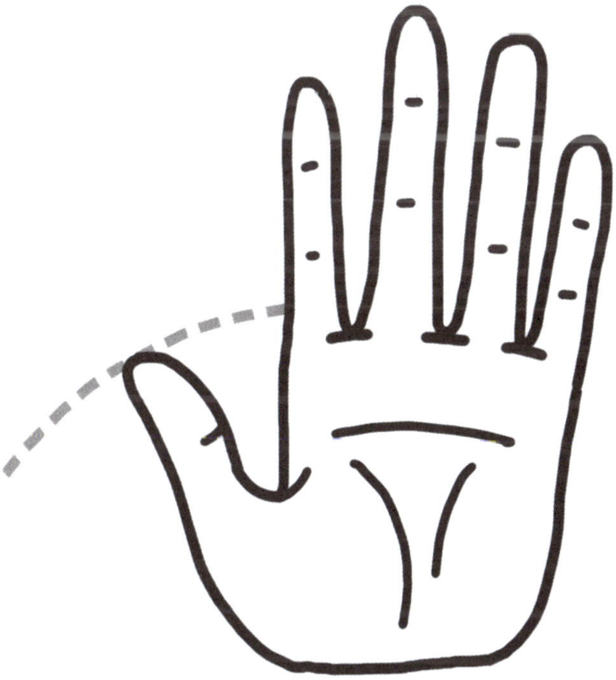

Zeichnen Sie den Daumen nicht zu lang! Die Spitze reicht nur ein wenig höher als die Verbindungsstelle der Finger mit der Handfläche und bewegt sich in einem Bogen nach unten.

GESICHTER IM CARTOONSTIL

Ich zeichne gerne Cartoongesichter in meine Skizzen, weil sie den Leuten Spaß machen und ihnen vertraut sind. Cartoons verringern auch den Druck, den man auf sich selbst ausüben könnte, um beim Zeichnen realistischer zu sein.

Jeder, der Comics gelesen hat, weiß, dass es unbegrenzte Möglichkeiten gibt, Cartoons zu zeichnen – jeder hat seinen eigenen Stil. Üben Sie einige dieser Konzepte, und fühlen Sie sich frei, Ihre eigenen Methoden zu entwickeln, die für Sie schnell und einfach umzusetzen sind.

KOPF

Manche Menschen zeichnen lieber zuerst den Kopf und dann das Gesicht, und manche zeichnen erst das Gesicht und danach den Kopf. Ich mache beides. Manchmal werde ich dazu inspiriert, ein Gesicht zu zeichnen, und dann habe ich die kreative Freiheit, mir eine passende Kopfform auszudenken. Manchmal weiß ich genau, wie der Kopf aussehen sollte, aber nicht das Gesicht. Hier sind ein paar grundlegende Kopfformen, die Ihnen den Einstieg erleichtern sollen.

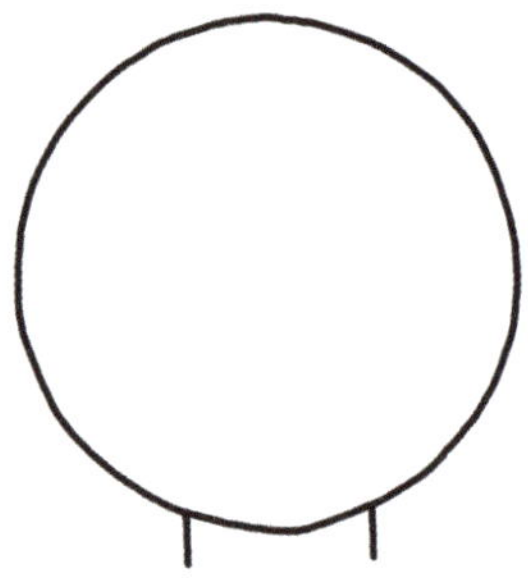

KREIS

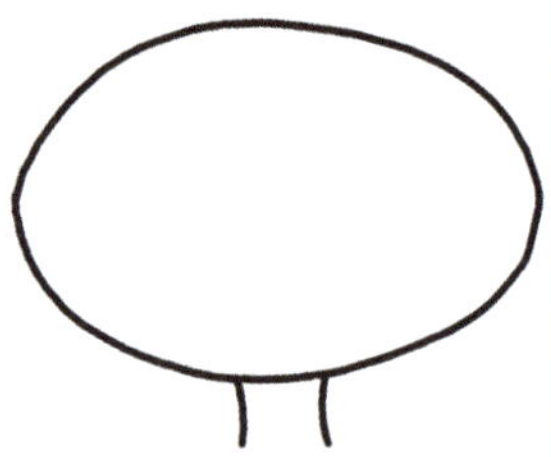

HORIZONTALES OVAL

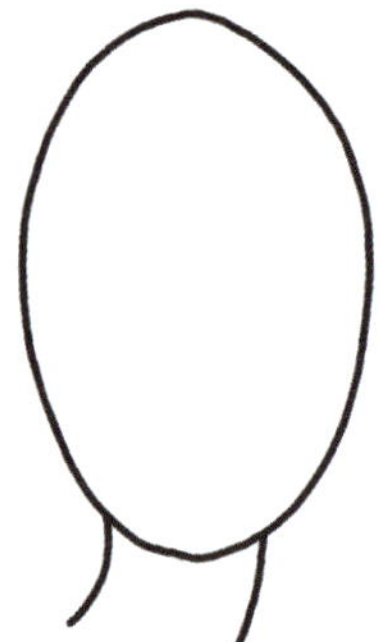

VERTIKALES OVAL

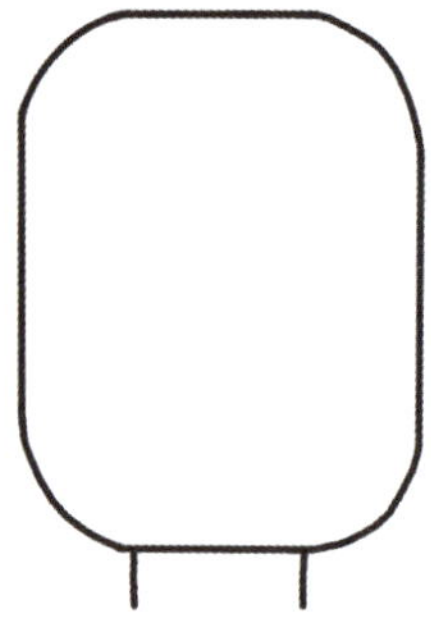

RECHTECK

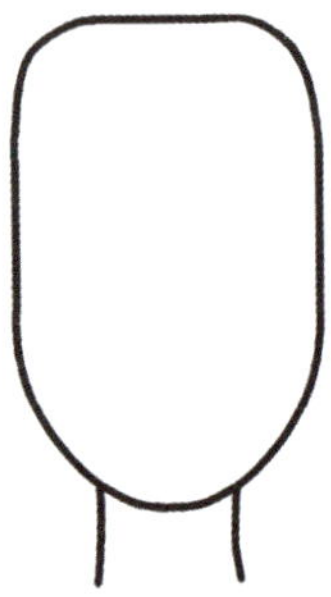

ABGERUNDETES RECHTECK

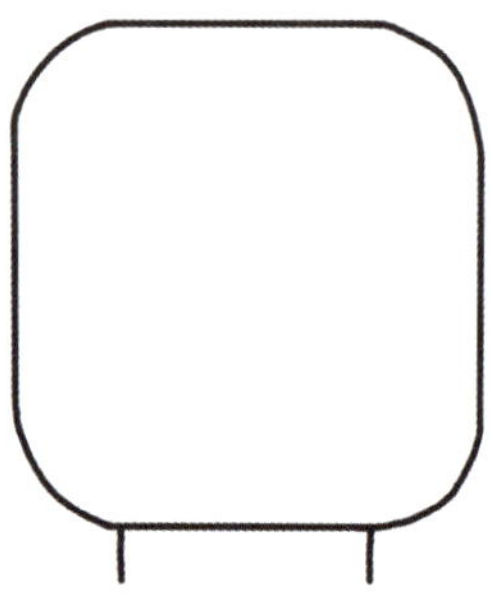

QUADRAT

ZUM AUSPROBIEREN

- Ändern Sie die Breite an einem Ende (d.h. oben breiter als unten).
- Versuchen Sie eine Frontalansicht jeder Form, zusätzlich zu einer Seitenansicht.
- Fügen Sie ein Kinn hinzu
- Gehen Sie zurück zu den Grundlagen der Linie: Versuchen Sie gerade, gebogene und krumme parallele Linien, um verschiedene Stile (und Längen!) von Hälsen zu zeichnen.

AUGEN

Wenn es etwas gibt, das man viel üben sollte, dann sind es die Augen! Die Augen sind der wichtigste Teil eines Cartoongesichts – sie helfen, einen Großteil der Emotionen oder Handlungen zu vermitteln.

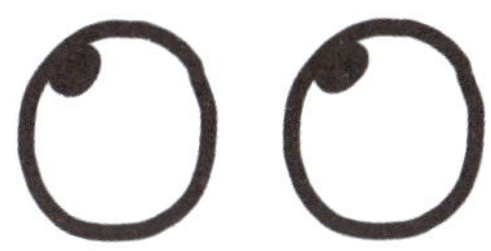

KREISE

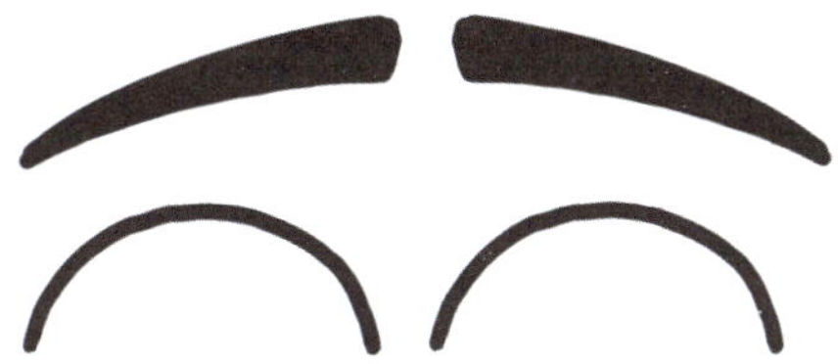

GEBOGENE LINIEN

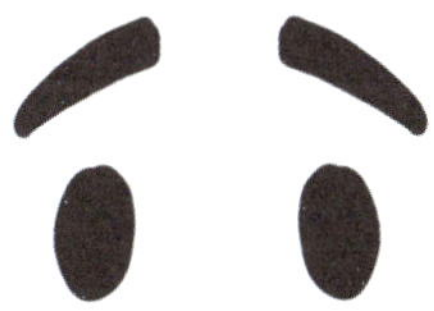

PUNKTE

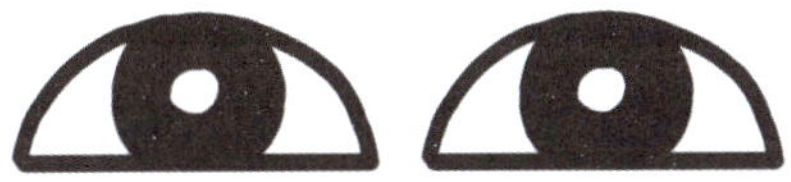

HALBKREISE

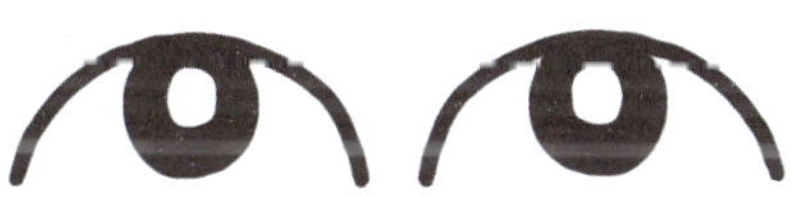

KREISE UND LINIEN

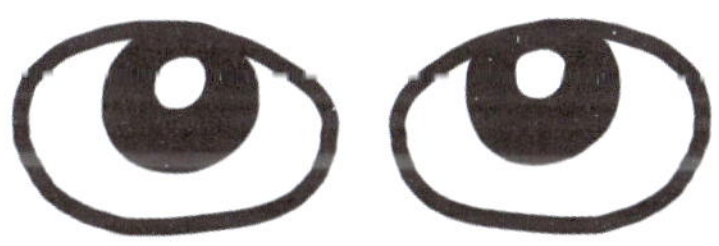

HORIZONTALE OVALE

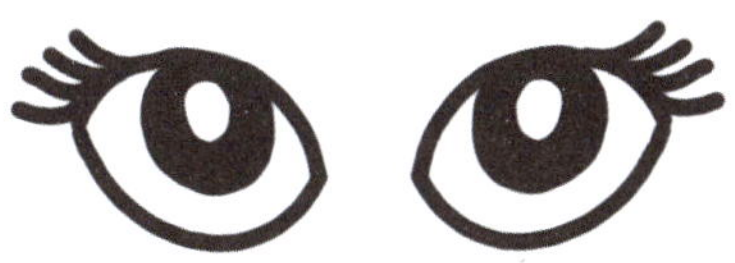

SPITZ ZULAUFENDE OVALE

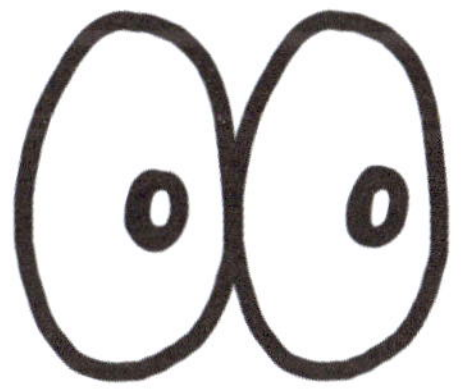

VERTIKALE OVALE

EXTRAS

- Augenbrauen
- Augenlider
- Wimpern
- Brille (kann die Augen komplett ersetzen)

Wenn Sie eine ältere Person zeichnen, gibt es Möglichkeiten, das Alter in den Augen stilvoll darzustellen. Sie können unten leichte Tränensäcke hinzufügen, Krähenfüße an der Seite zeichnen oder entspannte Augenlider hinzufügen.

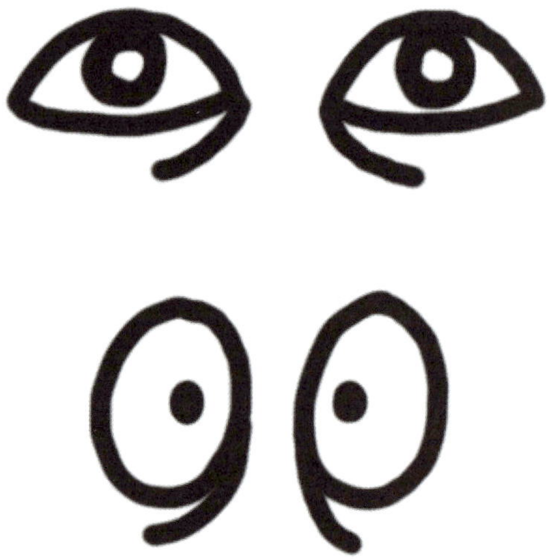

TRÄNENSÄCKE

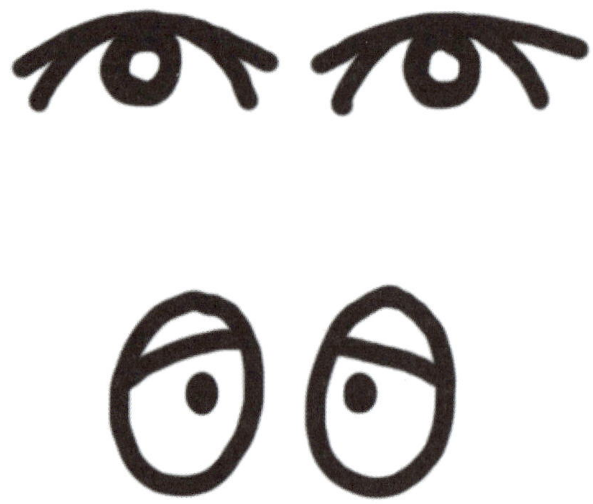

ENTSPANNT

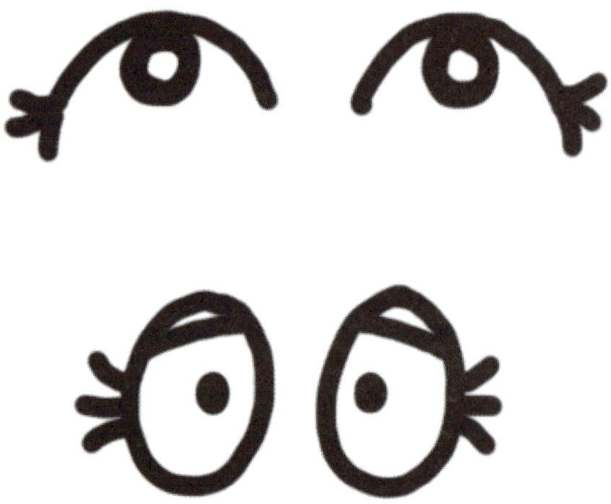

KRÄHENFÜSSE

ZUM AUSPROBIEREN

- Ändern Sie den Abstand zwischen den Augen.
- Ändern Sie die Größe der Augen.
- Ändern Sie die Größe der Pupillen.
- Ändern Sie die Platzierung der Augen am Kopf (hoch, mittel oder niedrig).
- Drehen Sie die Augen an der gewählten Stelle.

NASEN

Es gibt viele Möglichkeiten, Nasen zu zeichnen, die nachfolgenden Beispiele sind die schnellsten und einfachsten. Wenn Sie mehr Selbstvertrauen haben und schneller werden, werten Sie Ihre Zeichnungen auf!

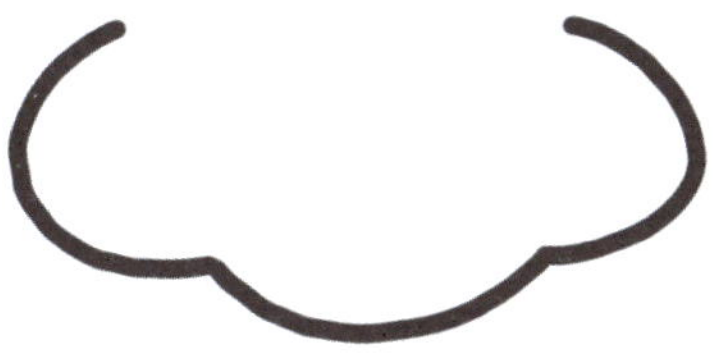

DREI BUCKEL

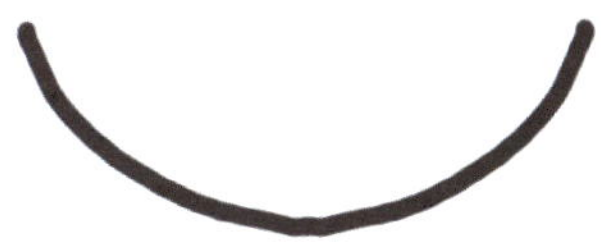

HALBKREIS

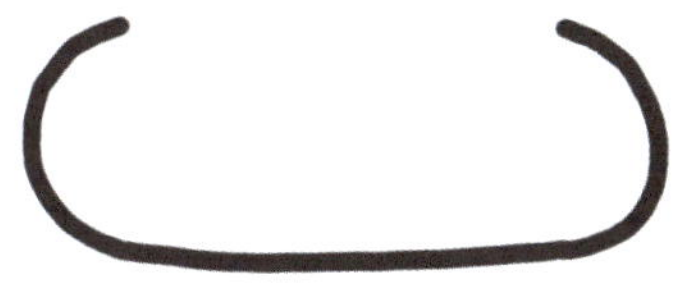

LIEGENDES C

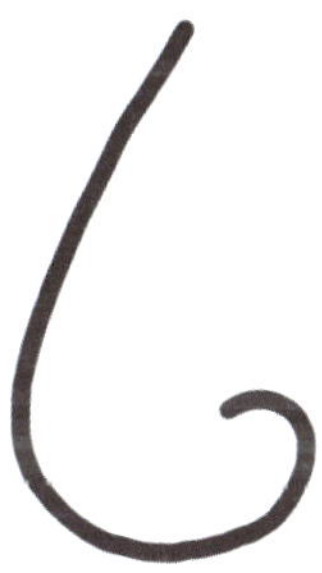

FAST EINE 6

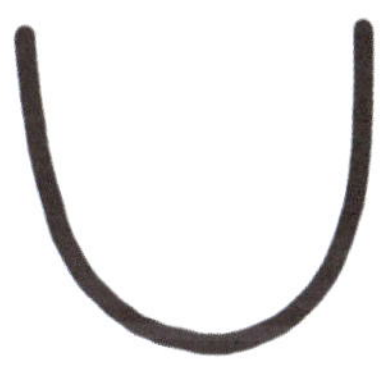

U-FORM

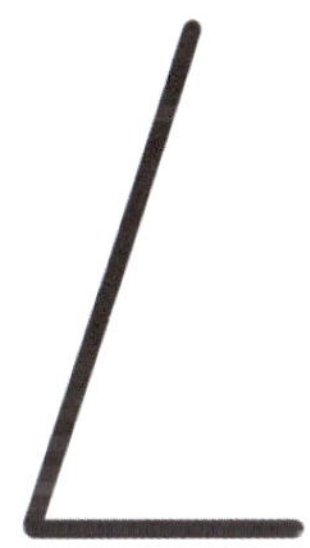

UMGEKEHRTE 7

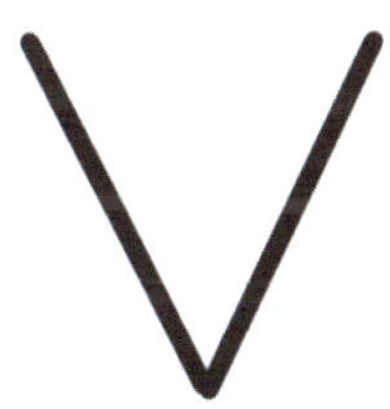

V-FORM

ZUM AUSPROBIEREN

- Wechseln Sie von der Frontal- zur Seitenansicht.
- Ändern Sie die Position am Kopf.
- Ändern Sie die Größe.
- Verwenden Sie gerade, gebogene und krumme Linien.

Am schnellsten verpfusche ich meine Zeichnungen, indem ich Nasenlöcher an der Nase anbringe. Immer wenn ich sie hinzufüge, sieht sie am Ende wie eine Schweinenase aus. Meine Lösung? Ich zeichne sie nicht!

MÜNDER

Münder vermitteln ebenfalls viel Emotion und Handlung, und die Formen variieren sehr stark, je nachdem, was Sie vermitteln wollen. Schauen Sie in den Spiegel. Machen Sie Gesichter für verschiedene Emotionen, und beobachten Sie, wie Ihr Mund aussieht. Wenn Sie ihn im Cartoonstil zeichnen, übertreiben Sie ihn zur Verdeutlichung weiter.

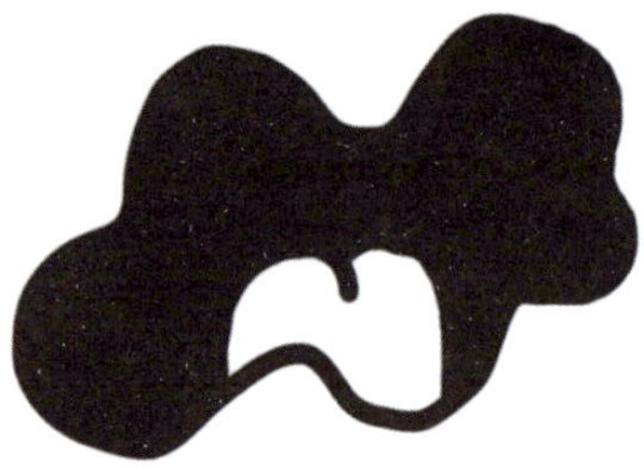

KLECKS

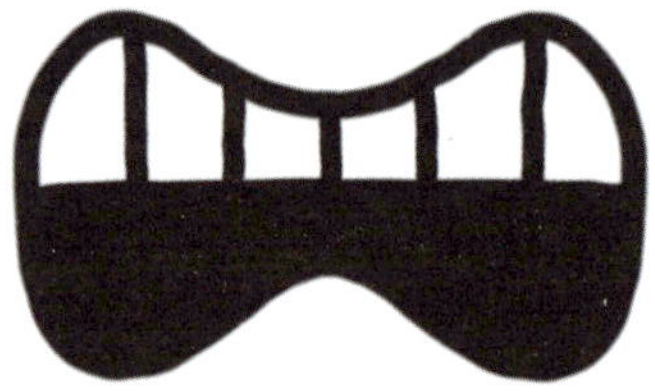

SCHLEIFE

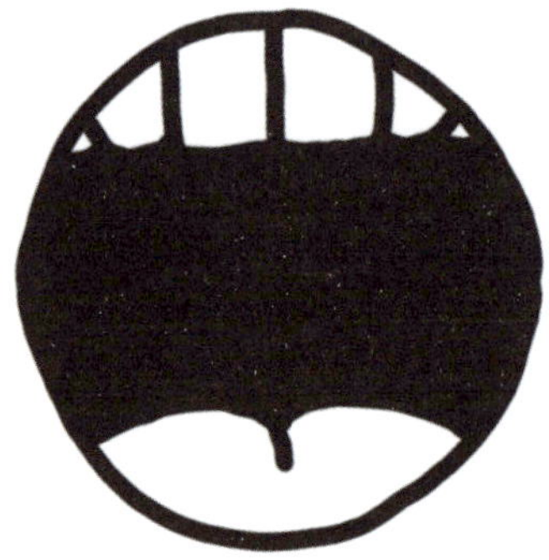

KREIS

MONDSICHEL

HALBKREIS

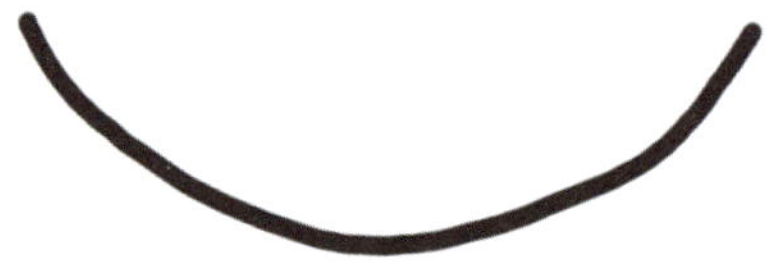

LINIE (GERADE, GEBOGEN ODER KRUMM)

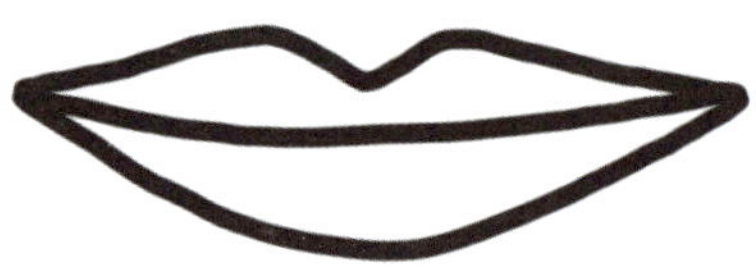

NUR LIPPEN

EXTRAS

- Lippen
- Zähne
- Zunge
- Gesichtsbehaarung

Wenn Sie eine ältere Person zeichnen, ist der Mund ein weiterer Bereich, um das Alter darzustellen. Sie können Linien hinzufügen, die direkt von den Nasenseiten zu den Mundwinkeln verlaufen (A), gerade Linien an den Mundwinkeln (B) und sogar kleine Fältchen auf den Lippen (C).

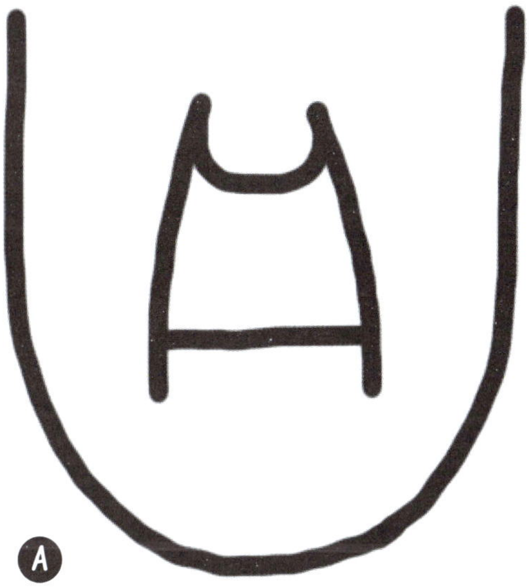

A

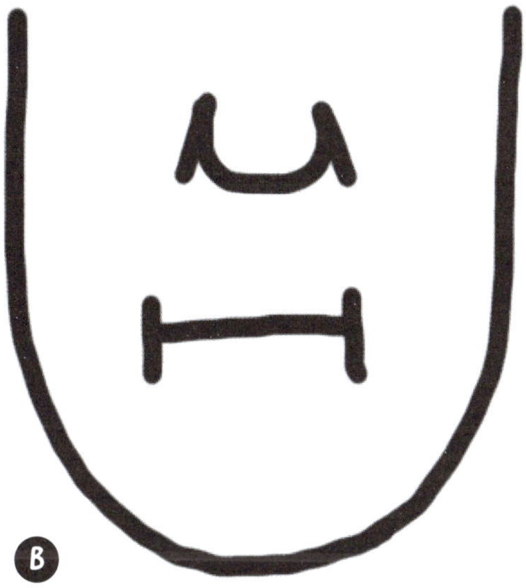

B

ZUM AUSPROBIEREN

- Wechseln Sie von der Frontal- zur Seitenansicht.
- Verändern Sie die Position am Kopf.
- Verändern Sie die Größe.
- Probieren Sie offene und geschlossene Münder.

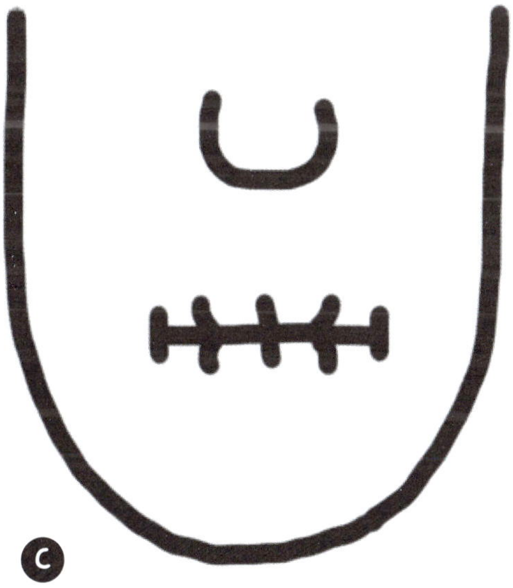

C

OHREN

Die Ohren befinden sich von Natur aus an der Seite des Kopfes zwischen den oberen Augenrändern und der Unterkante der Nase, aber da es sich um Cartoons handelt, kann man die Position ein wenig verschieben.

ECKIG

C-FÖRMIG

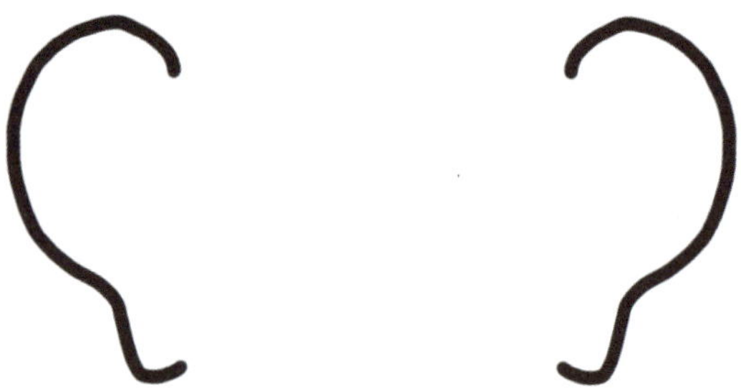

FRAGEZEICHEN

SPIRALE

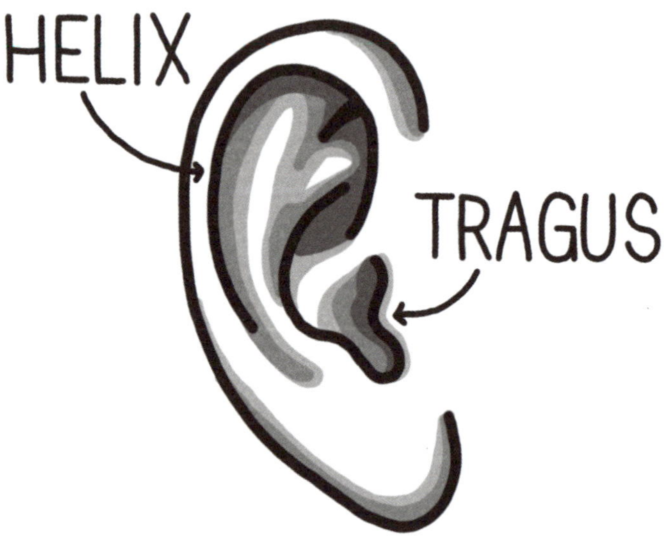

Wenn Sie die Ohren aus einer Frontalansicht des Gesichts zeichnen, fügen Sie einfach einige Formen an der Seite des Kopfes hinzu. Bei einer Seitenansicht können Sie ein paar Details ergänzen, aber machen Sie es nicht zu kompliziert. Wenn ich ein detailliertes Ohr zeichne, zeichne ich nur den oberen Grat (die Helix) und den kleinen Höcker neben der Öffnung (den Tragus). Mehr als das ist oft zu komplex für eine Cartoonzeichnung.

ZUM AUSPROBIEREN

- Fügen Sie Ohrringe hinzu.
- Ändern Sie die Position am Kopf.
- Ändern Sie die Größe.
- Lassen Sie die Ohren mehr oder weniger weit vom Kopf abstehen.

HAARE

Haare sind eines der charakteristischsten Merkmale einer Cartoonfigur. Selbst wenn jedes gezeichnete Gesichtsmerkmal gleich bleibt, sieht jedes Gesicht durch die Veränderung der Haare völlig anders aus.

Es gibt unendlich viele Möglichkeiten, Haare zu zeichnen. Schauen Sie sich zunächst die Beispiele hier an, und versuchen Sie, sie nachzuahmen. Beobachten Sie dann die Menschen um Sie herum, und versuchen Sie, deren Frisuren zu zeichnen.

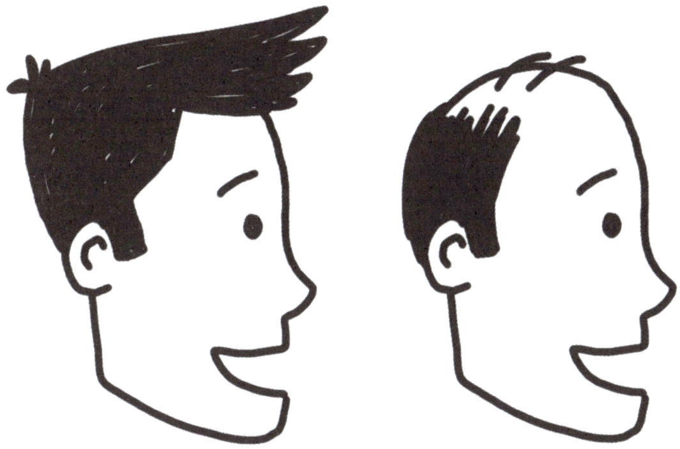

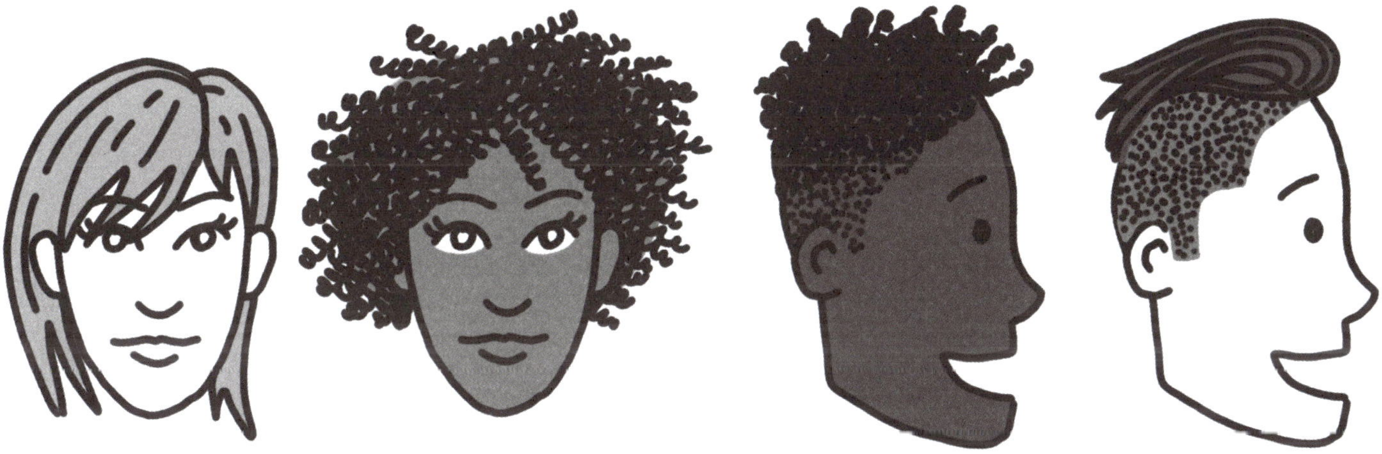

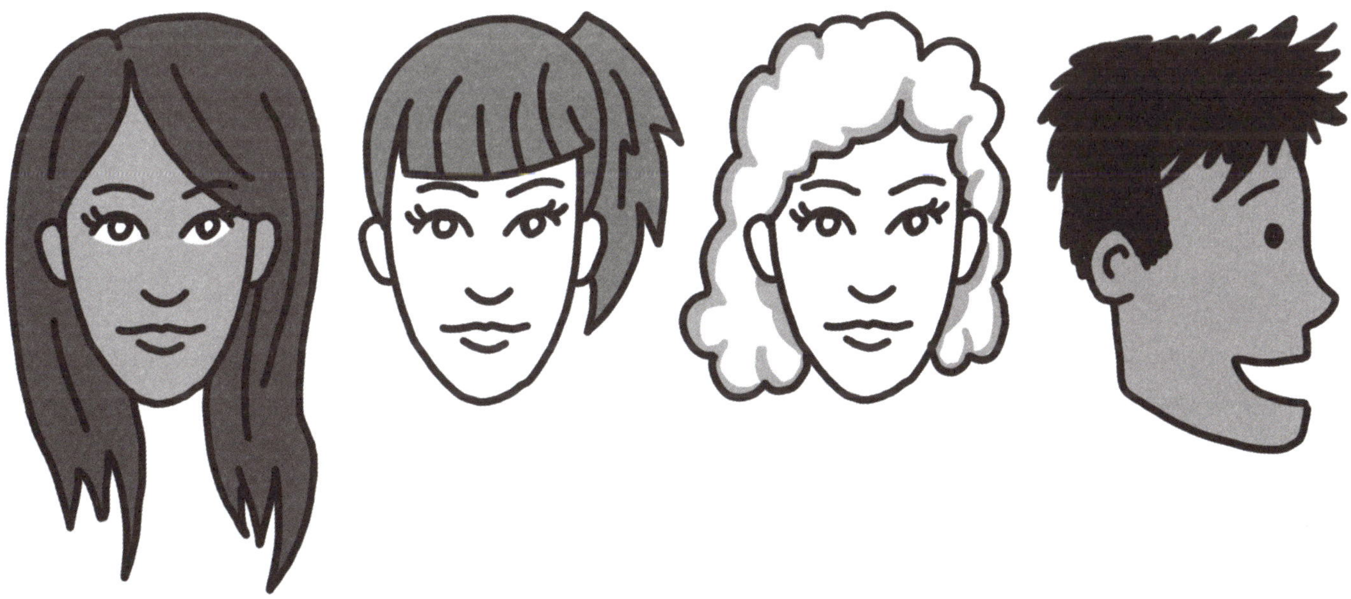

GESICHTSBEHAARUNG

Ich zeichne gerne Figuren mit Gesichtsbehaarung, weil das optisch ansprechend und abwechslungsreich ist. Die Gesichtsbehaarung ist auch oft in Mode, darum ist das Zeichnen von Figuren mit verrückten Schnurrbärten oder großen Bärten nicht weit von der Realität entfernt! Schauen Sie sich die Beispiele für Gesichtsbehaarung hier an, und versuchen Sie, sie nachzuahmen. Beobachten Sie dann die Menschen um Sie herum, und versuchen Sie, diese Besonderheiten zu zeichnen.

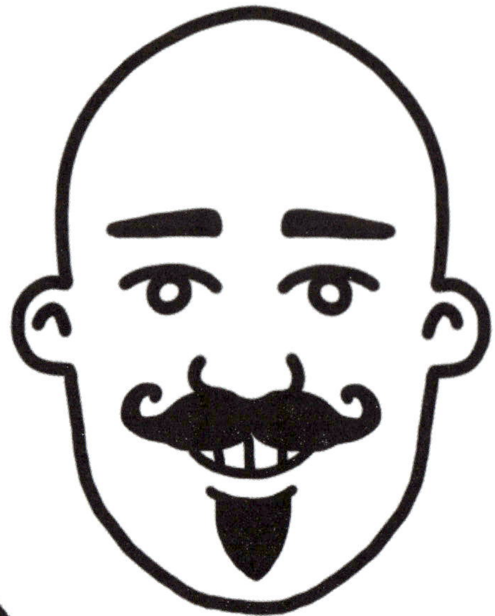

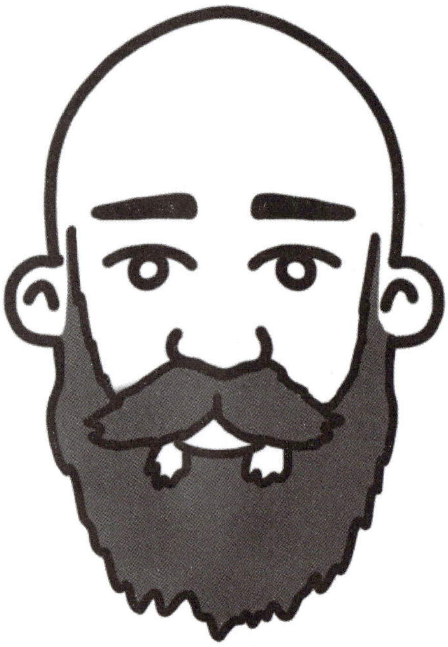

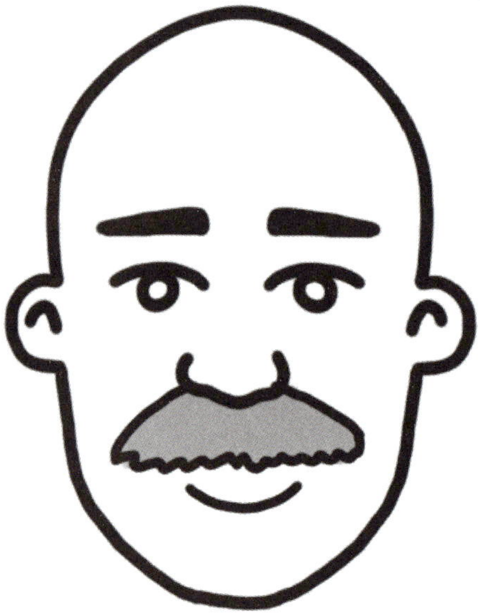

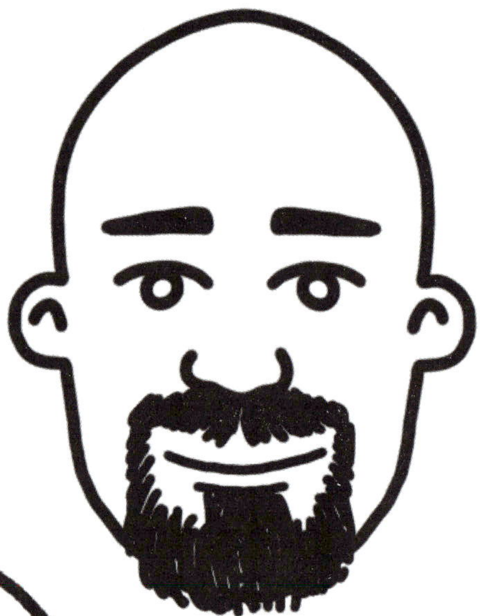

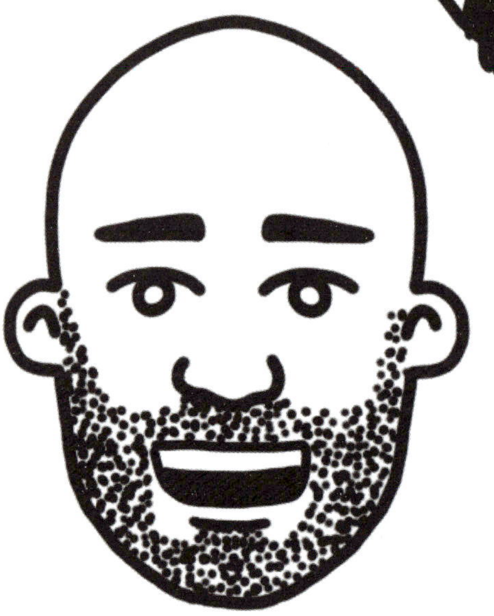

ZUM AUSPROBIEREN

- Schnurrbärte
- Bärte in verschiedenen Wachstumsstadien
- Goatees
- Lassen Sie Bart und Mund zusammenwirken (d. h., machen Sie einen Schnurrbart zur obersten Linie des Mundes)

ALLES ZUSAMMENFÜGEN

Nachdem Sie das Zeichnen verschiedener Kopfformen, Augen, Nasen, Münder, Ohren und Haare geübt haben, ist es nun an der Zeit, alles in einer Zeichnung zusammenzufügen.

ÜBUNG

Zeichnen Sie neun verschiedene Kopfformen, entweder in Frontal- oder Seitenansicht. Fügen Sie als nächstes Augen für jede Form hinzu; dann fügen Sie Nase, Mund, Ohren und Haare hinzu. Mischen Sie die verschiedenen Stile der einzelnen Merkmale, und passen Sie sie an, um herauszufinden, was für Sie am besten funktioniert. Wenn Sie fertig sind, sehen Sie sich jede gezeichnete Figur an, und schreiben Sie auf, was Sie an jeder Figur gut oder schlecht finden. Während Sie Ihre Vorlieben eingrenzen, werden Sie anfangen, Ihren eigenen einzigartigen Cartooning-Stil zu finden.

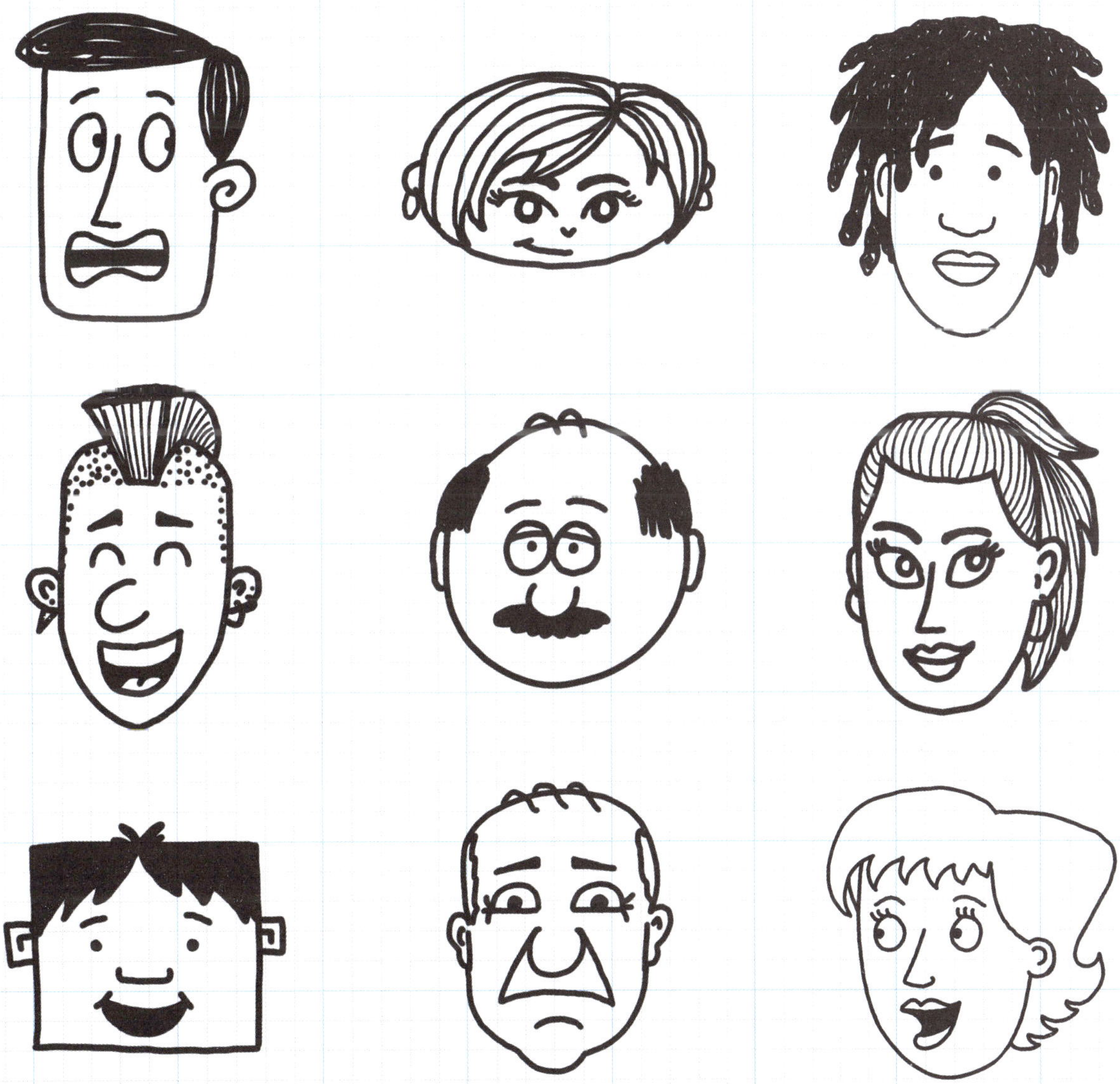

ÜBEN SIE HIER

Verwenden Sie diese Seiten, um die auf Seite 67 beschriebene Übung abzuschließen.

BLICKRICHTUNG

Wenn Sie visuelle Notizen machen, müssen Sie Elemente einbauen, die das Lesen Ihrer Notizen erleichtern – mit anderen Worten: die visuelle Richtung vorgeben. Sie wollen nicht, dass die Notizen überladen wirken. Folgende Hilfsmittel tragen dazu bei, ein Gleichgewicht zu schaffen, indem sie den inhaltlichen Verlauf kennzeichnen und dem Leser signalisieren, wo er als Nächstes hinschauen soll.

CONTAINER

Stellen Sie sich folgende Situation vor: Sie machen während einer Vorlesung visuelle Notizen. Der Referent gab eine Empfehlung ab, sagte etwas Tiefgründiges, nutzte ein Zitat oder machte eine wichtige Anmerkung. Das wollen Sie auf besondere Weise festhalten? Verwenden Sie Container!

Container helfen, den Inhalt Ihrer visuellen Notizen auseinanderzuhalten. Sie können die Aufmerksamkeit auf wichtige Ideen lenken, oder sie können die weniger wichtigen Punkte vom größeren Informationsfluss trennen. Container können dezent sein, aber auch groß und fett.

ÜBUNG

Kopieren Sie die hier gezeigten Container-Beispiele in Ihr Notizbuch oder auf ein Blatt Papier; denken Sie sich dann 10 neue Containerstile aus, und zeichnen Sie diese selbst.

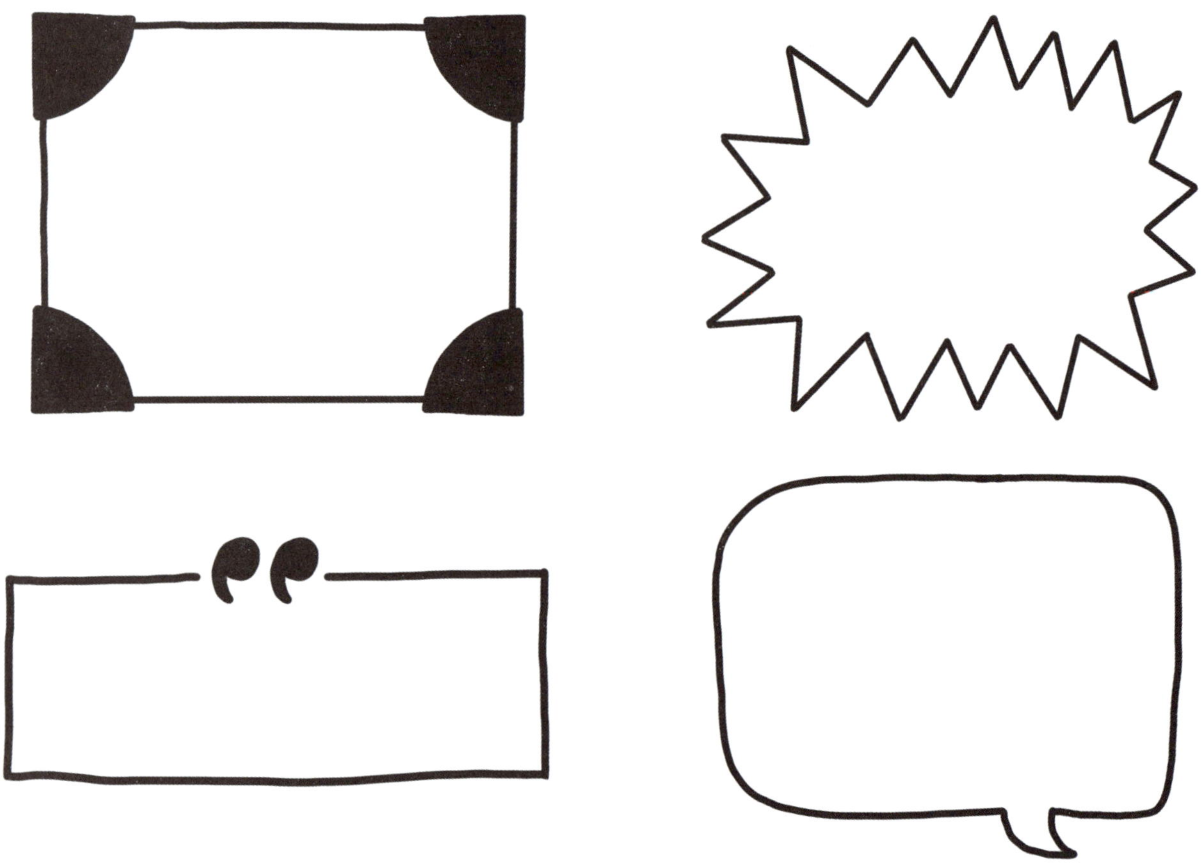

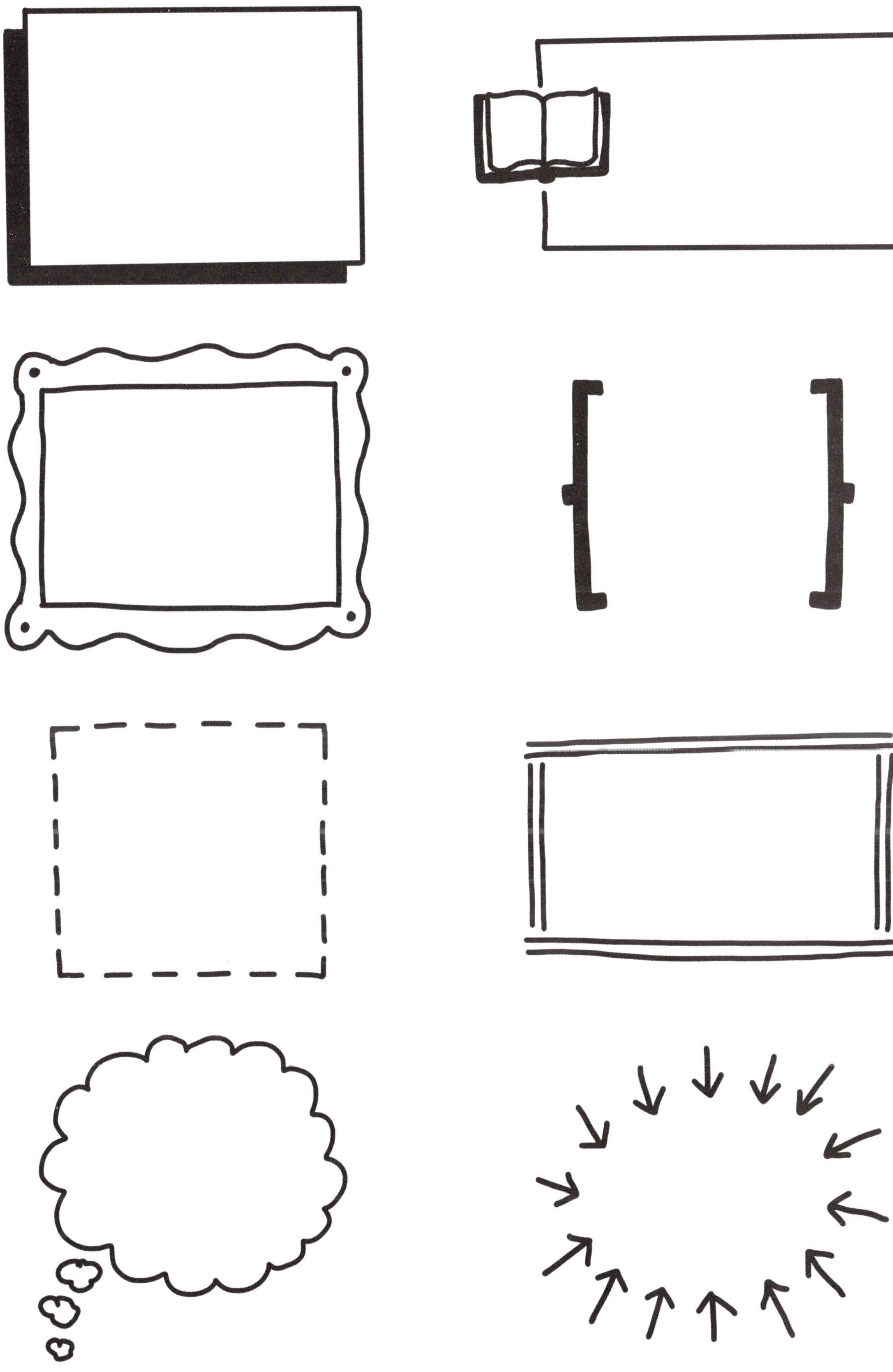

ZAHLEN

Wenn die Informationen als Liste geliefert werden, wie z. B.: »5 Dinge, um Ihr Unternehmen zu stärken«, ist eine Nummerierung sinnvoll. Obwohl Nummerierungen die visuelle Orientierung offenkundig erleichtern, ist es oft schwierig, die Zahlen genau zu erfassen. Meiner Erfahrung nach vergessen die Vortragenden oft, die Nummer, auf die sie sich gerade beziehen, tatsächlich anzugeben. Sie werden aber weiterhin ihre Punkte auflisten. Ich meine Folgendes:

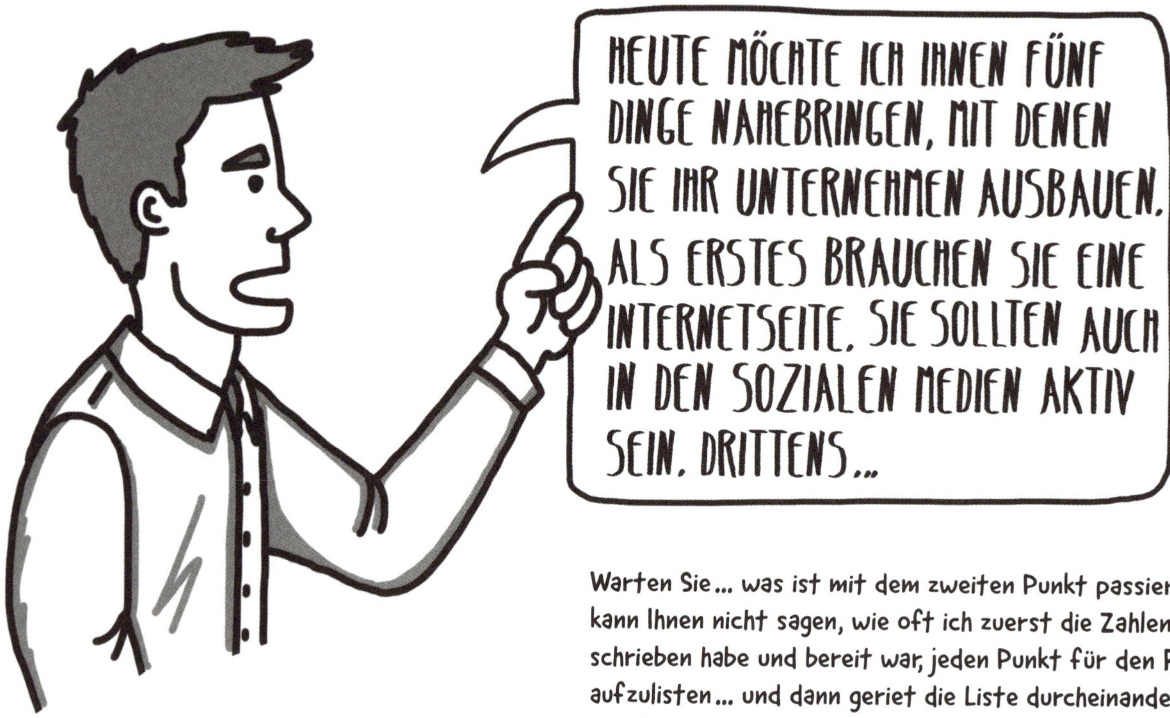

Warten Sie... was ist mit dem zweiten Punkt passiert?! Ich kann Ihnen nicht sagen, wie oft ich zuerst die Zahlen aufgeschrieben habe und bereit war, jeden Punkt für den Referenten aufzulisten... und dann geriet die Liste durcheinander. Darum empfehle ich, erst dann Zahlen aufzuschreiben, wenn die Liste vollständig ist – oder sie vorübergehend mit Bleistift aufzuschreiben. Dadurch können Sie zu jedem beliebigen Textblock zurückgehen und die entsprechende Nummer hinzufügen. Wenn die Zahlen nicht mit dem übereinstimmen, was Sie geschrieben haben, fügen Sie sie einfach gar nicht hinzu!

Hier sind ein paar Beispiele für die Nummerierung.

1. HIER SCHREIBEN SIE DEN ERSTEN PUNKT AUF.
2. HIER SCHREIBEN SIE DEN ZWEITEN PUNKT AUF.
3. HIER SCHREIBEN SIE DEN DRITTEN PUNKT AUF.

1. HIER SCHREIBEN SIE DEN ERSTEN PUNKT AUF.
2. HIER SCHREIBEN SIE DEN ZWEITEN PUNKT AUF.
3. HIER SCHREIBEN SIE DEN DRITTEN PUNKT AUF.

1. HIER SCHREIBEN SIE DEN ERSTEN PUNKT AUF.
2. HIER SCHREIBEN SIE DEN ZWEITEN PUNKT AUF.
3. HIER SCHREIBEN SIE DEN DRITTEN PUNKT AUF.

PFEILE

Die Verwendung von Pfeilen in Ihren visuellen Notizen ist eine der einfachsten und klarsten Methoden, Menschen visuell anzuleiten und besondere Aufmerksamkeit auf Informationen zu lenken. Pfeile müssen aber nicht unbedingt markant sein! Verwenden Sie einen Pfeil als Titel, um Textblöcke einzufügen oder um Ihren Betrachter auf subtile Weise an die nächste Stelle zu führen, die er sehen soll.

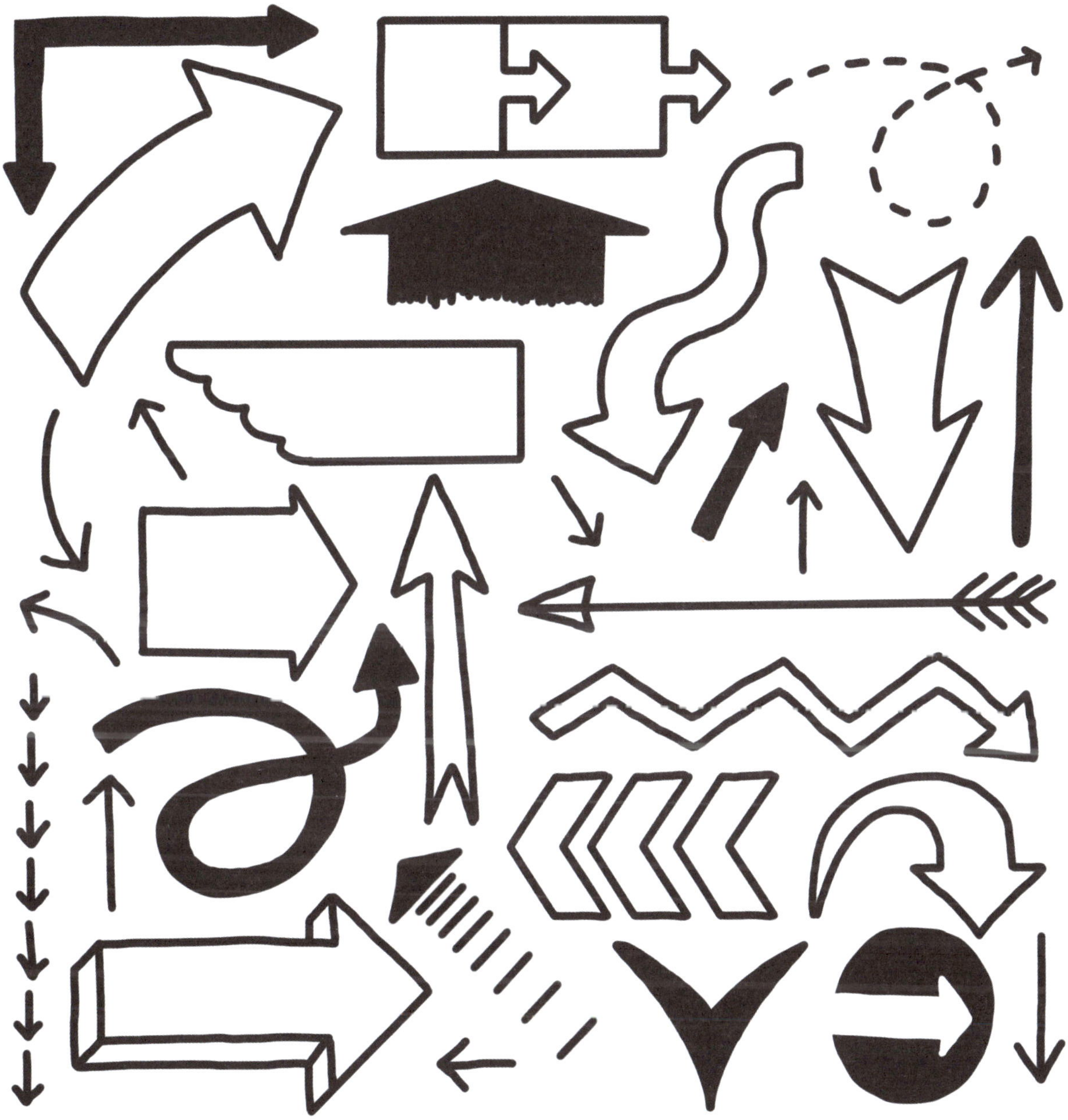

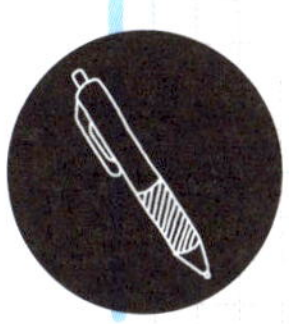

ÜBUNG

Zeichnen Sie 10 verschiedene Arten von Pfeilen. Als Nächstes suchen Sie einige alte Notizen, die Sie gemacht haben, und verwenden Sie Pfeile, um Textblöcke zu verbinden und den Leser visuell zum nächsten Punkt zu führen.

ÜBEN SIE HIER

Verwenden Sie diese Seiten, um das Zeichnen von Rahmen, Sprechblasen, Zahlen, Pfeilen oder anderen Dingen zu üben, die Sie bisher gelernt haben.

INFORMATIONEN SCHNELL FINDEN

Sie fragen vielleicht: »Was mache ich mit meinen visuellen Notizen, wenn sie fertig sind?« Auch wenn Sie Ihre Sketchnotes nie jemand anderem zeigen, ist es dennoch eine gute Idee, das, was Sie für Ihre eigene Erinnerung festgehalten haben, noch einmal zu ordnen. Es gibt zwei Methoden, mit denen Sie Informationen in Ihren Notizen schneller finden. Die erste Methode ist die Verwendung von **Symbolen** (Icons), und die zweite ist die **Indexierung**.

SYMBOLE

Betrachten Sie die Karte. Eine Karte enthält eine Menge Informationen und nutzt kleine Grafiken (Symbole), um bestimmte Dinge anzuzeigen, die von Bedeutung sein könnten. Diese Symbole werden zusammen in der Kartenlegende angezeigt, damit Sie wissen, was jedes einzelne bedeutet. Wenn Sie visuelle Notizen machen, können Sie dasselbe tun!

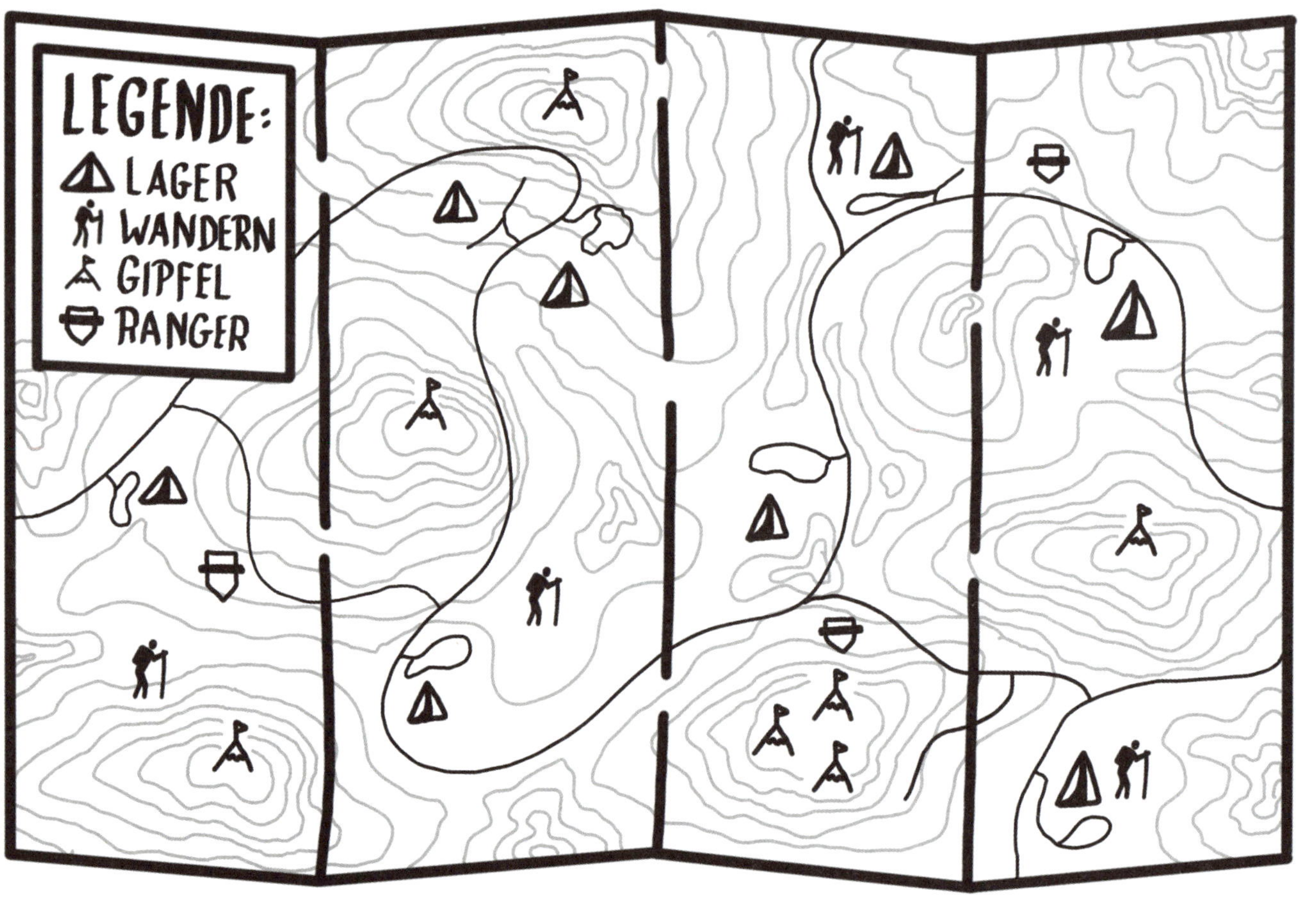

Symbole oder Icons sind einfache, kleine Zeichnungen, die Klarheit schaffen und helfen, gängige Konzepte, Kategorien oder Aktionen zu visualisieren. Wenn Sie das Bullet Journaling ausprobiert haben, wird Ihnen die Verwendung der Symbolsprache vertraut sein.

ÜBUNG

Üben Sie die hier gezeigten Beispiele für gängige Symbolkategorien. Überlegen Sie sich, wie Sie diese selbst zeichnen wollen. Überlegen Sie dann, welche anderen Symbole Sie in Ihren visuellen Notizen verwenden könnten, und üben Sie das Zeichnen.

AUFGABE

TERMIN

EREIGNIS

IDEE

ORT

PERSÖNLICHES

ZITATE

LESEN/LERNEN

ARBEIT

Ich will nicht, dass die Symbole in meinen Sketchnotes von den Informationen ablenken, aber ich möchte die Informationen trotzdem visuell miteinander verknüpfen. Ich sorge dafür, dass sie leicht zu erkennen sind, und halte sie relativ klein.

INDEXIERUNG

Nachdem ich mehrere Jahre lang visuelle Notizen gemacht hatte, besaß ich einen Stapel von Skizzenbüchern mit umfangreichen Informationen. Als ich mir später eine bestimmte Seite anschauen wollte, dauerte es sehr lange, bis ich sie gefunden hatte. Ich beschloss, einen Index zu erstellen, um die Übersicht zu behalten. Und so funktioniert das:

1. Wenn Sie ein neues Skizzenbuch anlegen, schreiben Sie das Datum der ersten Notizen auf die Innenseite des Umschlags oder auf die erste Seite. Ich schreibe nur den Monat und das Jahr.

2. Wenn Sie Notizen machen, schreiben Sie den Titel oder den Namen des Ereignisses, das Sie dokumentieren, in eine eigene Spalte in Ihrem Index. Sie können so detailliert oder so allgemein sein, wie Sie möchten – stellen Sie nur sicher, dass Sie den Index später noch verstehen. Wenn Ihr Skizzenbuch Seitenzahlen hat, geben Sie diese mit an!

3. Wenn Sie die letzte Seite Ihres Skizzenbuchs füllen, schreiben Sie das Datum der letzten Notizen, die Sie gemacht haben, auf die Innenseite des Umschlags oder auf die erste Seite nach dem Datum der ersten Notizen. Jetzt haben Sie eine Zeitleiste für den Zeitraum, den dieses Skizzenbuch abdeckt! Wenn Sie wissen, dass Sie im Mai 2020 visuelle Notizen gemacht haben, müssen Sie nur die Notizbücher mit diesem Datum in der Zeitleiste finden. Schauen Sie in Ihrem Index nach, um herauszufinden, wo es im Skizzenbuch stehen könnte, und blättern Sie zu diesem Datum!

ANDERE METHODEN ZUR INDEXIERUNG

Eine andere Methode zur Indexierung sind Aufkleber, die Sie auf die Rücken Ihrer Skizzenbücher kleben. So können Sie die Datumsangaben sehen, ohne die Bücher aus dem Regal nehmen zu müssen. Wenn Ihre Skizzenbücher eine Spiralbindung haben oder zu dünn für Aufkleber sind, bringen Sie das Etikett stattdessen vorne auf dem Einband an. Sie können auch weiße oder metallische Stifte verwenden, um Datumsangaben auf schwarze Skizzenbücher zu schreiben.

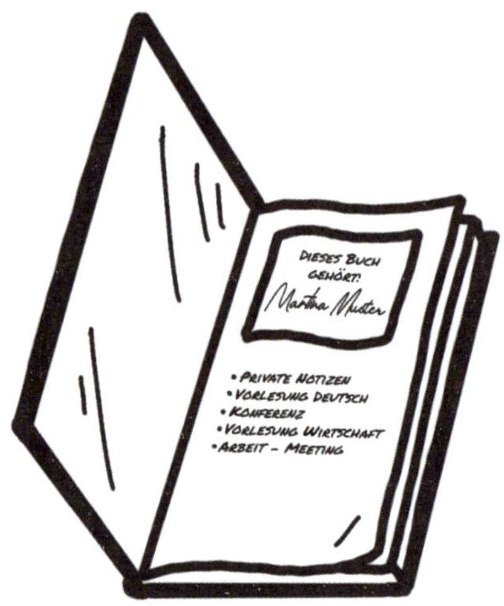

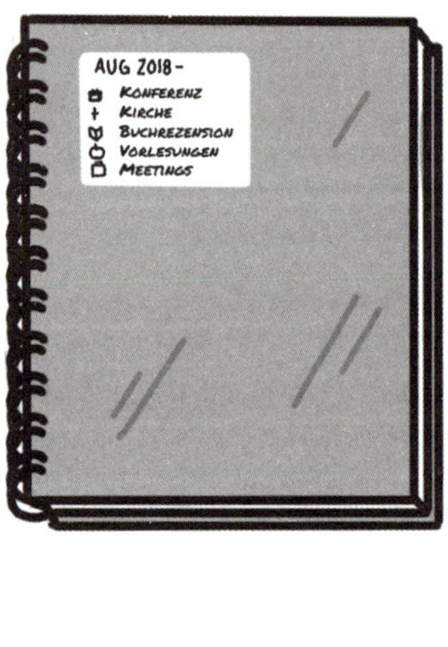

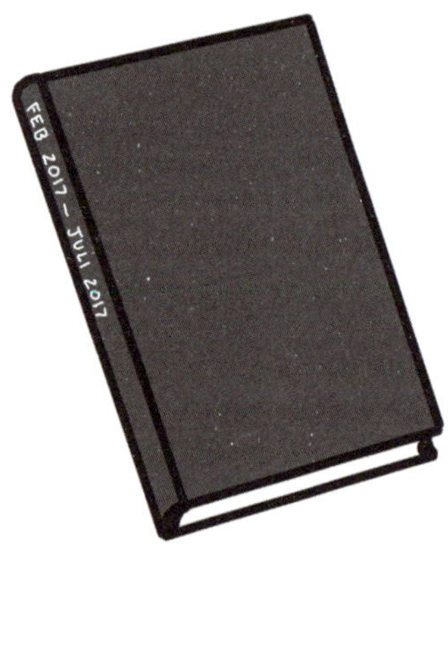

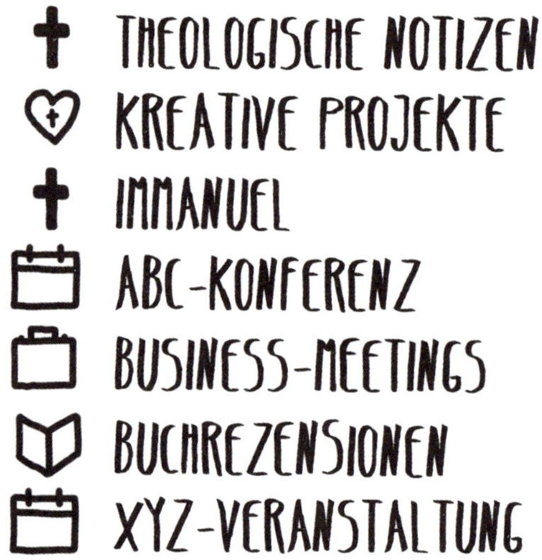

DEN INDEX OPTIMIEREN

Eine Möglichkeit, Ihren Index aufzuwerten, ist die Verwendung von Symbolen (Icons). Zeichnen Sie das Symbol neben Ihren Indexeintrag, um zu zeigen, woher die Notizen stammen.

ÜBUNG

Wenn Sie ein altes Skizzenbuch ohne Index haben, erstellen Sie jetzt einen. Wenn Sie noch kein volles Skizzenbuch haben, erstellen Sie einen Scheinindex. Nutzen Sie den Platz unten, und beschreiben Sie mindestens acht Dinge, zu denen Sie visuelle Notizen machen wollen. Vielleicht haben Sie einen Lieblings-Podcast, eine Konferenz, an der Sie teilnehmen werden, oder einen Traumkunden. Als Nächstes erstellen Sie einige Symbole, die Ihnen helfen, Ihren Index zu kategorisieren. Einige mögliche Kategorien: Veranstaltung, Konferenz, Kochrezept, Vortrag, Podcast, Buch oder Persönliches. Die Möglichkeiten sind endlos!

INFORMATIONEN MIT DIAGRAMMEN VISUALISIEREN

Bei vortragsbasierten Notizen zeichne ich selten ein ganzes Diagramm ab. Diagramme sind voller komplexer Informationen, die beim genauen Zeichnen Zeit und Konzentration erfordern. Ich konzentriere mich lieber darauf, auf wichtige Ideen zu hören, als Details zu notieren. Diagramme haben in der Regel eine allgemeine Botschaft, wie z. B. »die Verkäufe steigen« oder »es hat drei Jahre gedauert, sich von der Rezession zu erholen«. Meiner Meinung nach ist es besser, die Gesamtaussage der Diagramme zu dokumentieren, als die Diagramme selbst zu erfassen.

Es gibt jedoch Fälle, in denen es hilfreich und sogar notwendig ist, Informationen mit Hilfe von Diagrammen zu visualisieren. Das Ziel von visuellen Notizen ist es, die Erinnerung an die Informationen zu verbessern, so dass alles, was dabei hilft, ein Gewinn ist.

Ich habe festgestellt, dass es fünf Haupttypen von Diagrammen gibt. Es gibt weitere Methoden zur Darstellung von Daten in Diagrammen, aber die folgenden sind die effektivsten Methoden für visuelle Notizen.

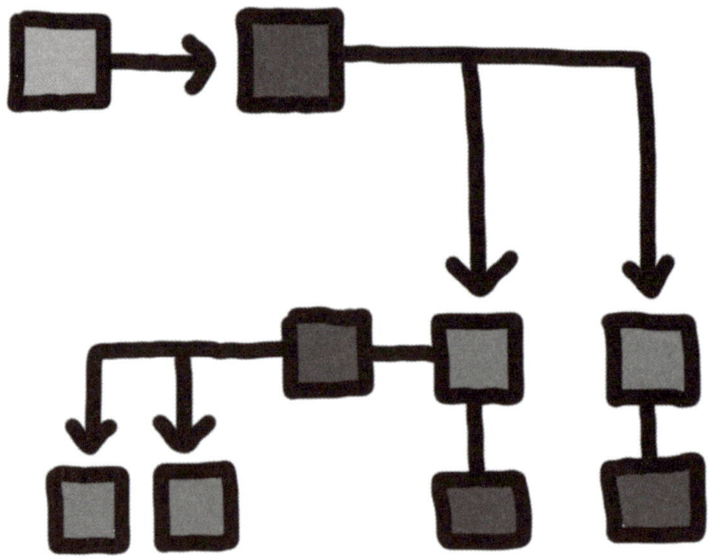

FLUSS- ODER ABLAUFDIAGRAMM Wird oft zur Darstellung von organisatorischen Abläufen, Prozessen, Aktionen oder Reisen verwendet.

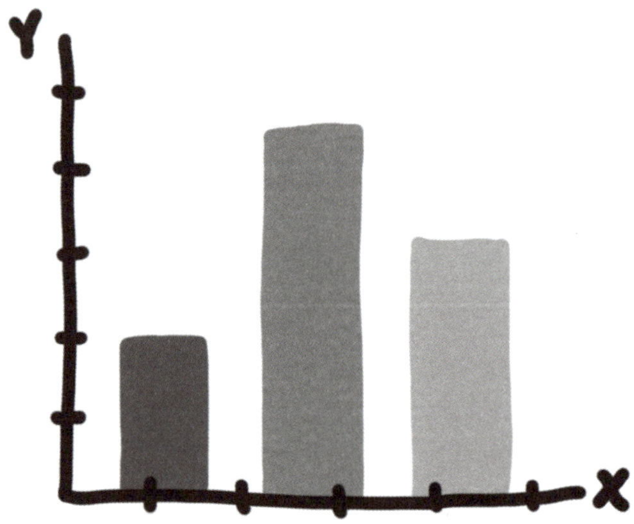

GRAFISCHE DIAGRAMME
In Form von Linien-, Balken- oder Streuungsdiagrammen. Am besten geeignet, wenn Sie Informationen zur X- und Y-Achse haben, wie z. B. »Einnahmen (x) über die Zeit (y)«.

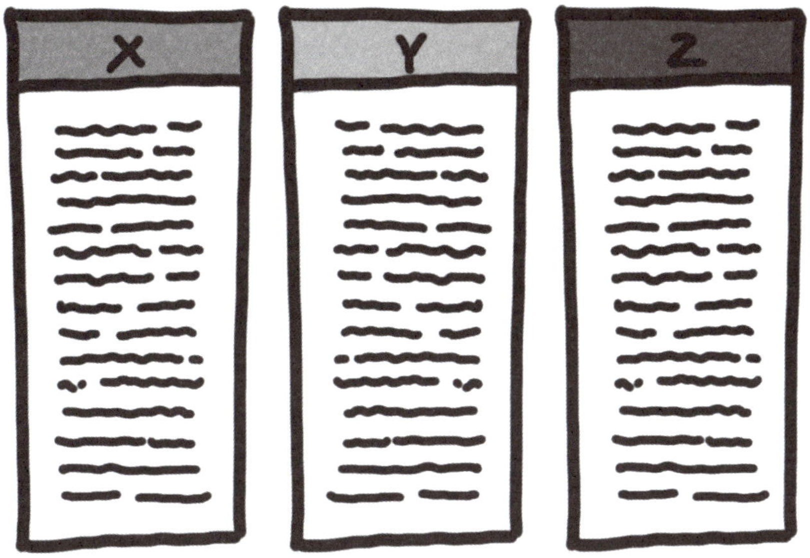

LISTEN/KATEGORIEN
Datengruppierungen nach spezifischen Kategorien.

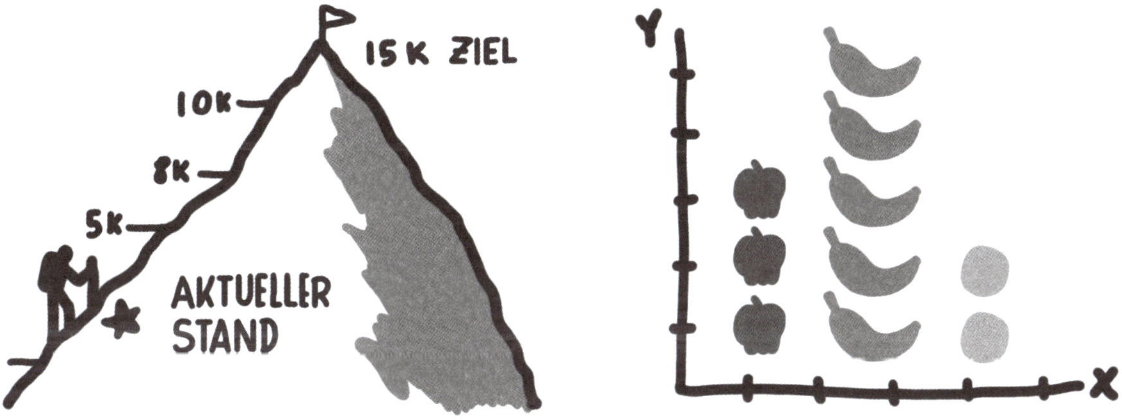

BILDLICH Oftmals metaphorisch, wie eine steigende Säule in einem Thermometer. Bilder werden auch zur Darstellung unterschiedlicher Datenmengen verwendet.

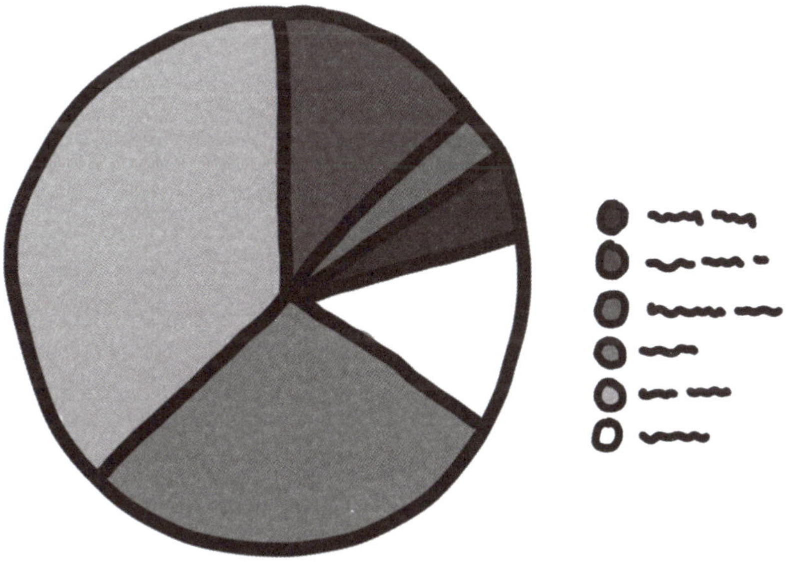

TORTENDIAGRAMM
Wird meistens eingesetzt, um Anteile eines größeren Ganzen darzustellen.

TIPPS FÜR VORTRAGSBASIERTE SZENARIEN

Wenn Sie erfahrungsbasierte visuelle Notizen machen, nehmen Sie so viele Diagramme auf, wie es Ihre Zeit erlaubt. Gehen Sie nicht zu sehr ins Detail – Ihre visuellen Notizen sollten nur die Hauptideen hervorheben. Vortragsbasierte Szenarien sind anders. Hier sind ein paar Tipps:

- Wenn der Referent schnell durch die Diagramme geht, keine Panik! Die Zuhörer müssen sich wahrscheinlich nicht jedes einzelne Diagramm genau merken, und Sie müssen nicht jedes davon kopieren.
- Wenn der Referent viel Zeit damit verbringt, ein Diagramm zu erklären, machen Sie mit Ihrem Smartphone ein Foto von der Folie, und lassen Sie etwas Platz in Ihren Notizen, falls Sie sich später dafür entscheiden, es aufzunehmen. Es kann sein, dass Sie das Diagramm überhaupt nicht notieren müssen, weil die Gesamtaussage im Rest der Präsentation verdeutlicht wird.
- Wenn der Referent viele verschiedene Zahlen nennt, versuchen Sie, diese Zahlen mit einem passenden Bild zu illustrieren, damit die Zuhörer die Informationen besser verstehen können. Der Referent spricht, aber Sie haben die Möglichkeit zu zeigen.

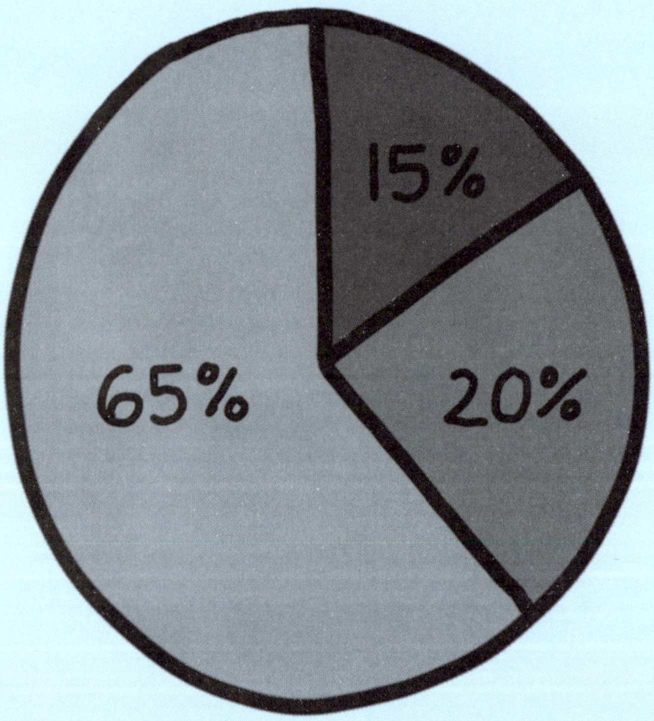

ZEIGEN STATT SPRECHEN

Wenn man eine Reihe von Statistiken hört wie »65 Prozent unseres Webverkehrs kamen von Mobiltelefonen, 20 Prozent vom Desktop und 15 Prozent von Tablets«, vergisst man sie leicht. Aber ein Tortendiagramm, das zeigt, wie viel mehr Webverkehr über das Handy als über den Desktop oder das Tablet kam, verändert die Art, wie man sich daran erinnert.

- Ein »Worst-Case-Szenario« besteht darin, dass der Redner eine Unmenge detaillierter Daten präsentiert, und es ist wichtig, sie alle zu erfassen. Das ist bei Sitzungen wie Finanzberichten oder Jahresberichten üblich. Halten Sie Ihr Smartphone griffbereit, um Bilder von den Folien zu machen, und bleiben Sie so gut wie möglich auf dem Laufenden. Notieren Sie sich bei Bedarf schnell Zahlen mit Bleistift, und schauen Sie nach der Sitzung noch einmal darauf, während Sie Ihre Notizen verfeinern. Wenn Sie wissen, dass Sie Diagramme zeichnen müssen, sollten Sie viel Platz lassen.

WELCHES DIAGRAMM PASST AM BESTEN?

Es ist einfach, ein Diagramm zu zeichnen, das Ihnen vom Referenten vorgegeben wurde, aber manchmal müssen Sie sich das richtige Diagramm selbst ausdenken. Wie bei den meisten Fertigkeiten ist auch das reine Übungssache. Folgen Sie dem unten beschriebenen Ablauf, während Sie sich überlegen, welche Art von Diagramm am besten geeignet ist.

1. Ermitteln Sie Ziele für das Diagramm. Was ist die Botschaft? Welche Art von Diagramm zeigt sie am besten?
2. Finden Sie heraus, welche Daten dargestellt werden müssen und wie viele Details nötig sind.
3. Strukturieren und kategorisieren Sie die Daten.
4. Wenn der Diagrammtyp nicht offensichtlich ist, probieren Sie verschiedene aus. Bearbeiten Sie es später.

ÜBUNG

Finden Sie das beste Diagramm für folgende Informationen. Wenn Sie fertig sind, probieren Sie einen anderen Diagrammtyp aus, um zu sehen, ob ein anderes Format klarer ist.

1

- Kunde besucht Website
- Klick des Kunden
- »A« oder »B«
- »A«-Kunden haben die Wahl zwischen Produkt 1 oder 2. »B«-Kunden haben die Wahl zwischen 3, 4 oder 5.
- Produkt 2 ist 20% günstiger
- Produkt 4 ist 30% günstiger

2

- Von jedem Gehalt gehen 50 % an eine Hypothek, 10 % an eine Wohltätigkeitsorganisation, 15 % werden gespart, und 25 % werden für meine anderen Rechnungen und Ausgaben verwendet.

3

- Menschen mit roten Hemden: Dirk, Susanne, Max, Janina, Karin
- Menschen mit blauen Hemden: Thomas, Robert
- Menschen mit grauen Hemden: Sabine, Michael, Leo, Jörg

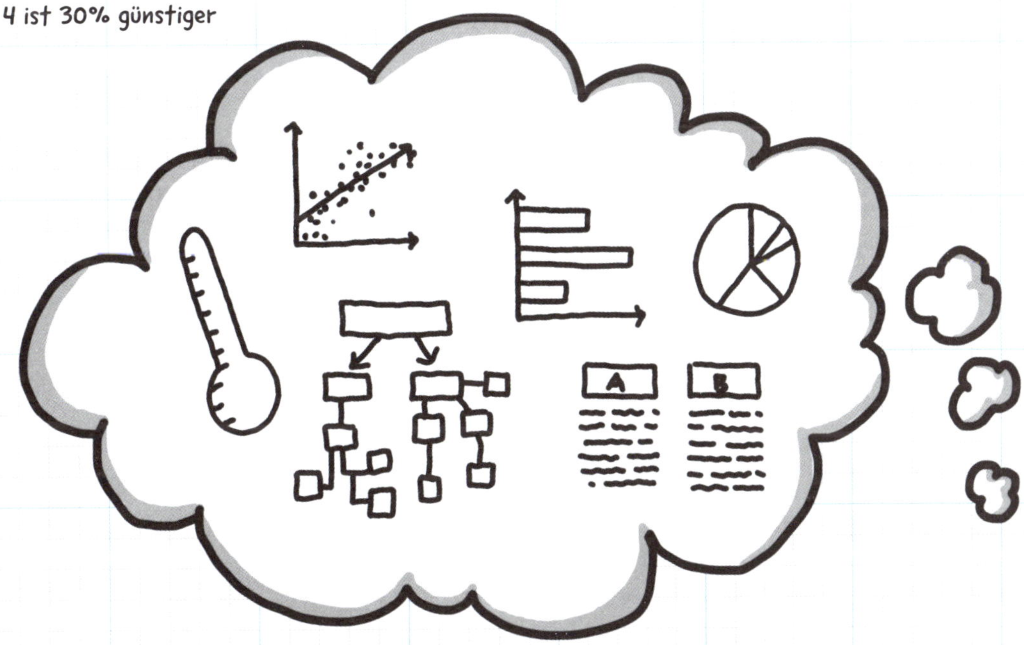

IHRE VISUELLE BIBLIOTHEK

Wenn Sie regelmäßig visuelle Notizen machen, werden Sie vielleicht feststellen, dass sich einige Ihrer Zeichnungen wiederholen, weil sie sich für viele verschiedene Situationen eignen. Das nennt man visuelle Bibliothek – es ist eine geistige Datenbank aller Bilder, die Sie regelmäßig verwenden können.

Die Pflege einer visuellen Bibliothek ist hilfreich, weil Sie nie wissen, wann Sie etwas völlig aus dem Nichts zeichnen müssen! Wenn Sie bereits wissen, wie Sie etwas zeichnen können, müssen Sie nicht erst lange nach Referenzbildern suchen, um sicher zu sein, dass Sie es richtig machen.

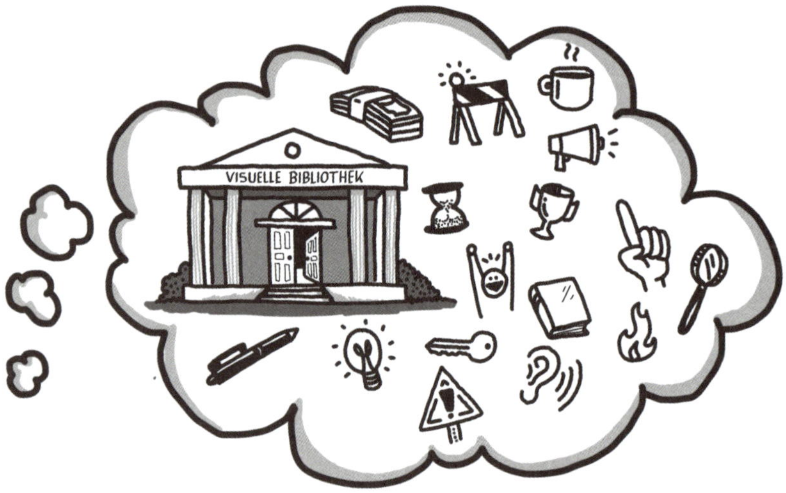

BAUEN SIE IHRE BIBLIOTHEK AUF

»Woher weiß ich, womit ich meine visuelle Bibliothek füllen soll, wenn ich nie weiß, was ich zeichnen muss?« Je mehr Sie das Zeichnen im Allgemeinen lernen, desto einfacher wird das visuelle Notieren. Vergessen Sie nicht, mit den Grundlagen anzufangen – Punkten, Linien und Formen –, und verbessern Sie Ihre Fertigkeiten nach und nach. Setzen Sie auf Erkennbarkeit anstatt auf Realismus!

ÜBUNG

Beginnen Sie beim Aufbau Ihrer visuellen Bibliothek damit, die Dinge um sich herum zu zeichnen. Wo auch immer Sie sind, zeichnen Sie 10 Dinge aus Ihrer Umgebung. Zeichnen Sie Objekte von zu Hause, vom Arbeitsplatz und anderen Orten, die Sie häufig aufsuchen. Nachdem Sie alles um sich herum gezeichnet haben, zeichnen Sie für bestimmte Branchen. Was würden Sie für die Wissenschaft zeichnen? Für das Gesundheitswesen? Für die Politik? Kunst? Marketing? Es gibt immer etwas zu zeichnen.

PRAXISTIPPS

- **Erfassen Sie Ihre visuelle Bibliothek an einem zentralen Ort.** Diese Bibliothek baut sich bereits in Ihrem Gedächtnis auf, aber es ist auch eine gute Idee, eine greifbare Bibliothek zu erstellen. Sie können dazu ein paar Seiten in einem Notizbuch frei halten, Fotos machen und in einem digitalen Ordner speichern oder einen Satz Karteikarten erstellen. Es ist unwahrscheinlich, dass Sie völlig vergessen, wie man etwas zeichnet, aber es ist sinnvoll, Ihre Zeichnungen an einem Ort zu sammeln, damit Sie sie durchsehen und zu Ihrer Bibliothek hinzufügen können.

- **Aktualisieren Sie Ihre Bibliothek.** Fragen Sie sich, ob Sie eine Zeichnung besser oder anschaulicher machen können. Wenn ja, werten Sie Ihre Zeichnung auf. Prüfen Sie auch, ob Ihre Zeichnungen noch aktuell sind. Früher hatte zum Beispiel jeder ein Klapphandy, und jetzt hat jeder ein Smartphone. Achten Sie auf schnell wechselnde Trends bei Frisuren, Technologie, Mode oder Änderungen bei Stadtsilhouetten.

- **Üben Sie regelmäßig.** Halten Sie Ihre Zeichnungen aktuell, indem Sie sie austauschen und versuchen, sie jedes Mal zu verbessern. Für professionelle Sketchnoter ist das besonders wichtig! Ihre Kunden werden nicht wollen, dass Ihre Notizen so aussehen wie das, was Sie für alle anderen gemacht haben. Es gibt einfache Änderungen, die Sie anwenden können, wie z. B. Größe, Proportionen, Richtung, Perspektive, Stil oder Farbe. Sie wissen, wie man etwas zeichnet, und Sie wissen, wie man es auf verschiedene Arten zeichnen kann.

Hier sind einige der häufigsten Motive in meiner visuellen Bibliothek:

BAUSTELLE
BLEISTIFT
BÜCHER
COMPUTER
GEHIRN
GLÜHBIRNE
HÄNDE
KOMPASS
LUPE
MARKER
MEGAPHON
MENSCHEN/GESICHTER
RAKETE
SANDUHR
SCHLÜSSEL
STÄDTE/GEBÄUDE
STIFTE
TELEFONE
TROPHÄEN/PREISE
TÜREN/EINGÄNGE
UHREN
VERKEHRSZEICHEN

ÜBUNG

Wenn Sie schon länger visuelle Notizen gemacht haben, erstellen Sie eine Liste der 10 am häufigsten verwendeten Motive. Wenn Sie noch keine Erfahrung haben, erstellen Sie eine Liste mit 10 Dingen, von denen Sie glauben, dass Sie sie häufig zeichnen werden. Zeichnen Sie jeden Gegenstand einmal. Zeichnen Sie dann jedes Element noch einmal, aber versuchen Sie, es zu verbessern oder anders zu gestalten. Wiederholen Sie diesen Vorgang, bis Sie fünf Versionen jeder Zeichnung haben.

VISUELLE METAPHERN

In der Kunstschule lernt man, dass die erste Idee nie die beste ist, denn der ganze Sinn des Kunstschaffens besteht darin, etwas Einzigartiges zu kreieren. Bei der visuellen Kommunikation ist das Gegenteil der Fall. Man versucht nicht, etwas Einzigartiges zu schaffen, sondern man versucht, klar zu kommunizieren. Ihre erste Idee ist in der Regel Ihre beste Idee, denn bei der visuellen Kommunikation geht es darum, eine gemeinsame Basis zu finden. Eine Möglichkeit, diese Gemeinsamkeiten zu finden, ist die Anwendung eines Konzepts, das »visuelle Metaphern« genannt wird.

Visuelle Metaphern erzeugen durch Bilder ein besser nachvollziehbares und verständlicheres Szenario. Dabei kann es sich um Zeichnungen von Metaphern handeln, die vom Referenten mitgeteilt werden, oder um Zeichnungen, die Sie sich ausdenken, um die geäußerte Idee klarer zu vermitteln.

WARUM VISUELLE METAPHERN VERWENDEN?

Sie fragen vielleicht: »Warum soll ich visuelle Metaphern schaffen? Kann ich nicht einfach das zeichnen, was gesagt wird? Warum muss ich diese zusätzliche Arbeit machen?« Um ehrlich zu sein, müssen Sie KEINE visuellen Metaphern schaffen. Sie können das Gesagte genau so festhalten, wie es ist, aber betrachten Sie die visuellen Metaphern als eine Möglichkeit, Ihre Notizen aufzuwerten. Als Sketchnoter haben Sie die einmalige Gelegenheit, den Menschen zu helfen, den Sinn von Informationen besser zu verstehen. Sie fügen dem geteilten Inhalt nichts hinzu, wie z. B. eigene Zitate, Gedanken oder Aufzählungszeichen. Stattdessen arrangieren Sie die Informationen mit Bildern, die ein besseres Verständnis schaffen. Menschen lieben Metaphern, weil sie komplexe Informationen vereinfachen. Jedes Mal, wenn Sie eine Metapher – gesprochen, geschrieben oder visuell – verwenden, tun Sie Ihrem Publikum einen großen Gefallen in der Abteilung »Besser verstehen«.

Wenn Sie über visuelle Metaphern nachdenken, fragen Sie sich auch: »Was würde ich zeichnen, um dieses Thema darzustellen?« Diese Frage half mir zu begreifen, dass visuelle Metaphern nicht komplex sein müssen – nur eine bildliche Darstellung.

Referent: »Bei MegaCorp kultivieren und investieren wir in unser Team. Wir stellen nur die Besten ein, und wir trennen uns von Menschen, die für unser Arbeitsumfeld toxisch sind. Wir haben eine großartige Unternehmenskultur, die von Freude und Hilfsbereitschaft geprägt ist.

Betrachten Sie das folgende Beispiel. Auf der linken Seite sehen Sie visuelle Notizen, die das wiedergeben, was der Referent in diesem Moment mitgeteilt hat. Auf der rechten Seite wurden die Notizen durch eine visuelle Metapher ersetzt.

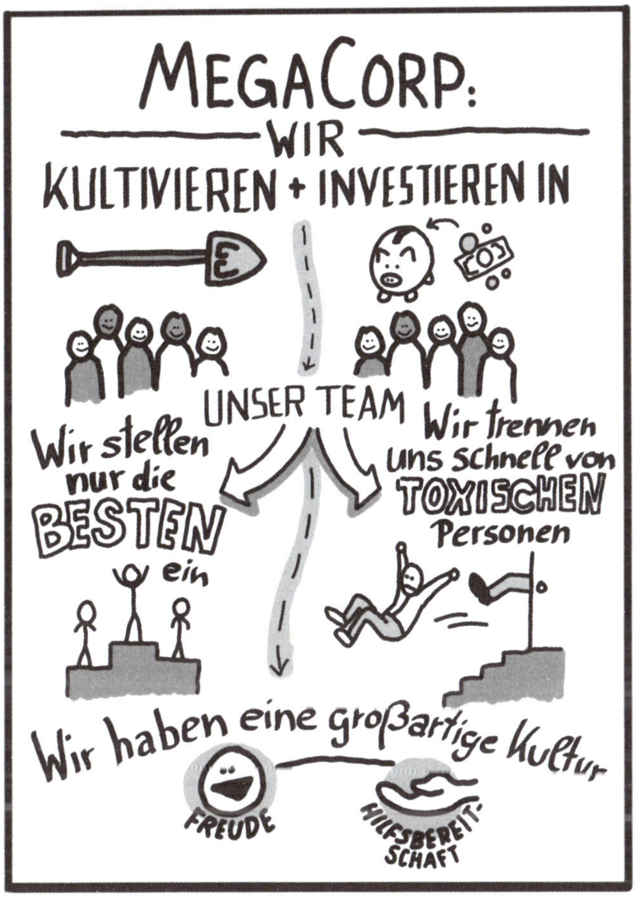

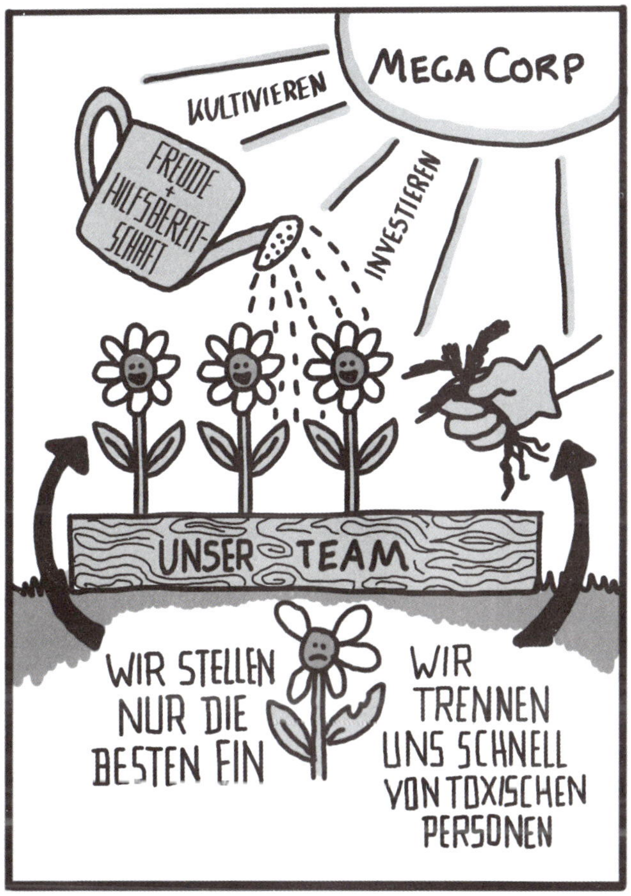

Sehen Sie den Unterschied? Beide Arten von visuellen Notizen sind klar und effektiv. Visuelle Metaphern mögen zwar eine größere Herausforderung darstellen, aber sie sind oft einprägsamer. Machen Sie sich keine Sorgen, wenn Sie dieses Konzept nicht sofort beherrschen. Es erfordert eine gezielte Übung Ihrer kreativen Vorstellungskraft.

SINNVOLLE VISUELLE METAPHERN ENTWICKELN

- Ihre erste Idee ist in der Regel Ihre beste Idee.
- Wählen Sie Schlüsselwörter aus, die eine visuelle Metapher inspirieren könnten. In diesem Beispiel habe ich mich auf das Wort »kultivieren« konzentriert, weil es mich an einen Garten erinnert.
- Versuchen Sie es mit Wortassoziationen oder Synonymen.
- Erzwingen Sie keine visuellen Metaphern. Visuelle Metaphern sollten offensichtlich sein.
- Lassen Sie sich nicht vom aktiven Zuhören ablenken.

ÜBUNG

Schauen Sie sich die untenstehende Liste an, und lassen Sie sich für jeden Begriff eine visuelle Metapher einfallen. Verwenden Sie den leeren Raum auf der folgenden Seite, um Ihre Ideen zu skizzieren.

Hier sind einige Beispiele, um Ihnen den Einstieg zu erleichtern:

- Mut
- Leidenschaft
- Gemeinschaft
- Führung
- Innovation
- Einfühlungsvermögen
- Kreativität
- Misserfolg
- Das Team muss dieses Problem gemeinsam lösen.
- Entspannen Sie sich! Lassen Sie Ihre Gedanken schweifen.
- Es ist wichtig, ein Gleichgewicht zwischen Arbeit und Privatleben zu finden.

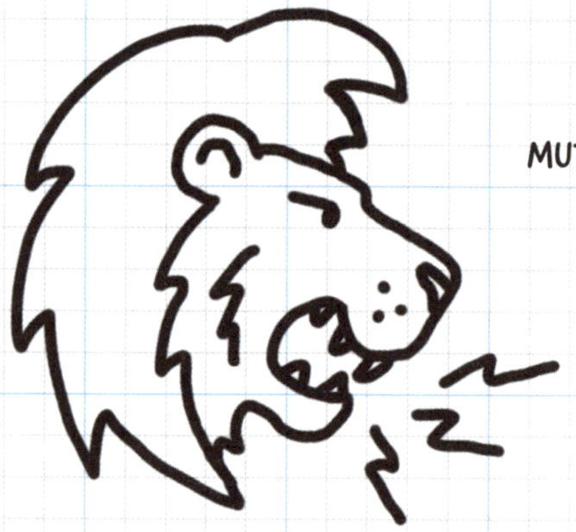

MUT

INNOVATION

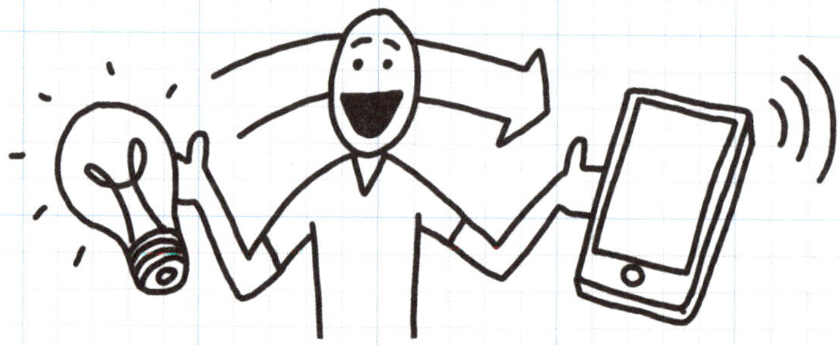

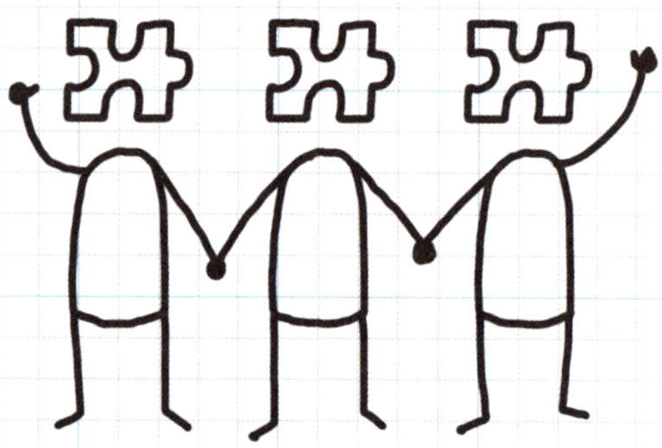

PROBLEMLÖSUNG IM TEAM

KOPFZEILEN – HEADER

Kopfzeilen (Header) sind die Bereiche am oberen Rand Ihrer visuellen Notizen und eine perfekte Möglichkeit, die Themen vorzustellen. Kopfzeilen geben den Betrachtern einen Überblick, also platzieren Sie sie dort, wo sie zuerst gelesen werden. Eine Kopfzeile ans Ende einer visuellen Notiz zu setzen, wäre so, als würde man das Cover eines Buches auf der letzten Seite zeigen!

Kopfzeilen enthalten unterschiedliche Elemente. Da jede Situation anders ist, müssen Sie entscheiden, was Sie dort aufnehmen wollen.

Eine Kopfzeile kann eine Kombination aus folgenden Elementen enthalten:

- Name und Titel des Vortragenden
- Titel der Präsentation
- Bezeichnung der Veranstaltung
- Referentenporträt
- Logo der Veranstaltung
- Datum

Wenn Sie vorab Informationen über die Veranstaltung haben, ist es hilfreich, die Kopfzeilen im Voraus zu skizzieren. Ich leihe mir das Wort »Header« von einem Begriff aus dem Webdesign. Ich nenne den Anfang meiner Skizzen »Header«, weil dort alle wichtigen einleitenden Informationen untergebracht sind.

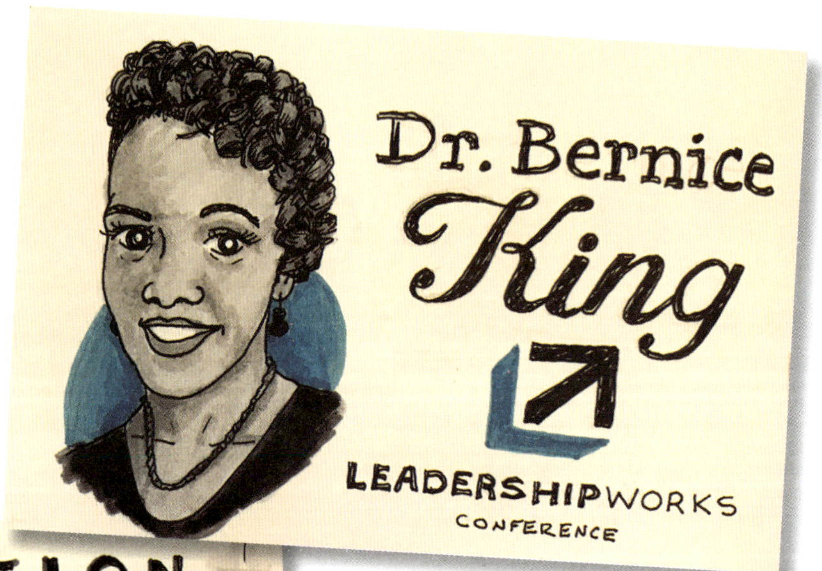

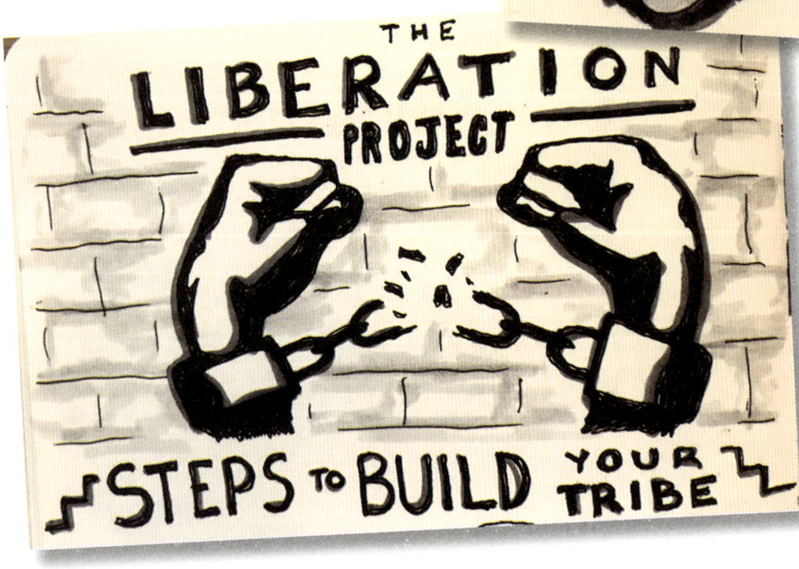

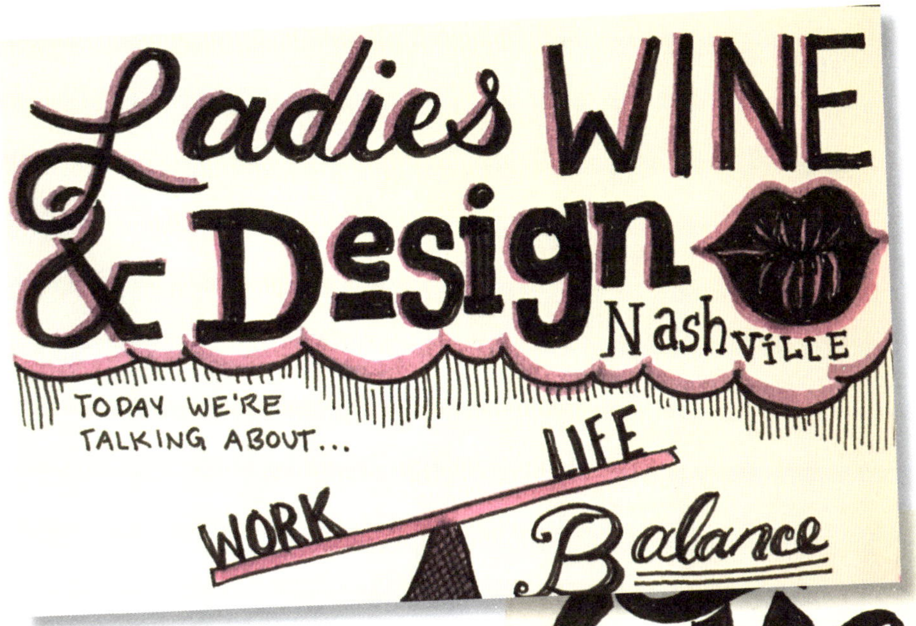

WIE VIEL PLATZ SOLLTE EINE KOPFZEILE EINNEHMEN?

Es gibt keine perfekte Methode, einen Header zu erstellen. Die Abstände hängen von der Größe der Leinwand und der Länge der Präsentation ab. Seien Sie mit dem Platz sparsam, wenn Sie befürchten, dass Ihnen der Platz ausgeht. Im Zweifelsfall halten Sie Ihre Kopfzeile einfach.

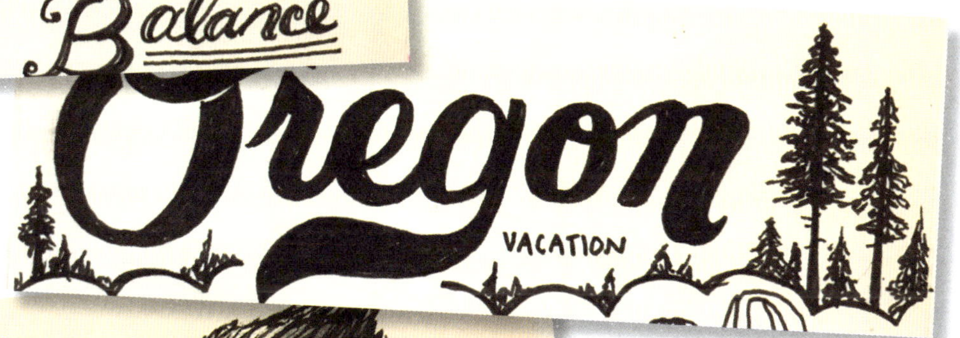

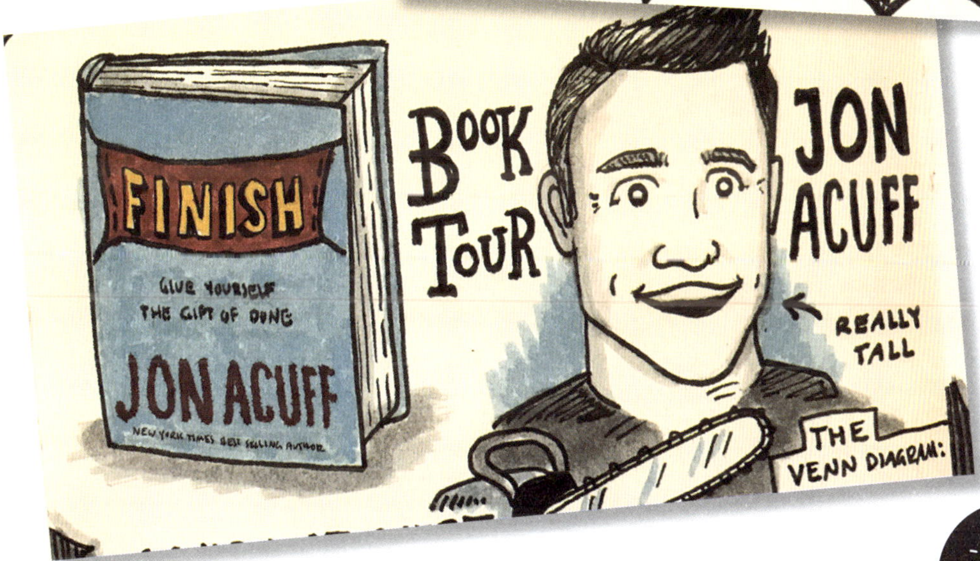

WIE LANGE DARF DIE ERSTELLUNG EINER KOPFZEILE DAUERN?

Auch hier gibt es kein Patentrezept. Wenn Sie wenig Erfahrung haben, nehmen Sie sich etwas mehr Zeit, um sich an die Erstellung von Kopfzeilen zu gewöhnen. Mit etwas Übung werden Sie schneller. Eine Kopfzeile bietet viel kreatives Potenzial, aber wenn Sie unter Zeitdruck stehen, ist gegen eine einfache und schnelle Kopfzeile nichts einzuwenden.

Wenn Sie einen kurzen Vortrag (unter 20 Minuten) dokumentieren, ist eine größere Kopfzeile eine gute Möglichkeit, den begrenzten Inhalt auszugleichen.

SO ERSTELLEN SIE KOPFZEILEN

INHALT Kopfzeilen sollten kontextabhängig gestaltet werden, also müssen Sie zunächst entscheiden, was dort stehen soll. Was müssen die Zuschauer unbedingt über die Präsentation wissen? Wenn Sie beruflich visuelle Notizen machen, fragen Sie Ihren Kunden, welche Informationen er aufgenommen haben möchte.

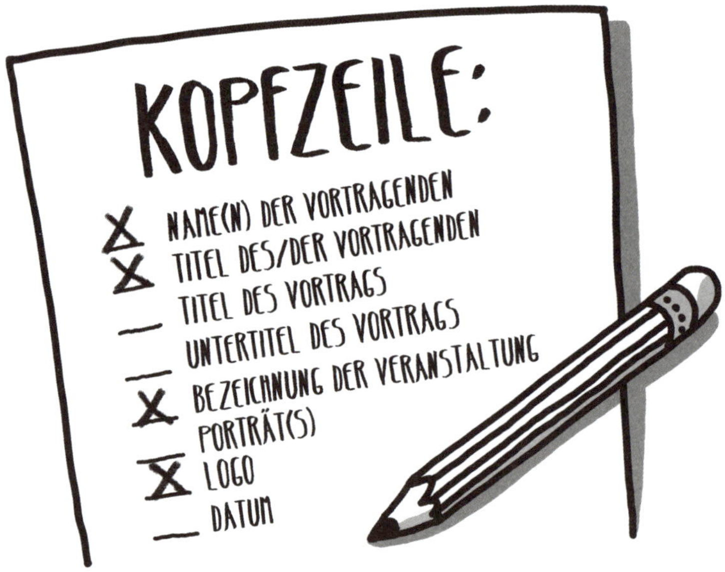

HIERARCHIE Bestimmen Sie als Nächstes die Hierarchie. Welche Priorität haben die einzelnen Positionen in der Kopfzeile? Listen Sie sie bei Bedarf in numerischer Reihenfolge auf.

1. PORTRÄT
2. TITEL
3. BEZEICHNUNG DER VERANSTALTUNG

1. TITEL
2. PORTRÄT
3. LOGO
4. NAME
5. DATUM

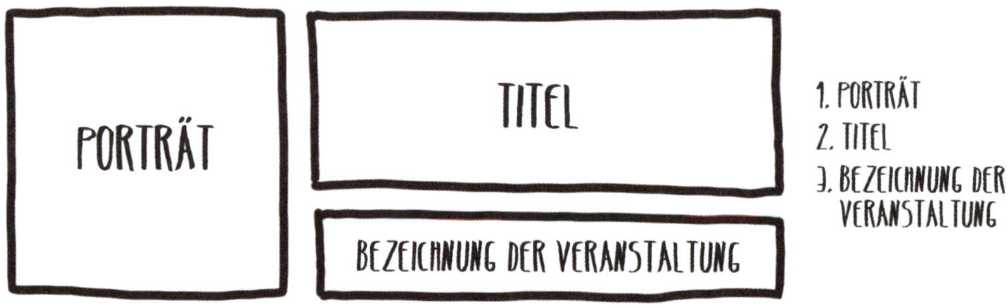

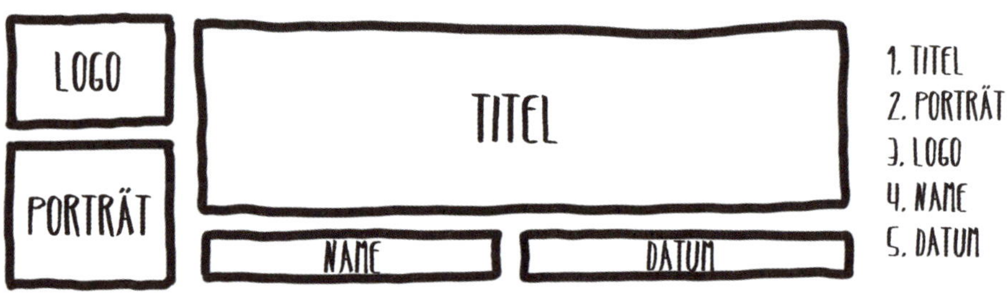

LAYOUT Legen Sie fest, wie viel Platz Ihre Kopfzeile einnehmen wird, und markieren Sie ihn mit Bleistift. Wenn Sie die Hierarchie kennen, ordnen Sie jedes Element der Kopfzeile innerhalb dieses Bereichs an. Stellen Sie sich vor, dass Sie Puzzleteile so zusammensetzen, dass sie in den Freiraum passen. Verwenden Sie einen Bleistift, um bei Bedarf verschiedene Formate auszuprobieren.

Wenn Sie vor Beginn der Präsentation keine Zeit für Kopfzeilen haben, lassen Sie den Bereich frei, um ihn später auszufüllen.

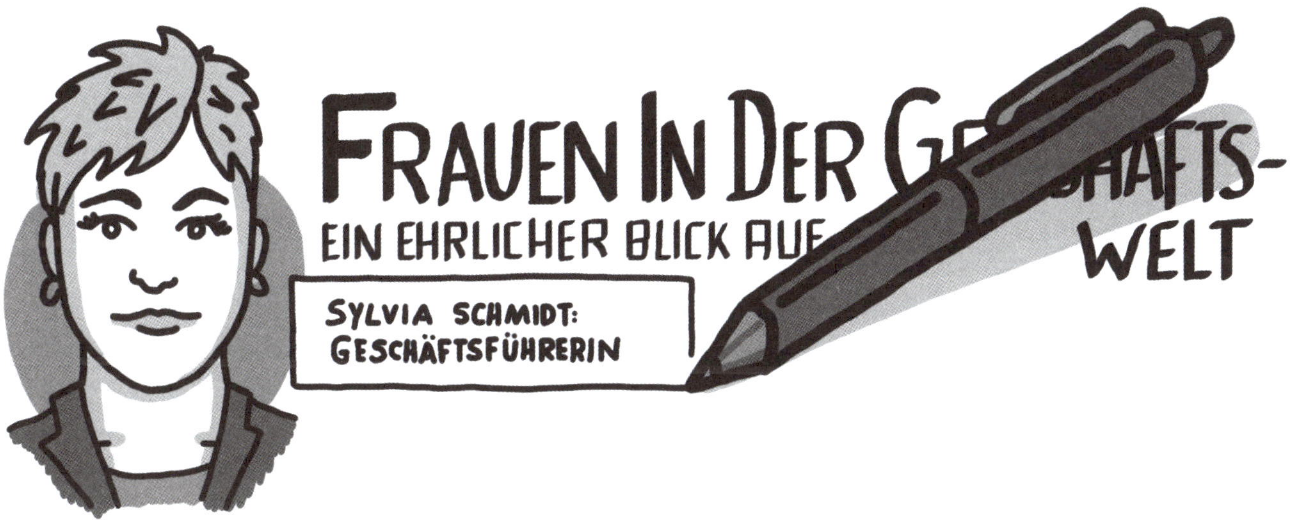

FARBGEBUNG Sobald alles vorbereitet ist, ist es an der Zeit, Ihre Kopfzeile mit Farbe zu versehen. Überprüfen Sie vorher noch einmal alle Namen und Titel auf ihre Richtigkeit. Wenn Sie ein Porträt zeichnen, finden Sie in der Regel auf der Website der Veranstaltung oder des Referenten professionelle Fotos, auf die Sie sich stützen können.

ÜBUNG

Versetzen Sie sich in die Lage eines Referenten, und tun Sie so, als würden Sie gleich eine Rede halten. Worum geht es? Wo sind Sie? Was ist der wichtigste Teil Ihrer Kopfzeile? Was würden Sie in Ihrem eigenen Header sehen wollen? Erstellen Sie drei verschiedene Kopfzeilen für sich selbst, die Folgendes beinhalten:

- Ihren Namen, Ihren Titel, den Titel Ihrer Präsentation, Ihr Porträt und den Namen der Veranstaltung
- Ihr Porträt, Ihren Namen, den Titel Ihrer Präsentation
- Ihren Namen, den Titel Ihrer Präsentation

ÜBEN SIE HIER

Verwenden Sie diese Seiten, um das Erstellen von Kopfzeilen zu üben.

LAYOUTS

Layouts sind die Grundlage Ihrer visuellen Notizen. Bevor Sie loslegen, sollten Sie ein Layout im Kopf haben. Wenn Sie die Raumaufteilung im Vorfeld definieren, haben Sie während des Notizenmachens mehr Freiheit und Selbstvertrauen. Wenn Sie nicht wissen, wo Ihre visuellen Notizen hinführen, besteht die Gefahr, dass Sie unentschlossen sind und den Raum nicht optimal nutzen können.

ARTEN VON LAYOUTS

Machen Sie es niemandem schwer, Ihre visuellen Notizen zu lesen. Anfänger arbeiten am besten von links nach rechts und von oben nach unten. Je mehr Erfahrung Sie sammeln und anfangen, die visuelle Regie zu übernehmen, desto eher werden Sie mit verschiedenen Layoutstilen experimentieren, die der konventionellen Leserichtung entgegenlaufen können.

Verlangen Sie von Ihren Zuschauern nicht, dass sie sich anstrengen, um die von Ihnen erfassten Informationen zu verstehen! Ich würde Ihnen keinesfalls empfehlen, eine Seite nach dem Zufallsprinzip zu füllen – schreiben und zeichnen Sie nicht einfach dort, wo ein leerer Raum vorhanden ist. Die Leute wollen wissen, wo sie anfangen sollen und wann sie fertig sind.

VON OBEN NACH UNTEN

VON OBEN NACH UNTEN,
VON LINKS NACH RECHTS

VON OBEN NACH UNTEN
Wenn Sie nicht wissen, welche oder wie Inhalte weitergegeben werden, ist dieses Layout immer eine sichere Sache.

VON OBEN NACH UNTEN, VON LINKS NACH RECHTS
Ähnlich wie von oben nach unten, allerdings bietet dieses Layout etwas mehr visuelle Reize mit einem diagonalen Verlauf.

DAS BESTE LAYOUT WÄHLEN

Beachten Sie bitte, dass nicht jedes Layout mit jeder Art von Information gleich gut funktioniert. Je nachdem, welche Informationen vermittelt und wie sie weitergegeben werden, funktionieren bestimmte Layouts besser als andere. Egal, welches Layout Sie wählen, verwenden Sie immer eine gute Hierarchie, Pfeile und Beschriftungen, um den Betrachter zu führen. Das Wichtigste, worauf man sich konzentrieren sollte, sind die Informationen!

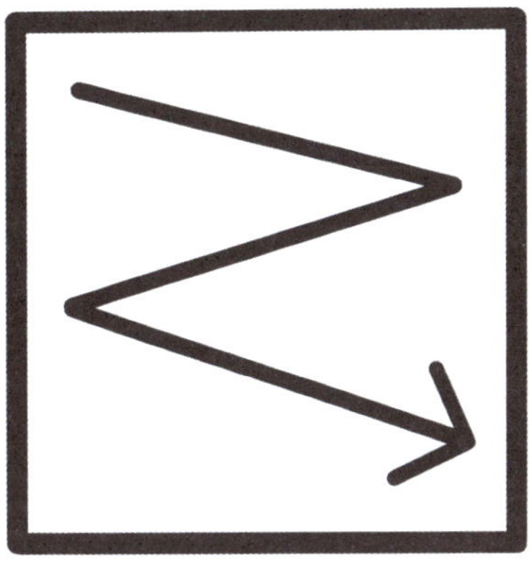

ZICKZACK

ZENTRIERT

ZICKZACK
Im Zickzack-Layout machen Sie Ihre Notizen, bis Sie an den Rand stoßen, und gehen dann zurück zum anderen Rand usw., bis die Seite in einem hin- und hergehenden Muster gefüllt ist. Dieses Layout eignet sich perfekt für das Erzählen von Geschichten, für Vorträge und für Reiseberichte.

ZENTRIERT
Dieses Layout eignet sich am besten für schnelle Brainstorming-Sitzungen. Jedes Diskussionsthema wird in die Mitte gestellt, und die begleitende Diskussion wird um das Thema herum angeordnet. Ziehen Sie Linien zwischen Ideen und Diskussionsthemen, um visuelle Verbindungen herzustellen.

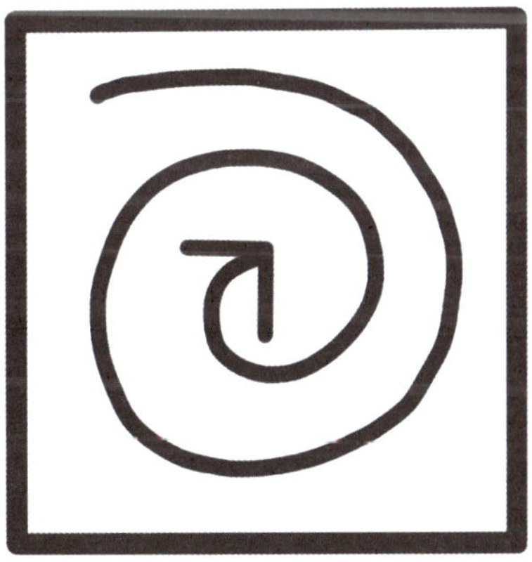

SPIRALFÖRMIG

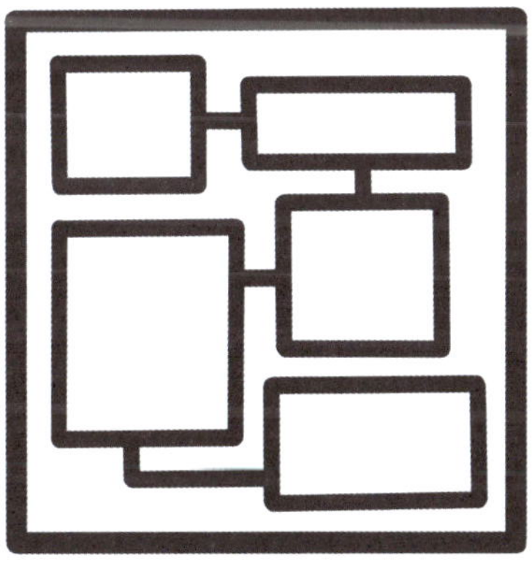

MODULAR

SPIRALFÖRMIG
Dieses Layout funktioniert am besten auf großen Formaten. Aber Vorsicht! Bei einer Spirale geht Ihnen in der Mitte der Seite der Platz aus, und es gibt kein Fließen auf die nächste Seite. Es kann auch vorkommen, dass Sie in der Mitte eine große leere Stelle haben, wenn das Timing nicht stimmt.

MODULAR
Ähnlich wie ein zentriertes Layout, bei dem die begleitende Diskussion um die großen Ideen herum platziert werden kann, ist die modulare Anordnung fließfähig. Sie eignet sich für Fälle, in denen mehrere unzusammenhängende Themen in einer Sitzung behandelt werden. Die Themen stehen vielleicht nicht in Beziehung zueinander, aber sie sind alle Teile des Gesamtablaufs.

ÜBUNGEN

Lesen Sie die folgenden Beispiele. Bestimmen Sie zunächst das beste Layout, das Sie auf Basis Ihrer Papiergröße/-ausrichtung und der Art der vermittelten Informationen verwenden können. Zeichnen Sie bei Bedarf mit Bleistift einen Pfeil in die von Ihnen gewählte Layoutrichtung. Erstellen Sie dann innerhalb von 10 Minuten visuelle Notizen von jedem Beispiel.

LAYOUT 1

Ideen für den pünktlichen Arbeitsbeginn

- Früher zu Bett gehen
- Wecker stellen, um Abendaktivitäten zu beenden
- Eine Einschlafroutine entwickeln
- Methoden lernen, um schneller einzuschlafen. Meditation? Lesen? Beten?
- Keinesfalls die »Schlummerfunktion« am Wecker drücken
- Die Zeit zwischen Aufstehen und Losfahren verkürzen
- Kleidung schon am Vorabend bereitlegen
- Den Zeitplan für den nächsten Tag anschauen und die Kleidung entsprechend wählen
- Die Waschmaschine früher am Abend einschalten
- Bewusster auf die Zeit achten
- Noch mehr Uhren zu Hause aufstellen
- Duschtimer verwenden
- Die Uhren 5 Minuten vorstellen
- Das Frühstück nach Zubereitungs- und Essenszeit auswählen
- Verschiedene Wege zur Arbeit finden
- Der Familie/den Mitbewohnern mitteilen, dass Sie pünktlich losfahren müssen

LAYOUT 2

»Als Kind war ich schüchtern, und es war schwer, Freundschaften zu schließen. Ich besuchte eine andere Schule als alle anderen Kinder in meiner Jugendgruppe, so dass es schwierig war, Teil ihrer Clique zu werden. Ich nahm oft an saisonalen Jugendgruppenausflügen teil und hoffte, durch gemeinsame Erlebnisse – Ausflüge ans Wasser und in Vergnügungsparks, Sommercampingtouren und Winterhütten-Retreats – Freundschaften zu schließen. Leider wurde ich jedes Mal, Jahr für Jahr, von den anderen Kindern abserviert. In einem Jahr hing ich bei einem Winter-Retreat in der Freizeit in der Lodge herum, wo sich Gruppen von Kindern unterhielten und Spiele spielten. Ich war natürlich allein und überlegte mir, wie ich meinen Tag verbringen sollte, weil ich mich nicht dazu durchringen konnte, mit jemandem zu reden. Plötzlich entdeckte ich eine Tafel in der Ecke! Ich wusste, dass ich mir die Zeit mit Zeichnen vertreiben konnte, und begann, eine Winterszene mit Snowboardern zu skizzieren, die Tricks vorführten. Als meine Bilder Gestalt annahmen, wurden die anderen Kinder aufmerksam und kamen zum Schauen herüber. Zu meiner Überraschung wollten SIE mit MIR reden! Ich begann, mich mit anderen zu unterhalten, und am Ende des Retreats war ich bei allen als das Mädchen bekannt, das die coolen Bilder in der Lodge gezeichnet hatte. Es ist schon erstaunlich, wie genau das, was ich tat, um meinen sozialen Ängsten zu entkommen, zu dem wurde, was mir half, mich mit anderen zu verbinden.«

ZEITBLÖCKE DEFINIEREN

Wenn die Leute meine visuellen Notizen sehen, werde ich oft gefragt: »Woher wissen Sie, wie man alles so perfekt platziert? Es ist kein Platz mehr auf Ihrer Seite! Haben Sie die Vortragsnotizen schon vorher bekommen?«

Ich bekomme die Notizen, Folien oder Skizzen nie im Voraus (wäre das nicht schön?), aber ich versuche immer, vorab einen Zeitplan zu bekommen. Wenn ich weiß, wie lange der Referent spricht, kann ich mein Layout entsprechend planen. Eine der einfachsten Methoden, um sicherzustellen, dass Ihre Notizen in der Spur bleiben, besteht darin, Abschnitte mit Bleistift zu blockieren und die Zeitangaben während des Vortrags zu notieren. Ich nenne das »Zeitblöcke definieren«.

SO FUNKTIONIERT'S

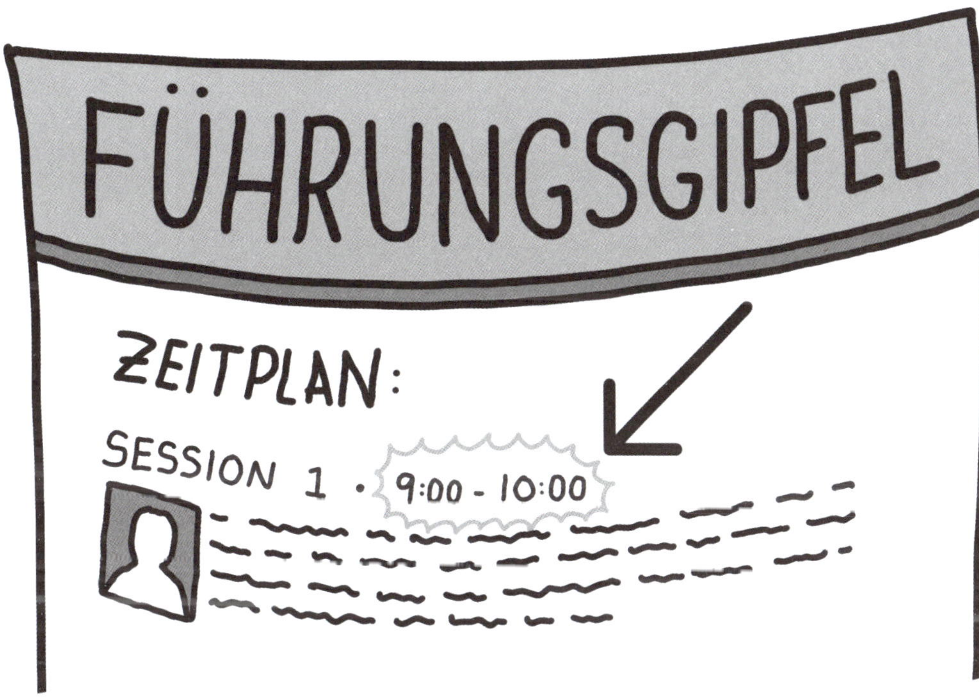

1. Ziehen Sie Ihren Terminplan zu Rate, oder fragen Sie jemanden, wie lange der Referent sprechen wird.

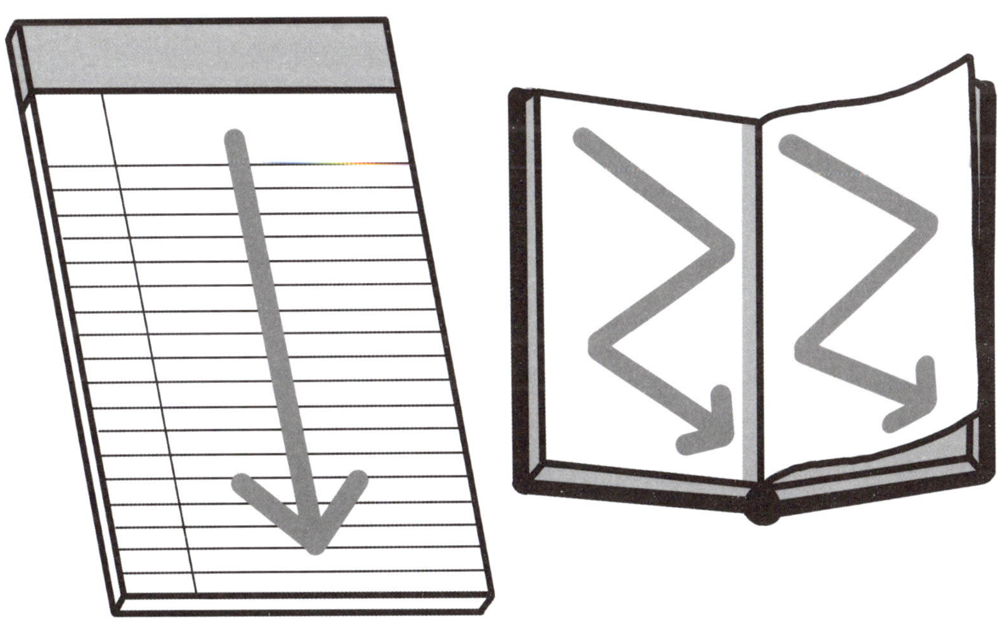

2. Betrachten Sie als Nächstes Ihr Dokument, und legen Sie einen Layouttyp fest.

Mit etwas Übung kann die Aufteilung bestimmt werden. Bei den meisten Veranstaltungen, zu denen ich gehe, verwende ich normalerweise Zeitblöcke von 8 bis 10 Minuten. Für längere Präsentationen verwende ich gerne 15-Minuten-Schritte.

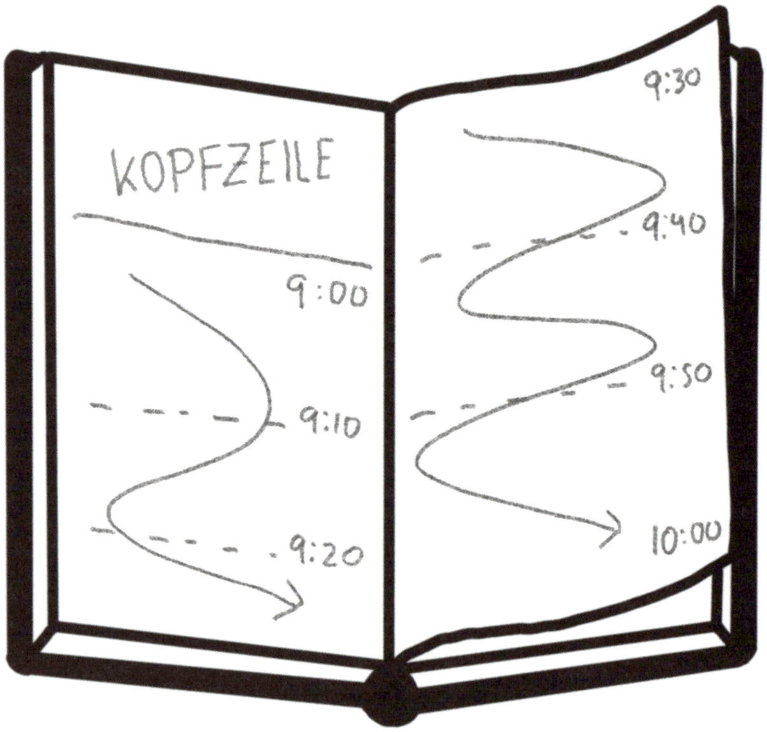

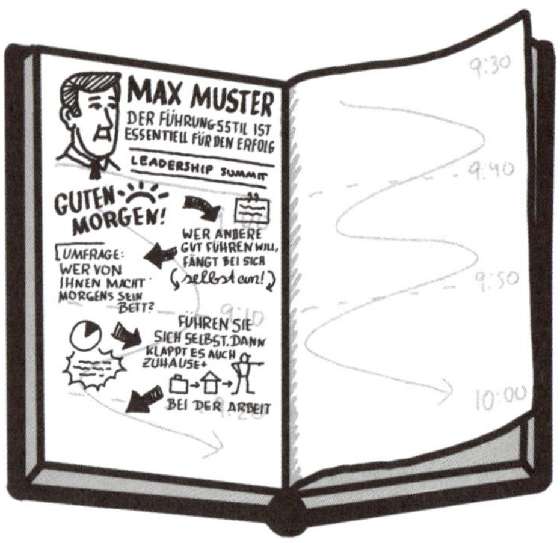

3. Teilen Sie den Zeitrahmen des Vortrags in Blöcke auf, und tragen Sie die Zeiten mit Bleistift in Ihr Layout ein. Lassen Sie Platz für eine Kopfzeile, wenn Sie vorher keine machen. Der erste Zeitblock sollte nach der Kopfzeile folgen. Machen Sie Ihre visuellen Notizen, und bleiben Sie mit Ihren Zeitblöcken auf dem Laufenden.

Viele Referenten liefern erst am Ende eine Menge Informationen. Mal, weil ihnen die Zeit davonläuft und sie ihre letzten Punkte überstürzen; manchmal haben sie ihre Ideen langsam aufgebaut und heben sich die wichtigsten Punkte für den Schluss auf. Um zu verhindern, dass der letzte Teil Ihrer visuellen Notizen zu voll wird, reservieren Sie sich zusätzlichen Platz für Ihren letzten Zeitblock.

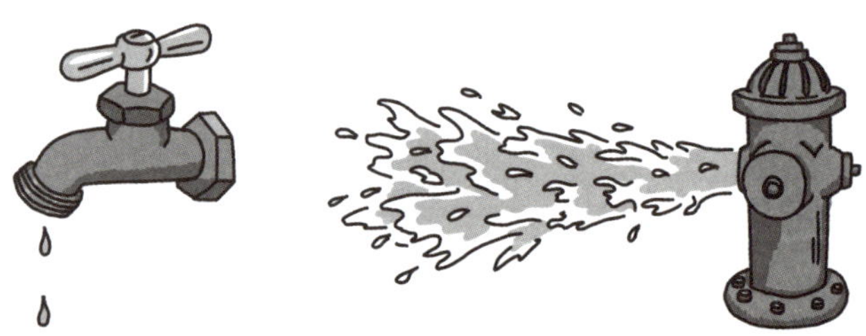

DIE ERSTEN FÜNF MINUTEN DES VORTRAGS

VS.

DIE LETZTEN FÜNF MINUTEN DES VORTRAGS

ÜBUNG

1. Wählen Sie einen 15- bis 30-minütigen Podcast oder ein Video, zu dem Sie visuelle Notizen machen möchten.
2. Bestimmen Sie die Art des Inhalts. Handelt es sich um einen Vortrag? Eine Brainstorming-Sitzung?
3. Wählen Sie ein Layout, das für den Inhalt am besten geeignet ist. Zeichnen Sie bei Bedarf einen Pfeil mit Bleistift in das von Ihnen gewählte Layoutformat.
4. Verwenden Sie Zeitblöcke. Bestimmen Sie die Länge der Präsentation und teilen Sie sie in Zeitabschnitte auf. Zeichnen Sie die Schritte in Ihrem Layout mit Bleistift ein.
5. Machen Sie Ihre visuellen Notizen.

FEHLERSUCHE

Wie ist die Übung gelaufen? Konnten Sie den Überblick behalten und Ihre Notizen optimal aufteilen? Wenn Sie Probleme hatten, lassen Sie sich nicht entmutigen. Es braucht Übung! Welche Lösungsansätze gibt es für Ihr Problem?

Ihnen ging der Platz aus, bevor Sie den nächsten Zeitblock erreicht haben.

- Das war vielleicht in Ordnung! Manchmal sind einige Teile von Präsentationen dichter mit Ideen gespickt als andere. Wenn Sie über einen Zeitblock hinausgehen, machen Sie sich keine Sorgen – durch den weiteren Verlauf der Präsentation könnte sich das von selbst erledigen.
- Vielleicht sammeln Sie zu viele Informationen. Konzentrieren Sie sich ausschließlich auf die Hauptideen und die besten Vorschläge.
- Ihre Zeiteinheiten könnten zu lang sein. Versuchen Sie, Ihre Zeit pro Block zu verringern.
- Sie schreiben/zeichnen vielleicht größer und brauchen mehr Platz. Vergrößern Sie den Platz für die einzelnen Zeitblöcke, oder verwenden Sie eine größere Arbeitsfläche.

Sie haben den Platz in Ihrem aktuellen Zeitblock nicht genutzt, und schon ist es an der Zeit für den nächsten Zeitblock.

- Auch das war vielleicht in Ordnung! Wenn Ihre Notizen eher lichter Natur sind, machen Sie sich keine Sorgen – Ihr Problem löst sich durch den weiteren Verlauf der Präsentation vielleicht von selbst.
- Womöglich notieren Sie nicht genug Informationen. Wenn Sie die Hauptideen bereits erfasst haben, besorgen Sie sich ein paar ergänzende Details, zeichnen Sie Bilder, oder schreiben/zeichnen Sie größer.
- Ihre Zeiteinheiten könnten zu kurz sein. Versuchen Sie, Ihre Zeit pro Block zu erhöhen.
- Möglicherweise schreiben/zeichnen Sie zu klein und brauchen nicht so viel Platz. Schreiben/Zeichnen Sie größer, passen Sie Ihre Zeitblöcke an, oder verwenden Sie eine kleinere Arbeitsfläche.

ÜBEN SIE HIER

Verwenden Sie diese Seiten, um eine oder alle auf Seite 98 und 101 beschriebenen Übungen durchzuführen.

VERFEINERN

Wie Sie wissen, müssen Sie bei vortragsbasierten Skizzen schnell alle wichtigen Ideen erfassen. Schnelligkeit bedeutet oft, dass Ihre Notizen Lücken, fehlende Zeichnungen, unfertige Wörter oder Gedanken und wenig bis gar keine Farben oder Schattierungen aufweisen. Was Sie als Nächstes tun müssen, ist verfeinern.

Beim Verfeinern geht es darum, **Ihre visuellen Notizen so zu verbessern**, dass sie so gut wie möglich sind, vor allem wenn Sie in einem professionellen Umfeld arbeiten oder dafür bezahlt werden. Beim Verfeinern geht es nicht darum, »sie hübsch zu machen«, sondern sicherzustellen, dass die Informationen klar sind. Alles, was Sie verfeinern, sollte dazu beitragen, dass die Informationen betont werden und besser im Gedächtnis bleiben.

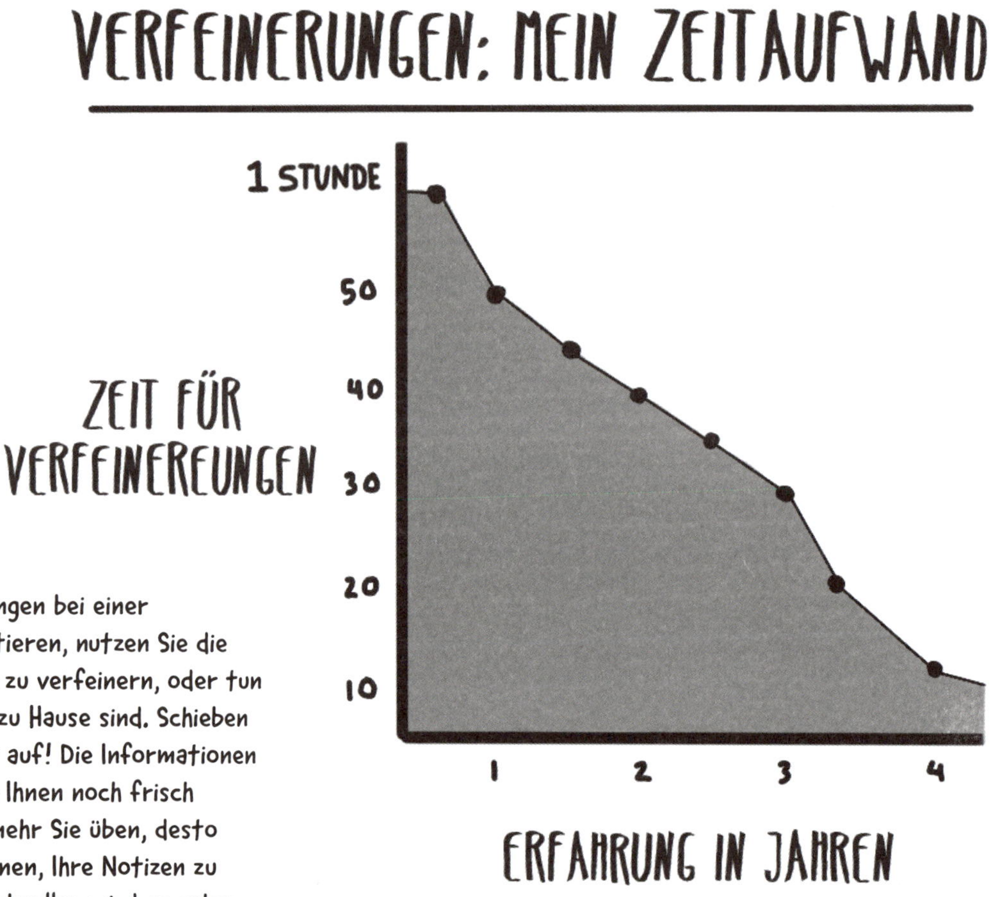

Wenn Sie mehrere Sitzungen bei einer Veranstaltung dokumentieren, nutzen Sie die Pausen, um Ihre Notizen zu verfeinern, oder tun Sie es, wenn Sie wieder zu Hause sind. Schieben Sie diesen Prozess nicht auf! Die Informationen und Erfahrungen sollten Ihnen noch frisch im Gedächtnis sein. Je mehr Sie üben, desto schneller werden Sie lernen, Ihre Notizen zu verfeinern, und desto schneller wird es gehen.

WAS SOLLTEN SIE VERFEINERN?

Die Erfahrungen beim Aufzeichnen visueller Notizen sind jedes Mal anders. Deshalb variieren auch die nötigen Verfeinerungen von Mal zu Mal. Im Folgenden finden Sie einige allgemeine Dinge, die ich verfeinere.

- Schlüsselwörter fetter machen
- Wörter zur Verdeutlichung unterstreichen oder hervorheben
- Alles Wichtige schreiben, was zuvor nicht erfasst wurde
- Container hinzufügen
- Bilder vervollständigen
- Schatten hinzufügen
- Farbe hinzufügen
- Pfeile und Formen zur Orientierung hinzufügen
- Eine Kopfzeile hinzufügen

VORHER

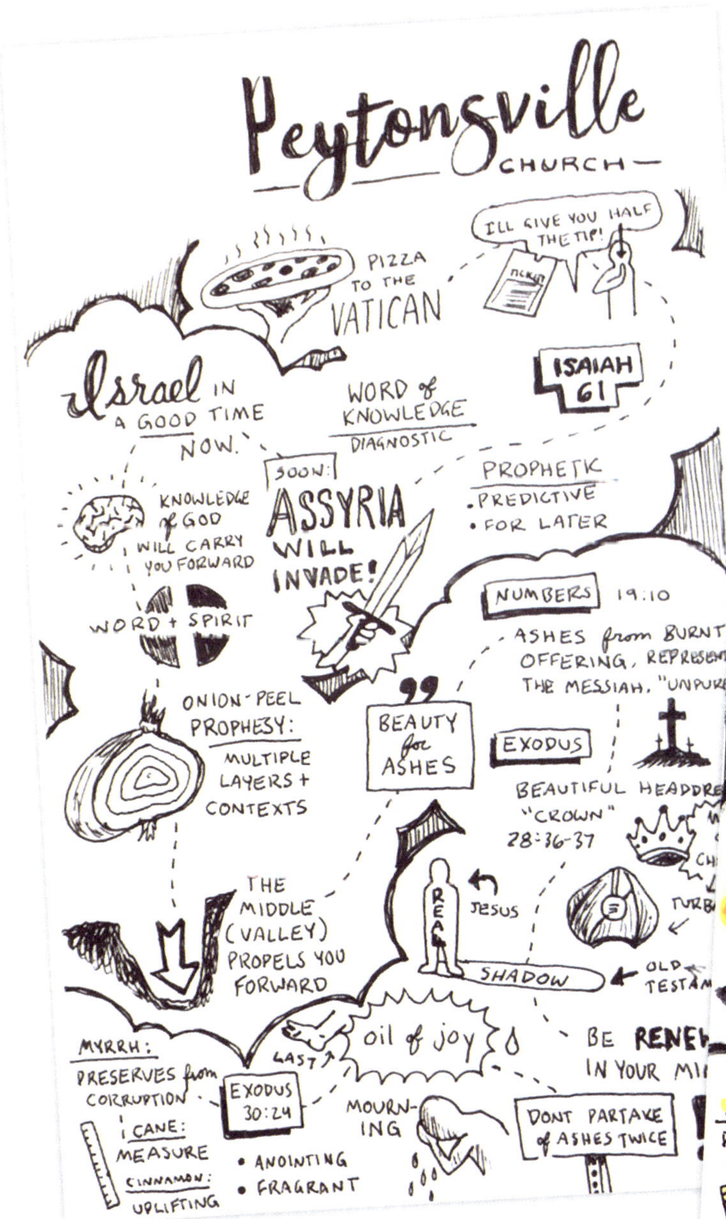

NACHHER

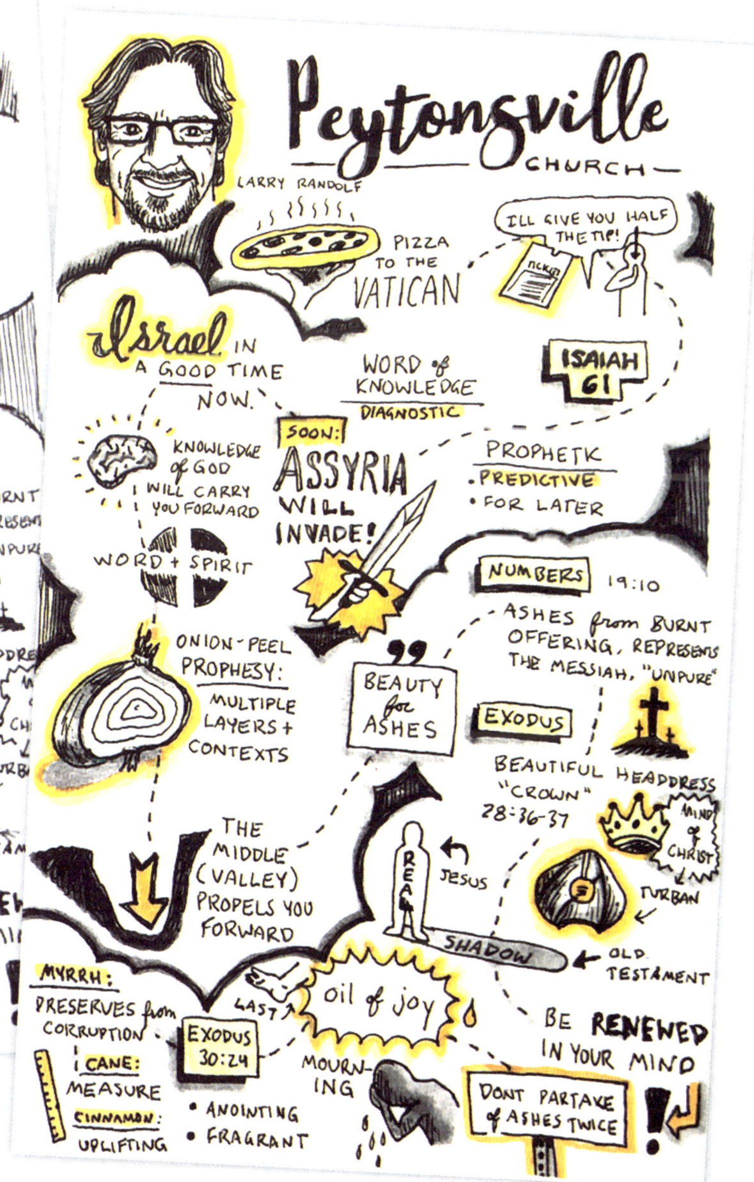

RECHTSCHREIBUNG

Bei fast jedem Workshop, den ich leite, sagt jemand: »Sie plädieren dafür, Notizen mit dem Stift zu machen, aber was ist, wenn man Schreibfehler macht?«

Wenn Sie Ihre Notizen an andere weitergeben, wollen Sie, dass die Informationen genau und einprägsam sind. Schlechte Rechtschreibung und Grammatik können ziemlich stören. Es ist wichtig, beides zu beherrschen, damit die Informationen zur Geltung kommen! Im Folgenden finden Sie einige der am häufigsten falsch geschriebenen und falsch verwendeten Wörter.

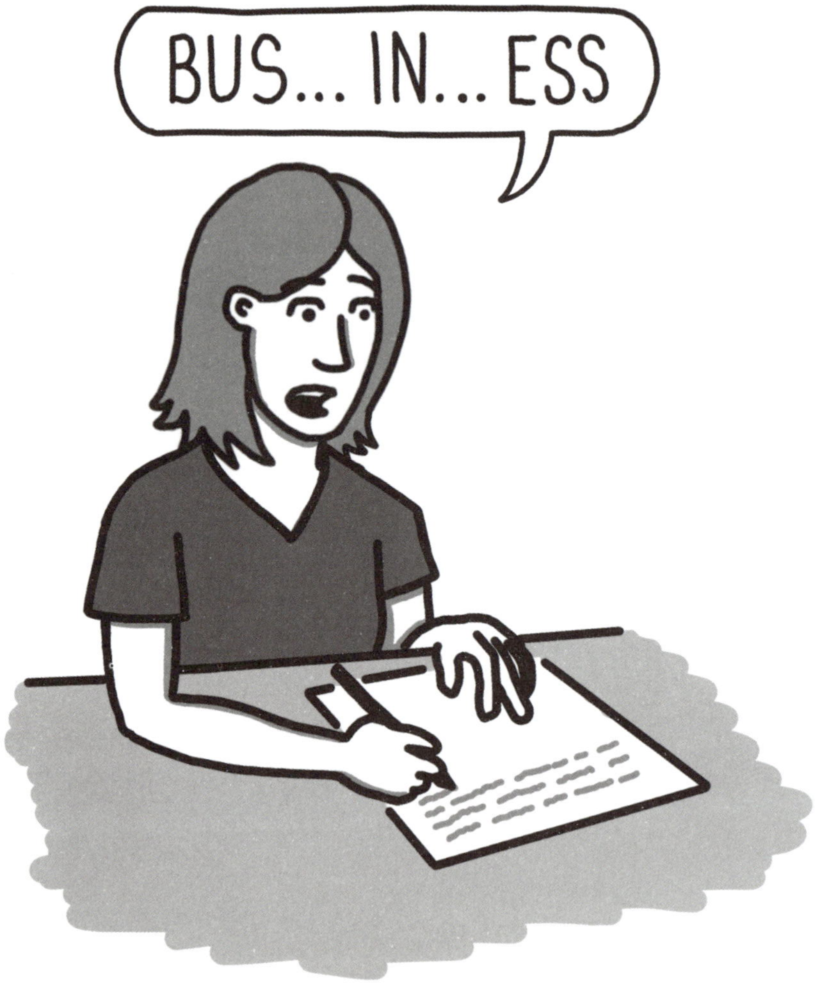

HÄUFIG FALSCH GESCHRIEBENE WÖRTER UND WENDUNGEN:
Adresse, Aggression, Akquise, akustisch, asozial, asymmetrisch, Atmosphäre, Ballett, brillant, Büfett, Charisma, darüber hinaus, delegieren, Delegierter, detailliert, diffizil, diskriminieren, Empathie, Entgelt, Epidemie, extrovertiert, Galerie, Galionsfigur, galoppieren, Guerilla, Häkchen, im Einzelnen, im Wesentlichen, Inkrafttreten, Jackett, Joghurt, Karussell, Katastrophe, Kommilitone, Kommission, Komitee, Konkurrenz, Konsens, Koryphäe, Kumulation, Lizenz, parallel, Platzierung, Prämisse, prophylaktisch, Prozess, rau, Reflexion, renommiert, Ressource, Resümee, Rhetorik, Rhythmus, Symmetrie, Sympathie, Terrasse, Tipp, Toleranz, Triumph, Turnier, unentgeltlich, Voraussetzung, Widerspruch, Widerstand, zartbesaitet, zugunsten

HÄUFIG VERTAUSCHTE/FALSCH VERWENDETE WÖRTER:
Affekt/Effekt, Geisel/Geißel, Kapital/Kapitel, Lärche/Lerche, Lachs/lax, Lid/Lied, mahlen/malen, Psychologie/Physiologie, Potenzial/potenziell, quälen/quellen, Saite/Seite, seid/seit, sechs/Sex, vor Ort/Vorort, war/wahr, widerspiegeln/wiederspiegeln, weiß/weiss

»Ü« UND »Y« WERDEN HÄUFIG VERTAUSCHT:
Asyl, Broschüre, Bühne, Dynamo, Gymnasium, Gymnastik, Hypothese, Konfitüre, Lektüre, Lyrik, Labyrinth, Mythos, Olympische Spiele, Pyjama, typisch, psychisch/Psychologie, Symbol, System, Tribüne, Übung, Zyklus

Wenn Sie in der Vergangenheit Probleme mit der Rechtschreibung und Grammatik hatten, werden Ihnen folgende Tipps helfen, diese zu bewältigen und zu überwinden.

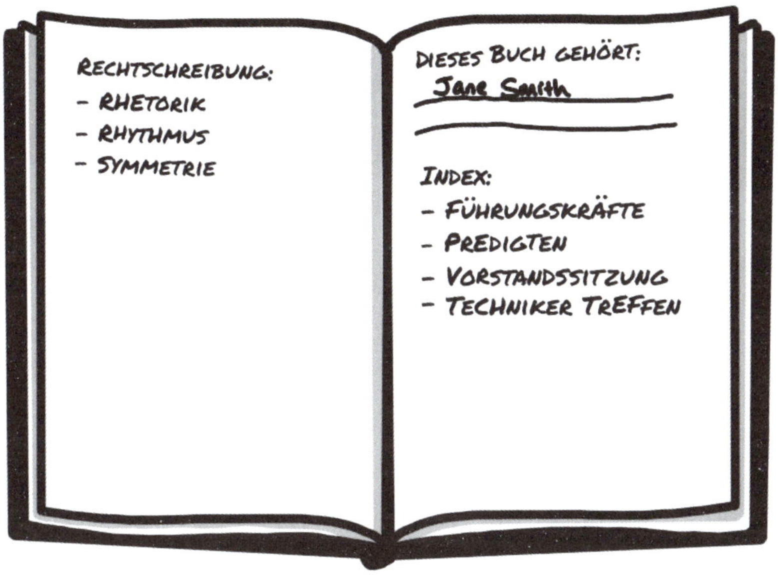

LISTE DER PROBLEMWÖRTER

Selbst die besten Schriftsteller haben Wörter, an denen sie hängen bleiben. (Ich fange an, »Rhythmus« zu schreiben, und frage mich jedes Mal, ob es stimmt!) Wenn Sie Ihre Problemwörter kennen, schreiben Sie die richtigen Schreibweisen auf die Titelseite oder die erste Seite Ihres Notizbuches, oder führen Sie eine Liste in einer Notizen-App auf Ihrem Telefon. Eine Liste, auf die Sie schnell zurückgreifen können, ist besser, als sie auf Ihrem Telefon nachschlagen zu müssen. Vorteil: Durch Nachschlagen in Ihrer Wortliste lernen Sie mit der Zeit die richtige Schreibweise.

TEILWÖRTER SCHREIBEN

Wenn Sie ein Wort schreiben und sich der Rechtschreibung nicht sicher sind, schreiben Sie die Teile, die Sie kennen, und machen Sie weiter. Wenn Sie später verfeinern, schlagen Sie das Wort nach, und ergänzen Sie die fehlenden Buchstaben. Wenn Sie sich über den größten Teil des Wortes nicht sicher sind, schreiben Sie es mit Bleistift auf, und machen Sie weiter. Ich empfehle nicht, das Wort ganz zu überspringen, weil Sie vergessen könnten, was es war. Schreiben Sie immer etwas!

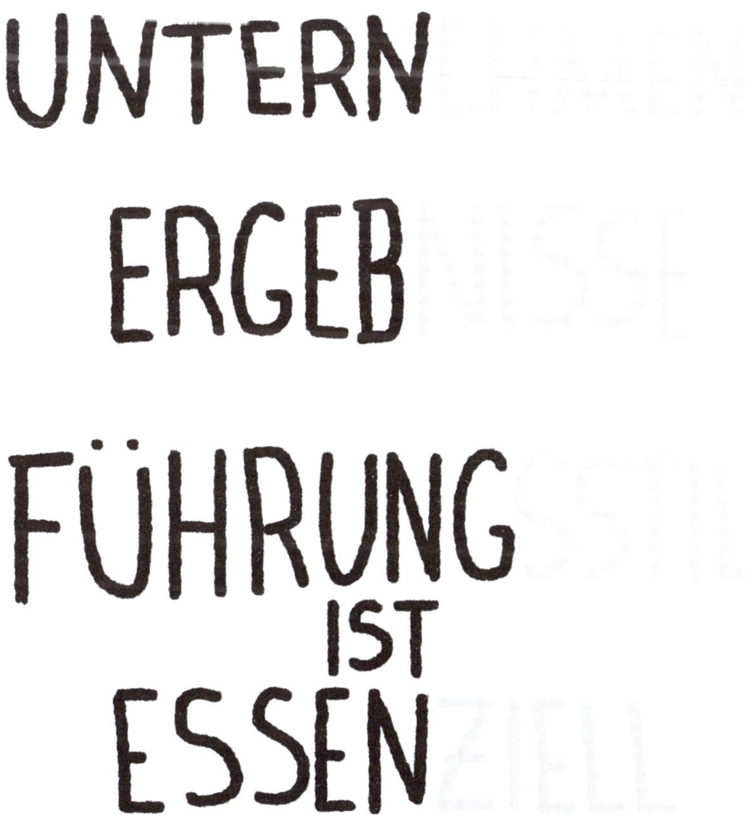

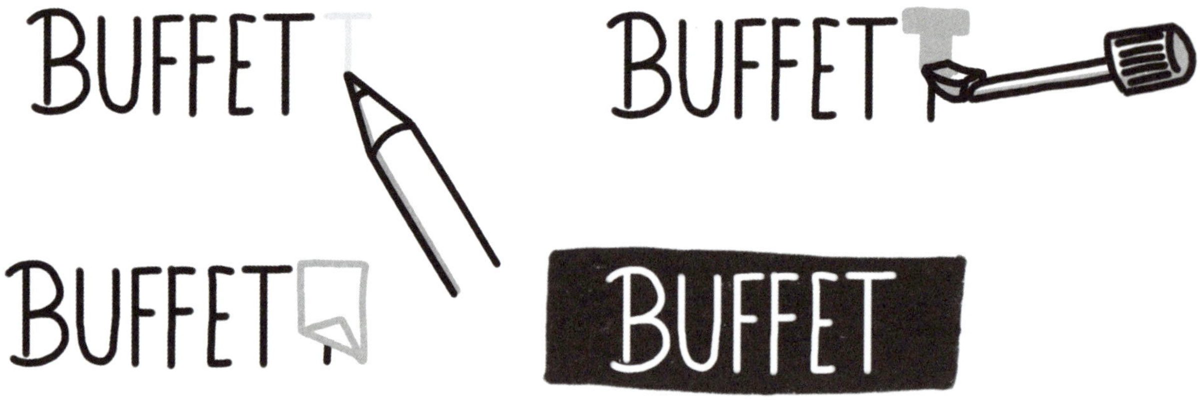

KORREKTUREN

Vielleicht haben Sie bereits ein Wort eingefärbt und erst später bemerkt, dass es falsch war. Folgendes können Sie tun:

1. Ein weißer Gelly-Roll®-Stift kann einige kleine Fehler korrigieren.
2. Korrekturflüssigkeit und weiße Papieraufkleber machen nachträgliche Korrekturen möglich.
3. Schwärzen Sie das Wort vollständig, indem Sie ein durchgehendes schwarzes Rechteck über das Wort malen; schreiben Sie dann die richtige Schreibweise mit einem weißen Stift. Stellen Sie sicher, dass die schwarze Tinte vollständig getrocknet ist, bevor Sie darauf schreiben.

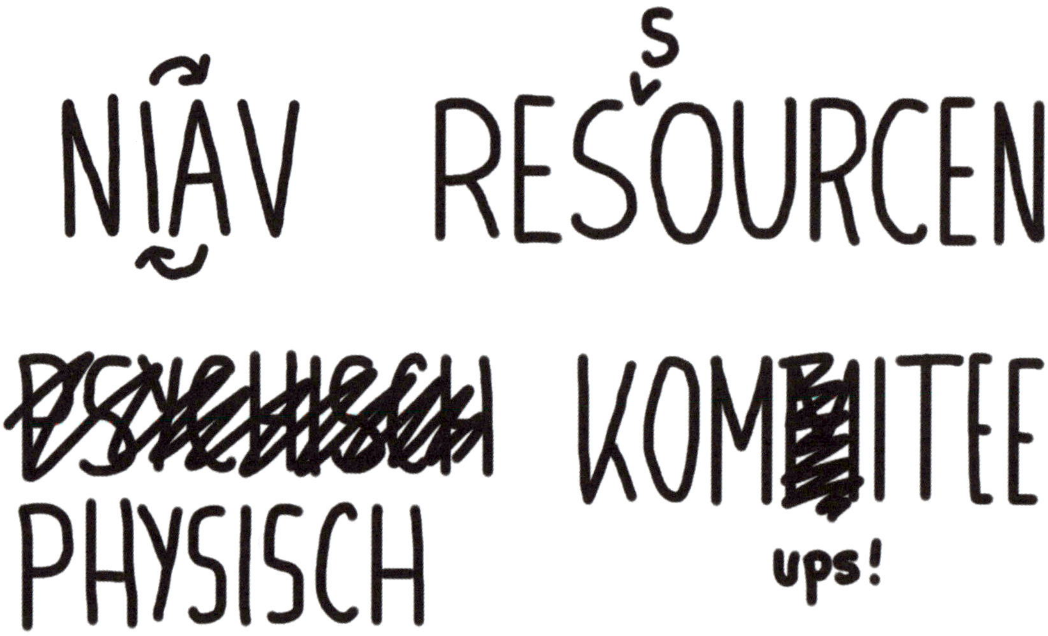

NEHMEN SIE ES LOCKER

Sie haben ein Wort falsch geschrieben und haben keine Möglichkeit, es zu korrigieren. Was können Sie tun?

1. Ignorieren Sie es. Vielleicht wissen Sie, dass etwas falsch geschrieben ist, aber das bedeutet nicht, dass andere es bemerken. Lassen Sie es stehen, machen Sie weiter, und beschließen Sie, es beim nächsten Mal richtig zu schreiben.
2. Weisen Sie spielerisch darauf hin. Sie können Pfeile zeichnen, um zu zeigen, wie die Buchstaben vertauscht werden sollen, einen zusätzlichen Buchstaben mit einem Pfeil von oben oder unten einfügen oder einfach »Ups!« mit der korrekten Schreibweise in die Nähe schreiben.

LEITFORMEN

Sie haben bereits gelernt, wie ein gutes Layout und visuelle Orientierungshilfen den Leser von Anfang bis Ende begleiten, aber es gibt noch eine andere Methode, mit der Sie den Lesern zeigen können, wo sie als Nächstes hinschauen müssen: die Leitformen.

Leitformen führen den Betrachter von einem Informationsbereich zum nächsten. Sie tragen dazu bei, die von Ihnen erfassten Informationen einzugrenzen, indem sie Ränder und Wege schaffen, die das Lesen erleichtern. Leitformen können aus Punkten, Linien, Texturen, Schattierungen oder Farben bestehen und nehmen den negativen Raum (leere weiße Flächen) um die visuellen Notizen ein. Am besten fügen Sie Leitformen hinzu, nachdem Sie mit den visuellen Notizen fertig sind, aber noch bevor Sie sie verfeinern.

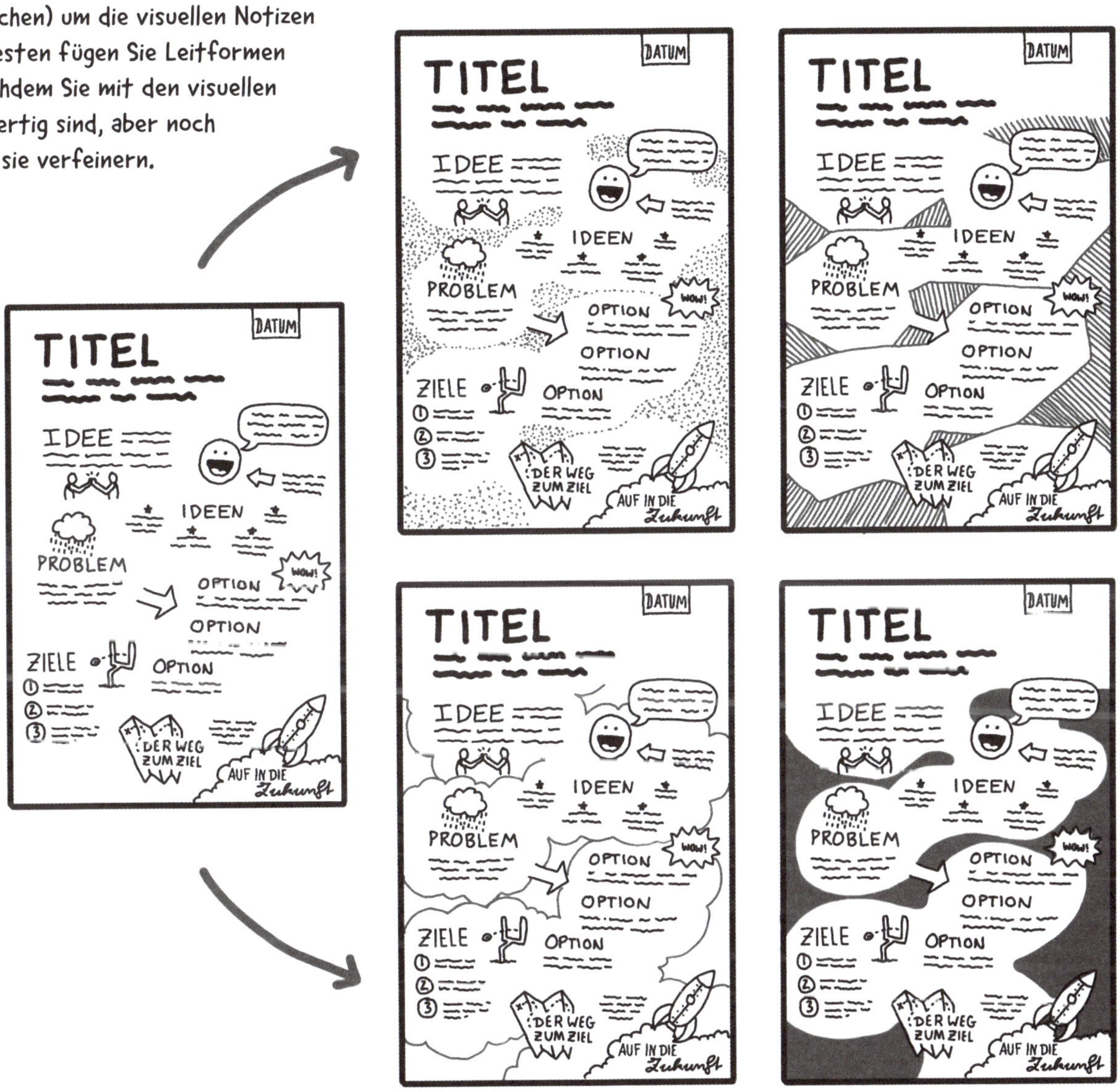

ÜBUNG

Gehen Sie einige Ihrer visuellen Übungsnotizen noch einmal durch, oder machen Sie neue Notizen. Wenn Sie fertig sind, blättern Sie zurück, und ergänzen Sie die Leitformen im negativen Raum um Ihre Notizen herum. Machen Sie ein Vorher-Nachher-Foto, um den Unterschied zu sehen.

SCHATTEN

Das Hinzufügen von Schatten ist eine der einfachsten Methoden, um Informationen hervorzuheben. Hier sind ein paar schnelle Möglichkeiten, einem Container oder einer Zeichnung Schatten hinzuzufügen.

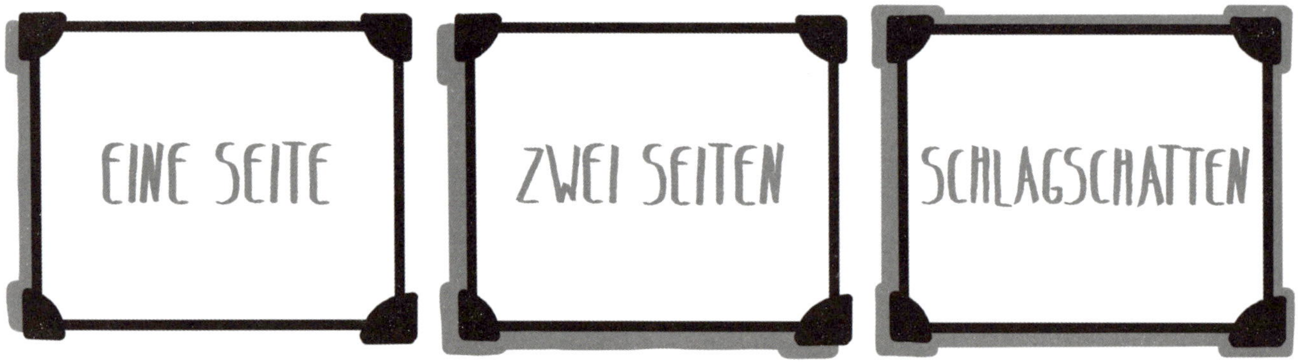

Wählen Sie eine oder zwei benachbarte Seiten Ihres Objekts aus, und fügen Sie einen grauen oder schwarzen Schatten dahinter ein. Sie können auch Grau oder Schwarz rund um das Objekt wie einen Schlagschatten hinzufügen.

Wenn Sie lernen möchten, wie man genau Schatten hinzufügt, legen Sie verschiedene Objekte unter eine direkte Lichtquelle, wie in diesem Beispiel. Untersuchen Sie, wo genau die Schatten fallen.

ÜBUNG

Greifen Sie auf einige Ihrer visuellen Notizen zurück, und ergänzen Sie Text, Container oder Zeichnungen mit Schatten. Alle Änderungen, die Sie vornehmen, sollten den jeweiligen Kerngedanken hervorheben.

SCHATTIERUNGSTECHNIKEN

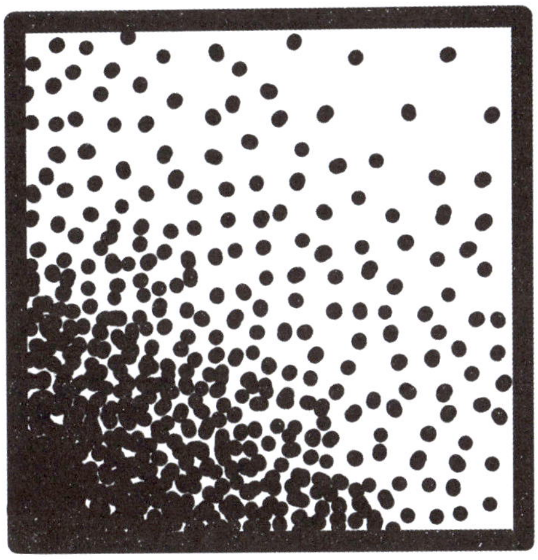

TÜPFELN Fügen Sie viele Punkte hinzu, wo es am dunkelsten, und weniger Punkte dort, wo es hell ist.

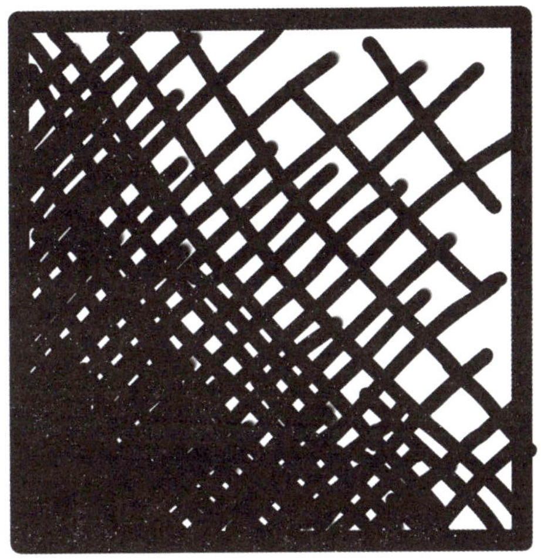

KREUZSCHRAFFUR Verwenden Sie gerade Linien, die sich dort, wo es am dunkelsten ist, am dichtesten überlagern.

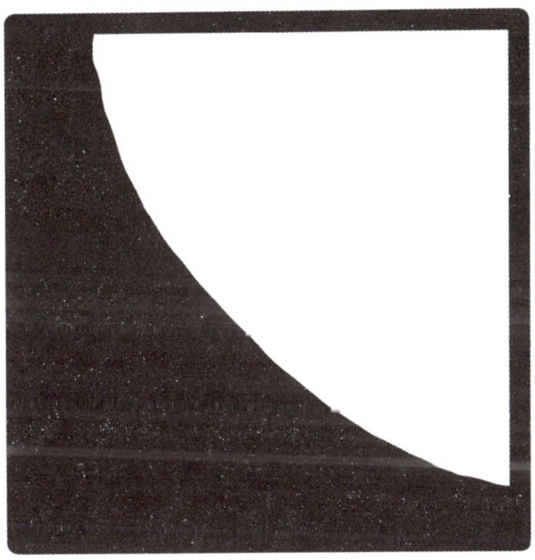

AUSMALEN Verwenden Sie eine Volltonfarbe, um die Stelle auszufüllen, an der sich der Schatten befindet.

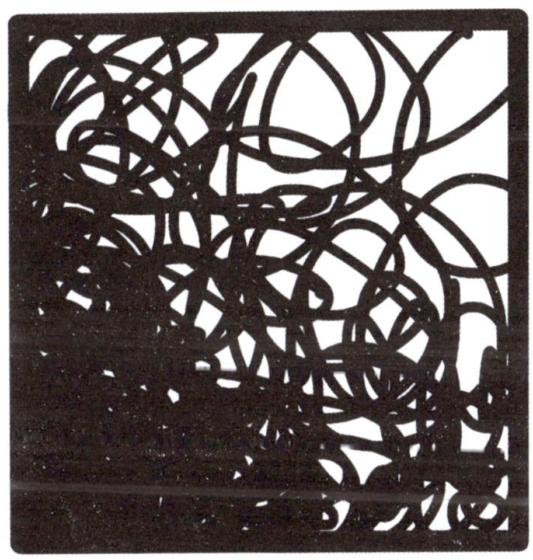

KRITZELN Eine etwas freiere Version der Kreuzschraffur: Kritzeln Sie eng, wo es dunkel ist, und locker, wo es hell ist.

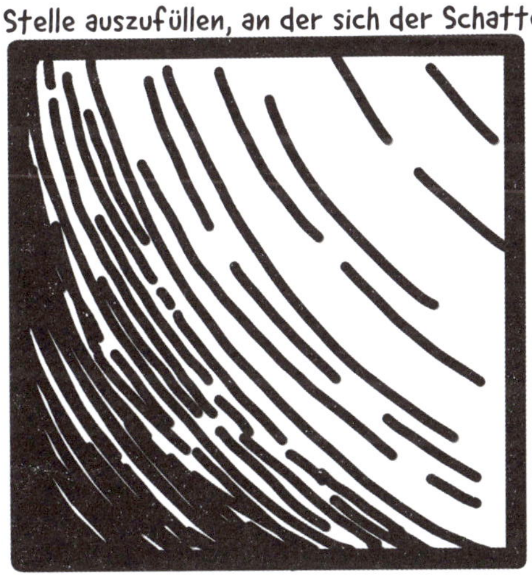

KONTURIEREN Zeichnen Sie Linien, die der Kurve oder Form des Objekts folgen. Die Linien suggerieren visuelle Tiefe und Räumlichkeit.

ÜBUNG

Übertragen Sie diese Beispiele in Ihr Skizzenbuch, und üben Sie das Schattieren mit den verschiedenen Techniken.

FARBE

Das Wichtigste, was man sich zur Farbe merken sollte, ist, sie einfach zu halten. Man kann es leicht übertreiben, und den Betrachter visuell überfordern. Wenn Sie alle Farben des Regenbogens verwenden, erzeugen Sie eher Ablenkung als Klarheit. Versuchen Sie anfangs nur Schwarz und Grau zu verwenden; wenn Ihr Vertrauen wächst, fügen Sie nach und nach etwas mehr Farbe hinzu.

Der beste Weg, etwas über Farbe zu lernen, ist der hier gezeigte Farbkreis. Die Primärfarben sind Rot, Blau und Gelb.

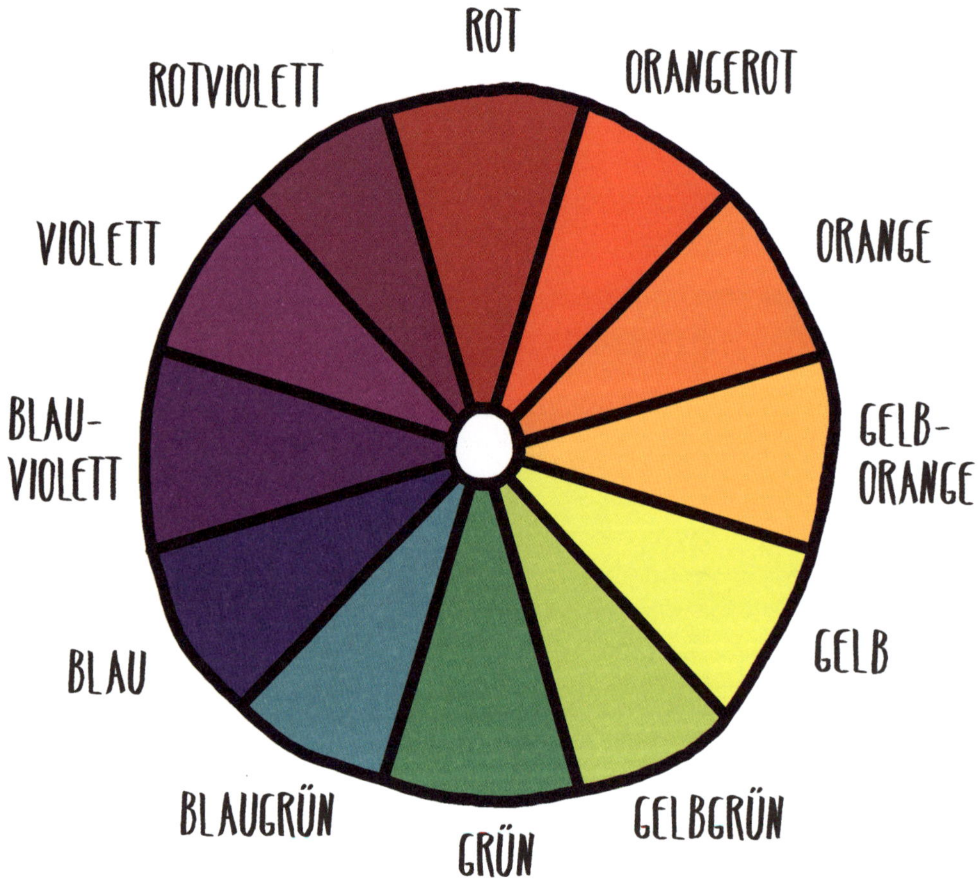

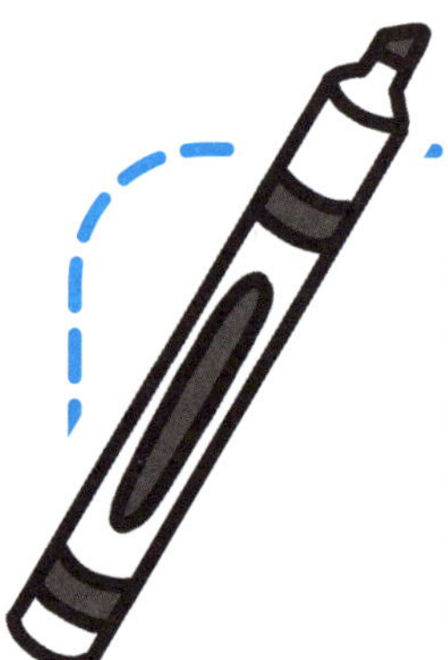

EINFARBIG Anfängern empfehle ich anfangs nur eine Farbe zu verwenden. Eine Farbe zwingt Sie dazu, wählerisch zu sein, wie Sie sie verwenden, und sie ist nur selten visuell überfordernd. Denken Sie daran: Weniger ist mehr. Sie müssen nicht alle Überschriften, Hinweise, Zitate oder Container einfärben. Verwenden Sie diese Farbe wie einen Textmarker, um auf besonders interessante oder wichtige Punkte aufmerksam zu machen. Wenn Sie nur eine Farbe verwenden, vermeiden Sie helle Töne wie Orange.

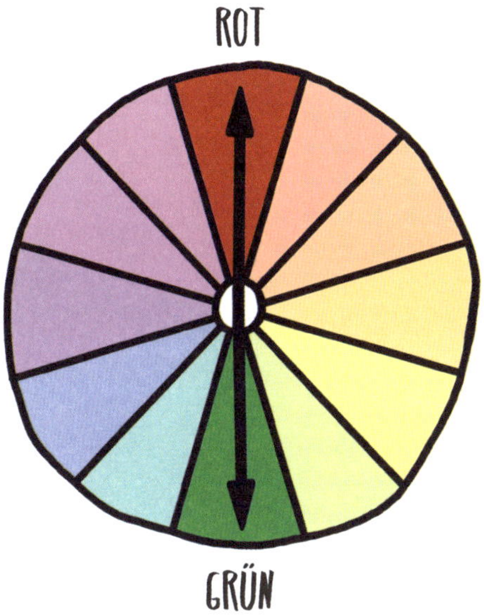

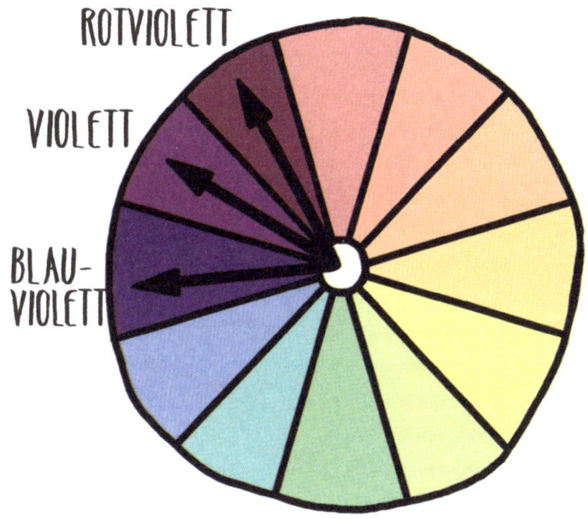

Komplementärfarben stehen sich auf dem Farbkreis direkt gegenüber.

Ton-in-Ton-Farben befinden sich auf dem Farbkreis nebeneinander. Sie sind etwas dezenter und angenehmer anzuschauen, weil der Kontrast geringer ist.

ZWEIFARBIG Wenn Sie mit zwei Farben arbeiten, empfehle ich die Verwendung komplementärer Farben, oder wählen Sie Ton-in-Ton-Farben.

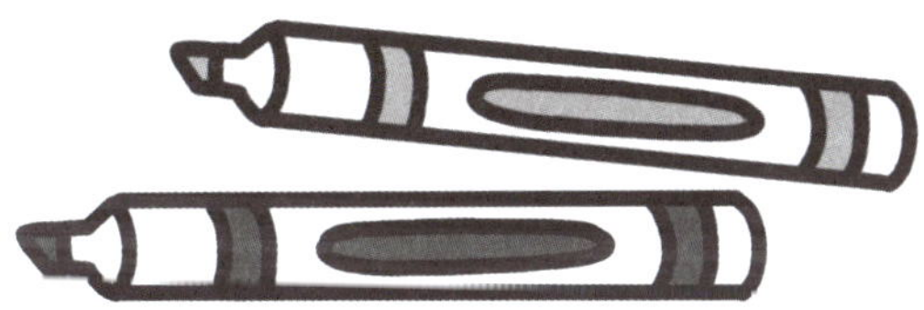

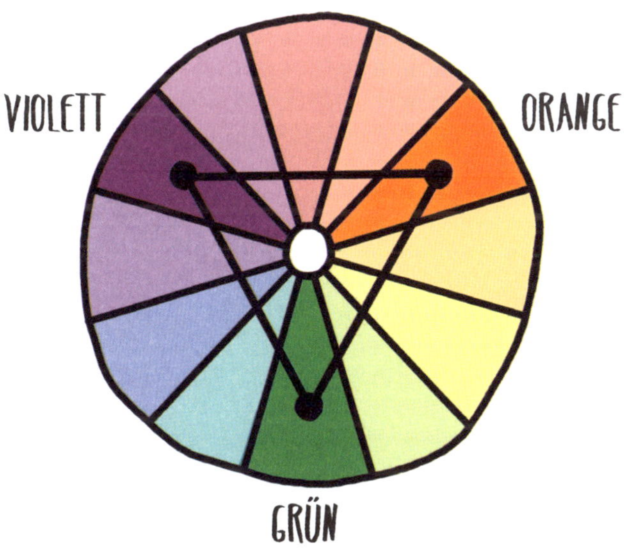

Harmonische Farben sind drei gleichmäßig auf dem Farbkreis verteilte Farbtöne.

DREIFARBIG Wenn Sie bereit sind, drei Farben zu verwenden, probieren Sie ein **triadisches Schema** aus. Es ist einfach – erstellen Sie ein gleichseitiges Dreieck auf dem Farbkreis, und die drei so definierten Farben passen gut zusammen. Ich vermeide es, mehr als drei Farben zu verwenden, weil es mehr Chaos als Klarheit schafft.

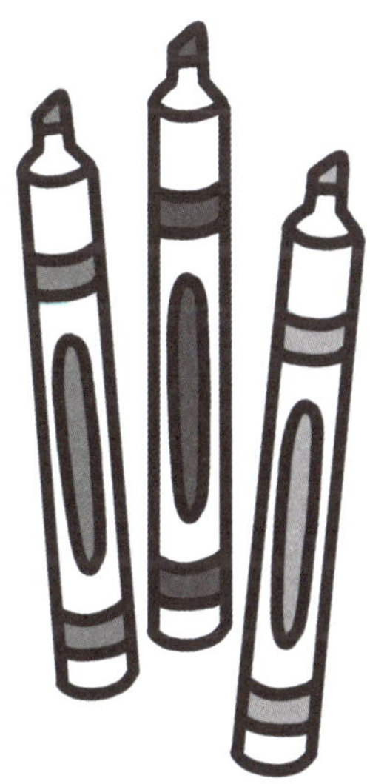

SO WERTEN SIE IHRE NOTIZEN MIT FARBE AUF

Denken Sie an »Textmarker«, nicht an »Malbuch«. Verwenden Sie Farbe, um auf besonders interessante oder wichtige Punkte aufmerksam zu machen. Nur weil Sie einen Baum gezeichnet haben, heißt das nicht, dass Sie die Blätter grün einfärben müssen. Sie können Ihre Farbe selektiv verwenden, wie z. B. nur auf Blockbuchstaben oder für Pfeile. Jede Farbentscheidung sollte im Hinblick auf die Informationen getroffen werden.

Betrachten Sie die Beispiele auf dieser Seite, und denken Sie daran, es einfach zu halten!

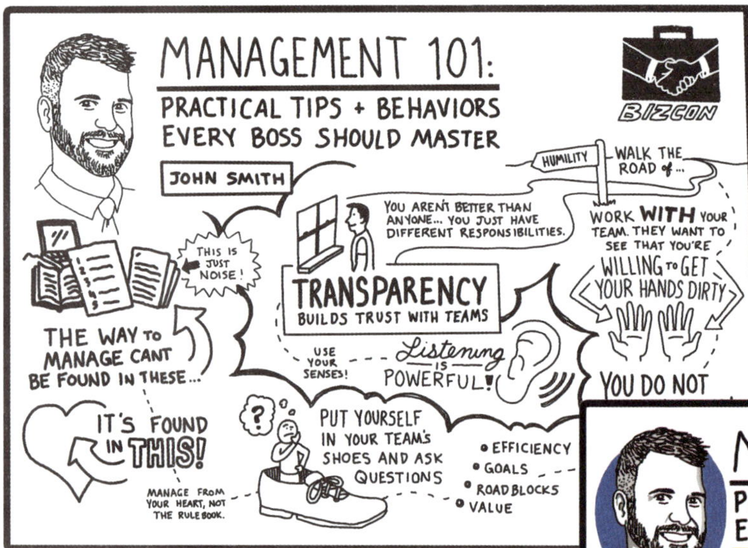

VOR DEM EINFÄRBEN

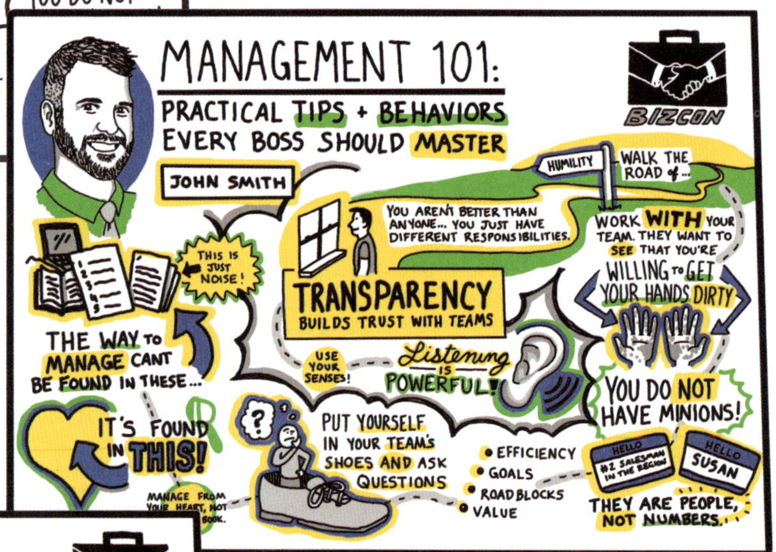

ZU VIEL FARBE

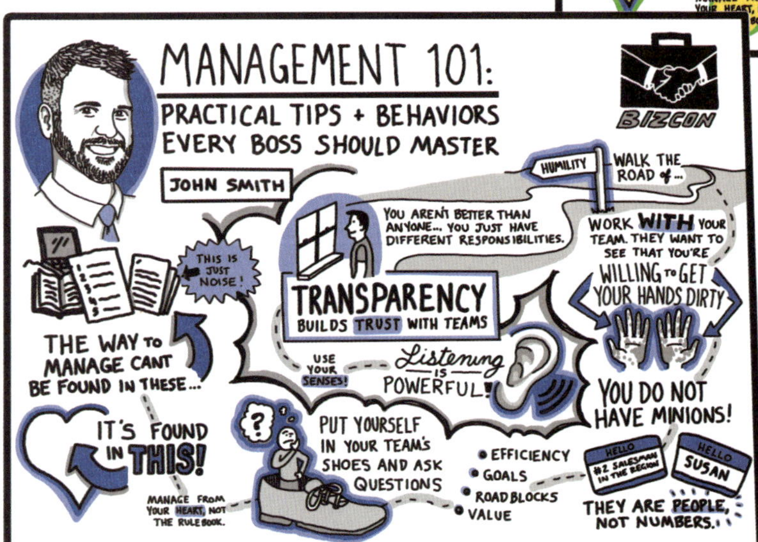

OPTIMALE FARBE

WAS MACHT VISUELLE NOTIZEN »GUT?«

»Gute« visuelle Notizen sind keine Frage der Ästhetik, sondern des Inhalts. Eine Information hat null Wert, wenn man sich nicht an sie erinnern oder nicht nach ihr handeln kann. Visuelle Notizen sind dazu gedacht, Informationen so weiterzugeben, dass sich unser Gehirn daran erinnern kann. Selbst die einfachsten visuellen Notizen können so wirksam sein, dass die Informationen in unseren Köpfen bleiben. Das ist eine gute Nachricht! Es gibt keinen Druck, ein außergewöhnlicher Künstler zu sein, weil bei visuellen Notizen die Funktion Vorrang vor der Form hat.

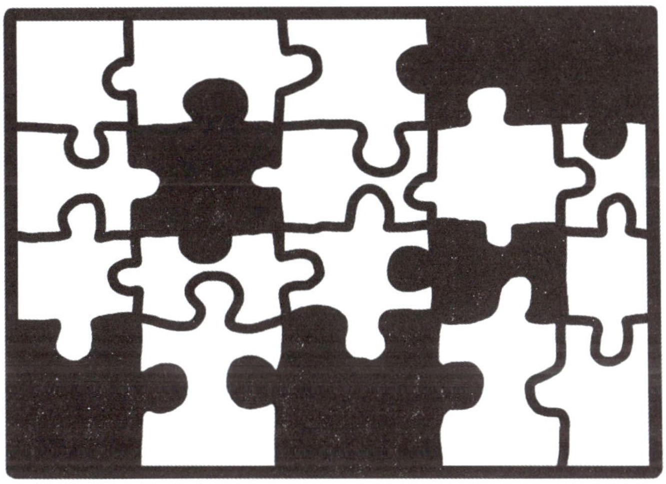

Visuelle Notizen sind wie ein Puzzle: Man kann das ganze Bild erst sehen, wenn alle Teile vorhanden sind. Ihre visuellen Notizen sollten eine genaue Zusammenfassung der wichtigsten Punkte sein, über die gesprochen wurde. Erst wenn Ihre Notizen diese Anforderung an Genauigkeit erfüllen, sollten Sie sich auf die ästhetische Optimierung konzentrieren. Wenn Sie keine genaue Zusammenfassung dessen, was Sie hören, einfangen können, werden Ihre visuellen Notizen durch keine Zeichnung, Schattierung, Beschriftung oder Färbung besser. Es gibt einen großen Unterschied zwischen gut aussehen und gut sein. Ihre Notizen müssen gut sein, bevor sie GUT AUSSEHEN können.

WORAN SIE ERKENNEN, DASS IHRE VISUELLEN NOTIZEN GENAU SIND

- Sie verpassen keine Information.
- Sie beherrschen das Fotografieren von Folien und das Einfügen von Zitaten mit Bleistift. Damit stellen Sie sicher, dass Sie das soeben Gesagte auch wirklich notieren.
- Man sagt Ihnen nicht: »Es fehlt der Hinweis auf ...«, und Sie fragen Ihren Nachbarn nicht: »Haben Sie verstanden, was er gerade gesagt hat?«
- Sie sind in der Lage, Hauptideen von Nebensächlichkeiten zu unterscheiden.
- Die Zuschauer verstehen Ihre Notizen und stellen nicht viele Fragen wie: »Was bedeutet das?«, oder: »Gab es mehr Hintergrundinformationen zu diesem Punkt?«
- Ihre Notizen sind leicht zu lesen und hierarchisch aufgebaut.

Wenn Sie jetzt nicken, sind Sie wahrscheinlich bereit, Ihre Notizen ästhetisch aufzuwerten!

»GUT« AUSSEHEN

Wenn Sie Inhalte durchweg gut erfassen, juckt es Sie wahrscheinlich, Ihre Notizen immer besser aussehen zu lassen. Vielleicht haben Sie sogar das Gefühl, einen neuen Höhepunkt Ihrer Kreativität erreicht zu haben, und Sie sind sich nicht sicher, wie Ihre Notizen besser werden können. Visuelle Notizen sind ein künstlerischer und kreativer Ausdruck von Informationen. Damit sie gut aussehen, befassen wir uns mit den Grundprinzipien von Kunst und Design.

BALANCE

Ausgewogenheit bezieht sich auf die visuelle »Gewichtung«, die Sie sehen. Unser Gehirn liebt das Gleichgewicht auf zwei Arten: Symmetrie und Asymmetrie. Symmetrie lässt sich am besten als zwei Hälften beschreiben, die sich spiegelbildlich zueinander verhalten. Asymmetrie sind zwei Teile eines Ganzen, aber die beiden Teile sind ungleich.

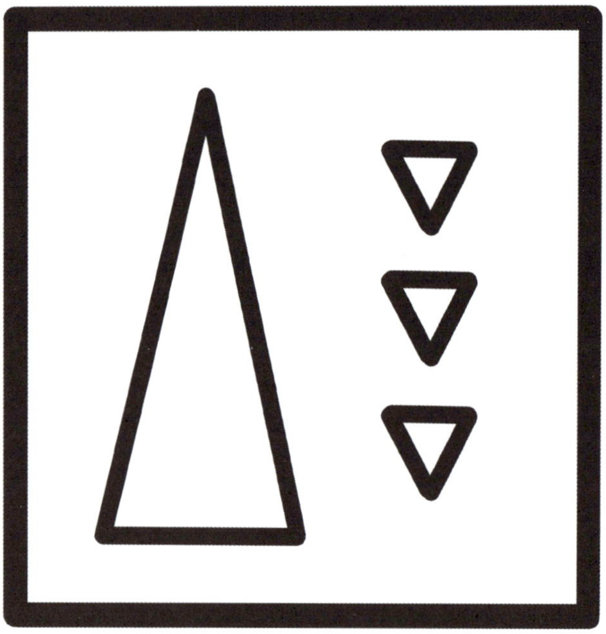

ASYMMETRISCH

SYMMETRISCH

Eine der einfachsten Möglichkeiten für visuell überzeugende Notizen besteht darin, sie kontrastreich zu gestalten. Um das zu erreichen, können Sie nur Schwarz-Weiß verwenden, dadurch entsteht eine starke visuelle Aussage.

BETONUNG/KONTRAST

Dies wird oft dadurch erreicht, dass ein visuell dominanter Bereich neben einem visuell passiven Bereich angeordnet wird. Die Gegenüberstellung der beiden Bereiche weckt Interesse und erzeugt visuelle Spannung.

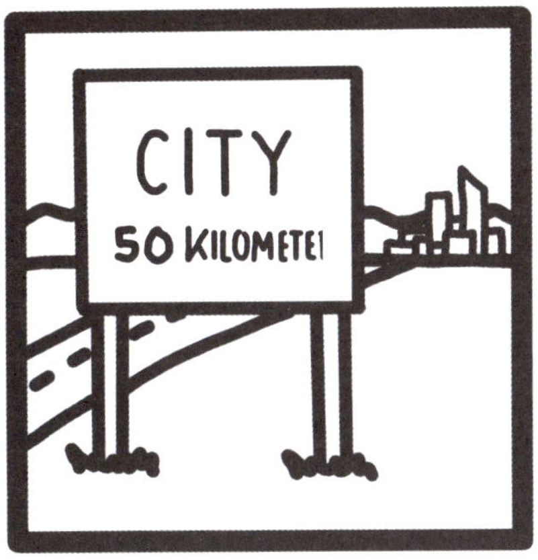

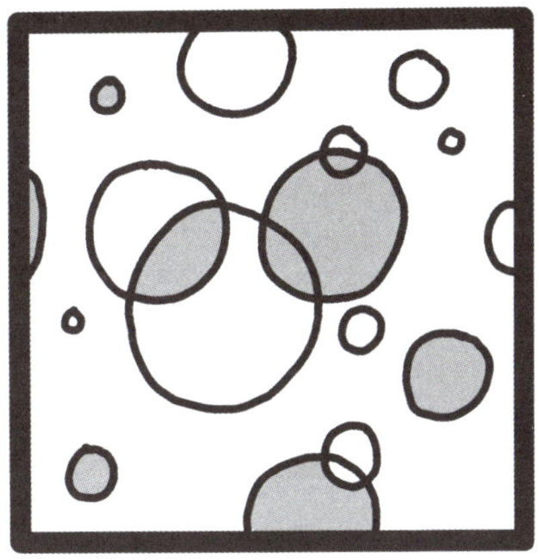

HIERARCHIE/PROPORTIONEN

Darunter versteht man die Art und Weise, wie das Ganze in Bezug auf Größe und Menge angeordnet ist und wie gut jedes Teil mit den anderen zusammenspielt. Bei visuellen Notizen ist die Hierarchie meist durch den Inhalt vorgegeben: Der Schwerpunkt liegt auf den Hauptideen, nicht auf kleinen Details.

EINHEIT/HARMONIE

Das gelingt, wenn alles so aussieht, als gehöre es zusammen. Aber Vorsicht – wenn alles gleich aussieht, wird es langweilig. Harmonische visuelle Notizen entstehen, wenn ähnliche, verwandte Elemente logisch zusammenpassen und gut miteinander funktionieren. Am einfachsten erreichen Sie das mit einer einzelnen Farbe oder mit zwei Farben Ton in Ton.

ABWECHSLUNG

Verwenden Sie verschiedene Elemente, um Spannung zu erzeugen. Seien Sie jedoch vorsichtig – wenn alles zu unterschiedlich ist, wird Ihre Arbeit chaotisch anmuten. Arbeiten Sie abwechslungsreich, aber mit einem gewissen Zusammenhalt. Deshalb plädiere ich dafür, die Verwendung von Farben einzuschränken.

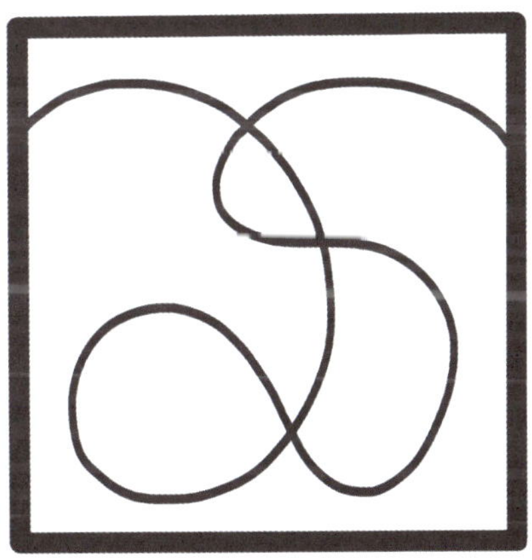

RHYTHMUS

Rhythmus entsteht durch Wiederholung. Verwenden Sie Symbole und konsistente Hierarchie- und Beschriftungsstile, um einen strukturierten Informationsfluss zu schaffen.

BEWEGUNG

Ein visueller Fluss entsteht, wenn der Blick durch die gesamte Arbeit geführt wird. Bewegung ist durch Wörter und Sätze relativ einfach zu erreichen, aber es gibt andere kreative Möglichkeiten, das Auge des Betrachters zu führen. Dabei können klassische Lesemuster auch durchbrochen werden.

KEEP IT SIMPLE

Wenn Ihre visuellen Notizen gut aussehen sollen, dann gibt es nur eine wichtige Sache: Halten Sie es einfach. Seien Sie einprägsam, verkünsteln Sie sich nicht. Lassen Sie sich nicht dazu hinreißen, ein Kunstwerk zu schaffen, wenn es darum geht, Informationen hervorzuheben.

VISUELLE NOTIZEN MIT ANDEREN TEILEN

Sie sind mit Ihren visuellen Notizen fertig und haben sie nach Ihren Wünschen verfeinert. Sie sind offiziell fertig! Oder? Der letzte echte Schritt beim Erstellen von visuellen Notizen ist deren Veröffentlichung.

Falls Ihnen bereits Argumente einfallen, warum Sie Ihre Arbeit nicht öffentlich zeigen wollen, möchte ich Sie davon abhalten.

Wenn Sie Ihre Arbeit nicht veröffentlichen wollen, weil sie **nicht Ihren eigenen Standards entspricht**, sollten Sie wissen, dass **jeder irgendwann einmal anfängt.** Am Anfang einer Reise gibt es keine Scham. Tatsächlich könnten die Menschen Ihre Verletzlichkeit und Ihren Mut wirklich zu schätzen wissen, wenn Sie sagen: »Ich probiere etwas Neues aus und möchte es mit der Welt teilen.«. Es gibt keinen Platz für Perfektionismus im Leben, und das gilt insbesondere für Ihre visuellen Notizen.

Falls es Ihnen zu peinlich ist, Ihre Arbeit zu zeigen, weil Sie **Angst davor haben, was die Leute sagen werden**, sollten Sie wissen, dass **die fiesen Typen gewinnen, wenn Sie das Risiko des Teilens überhaupt nicht eingehen.** Riskieren Sie das Gute, das Sie zu dieser Welt beitragen, und machen Sie sich keine Sorgen um die Hasser! Sie verbringen Ihre Zeit damit, der Welt etwas zu geben, und die anderen verbringen ihre Zeit damit, es zu kritisieren. Wer ist da wirklich der Gewinner? (Tipp: Das sind Sie.)

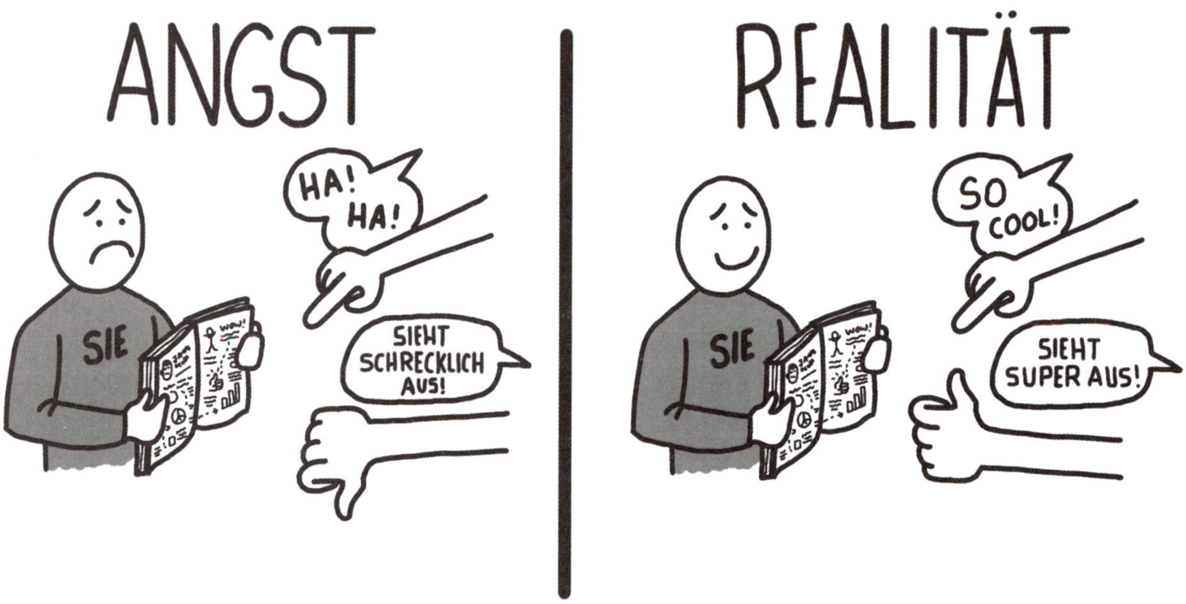

Wenn Sie Ihre Arbeit nicht teilen wollen, weil Sie denken, **dass sie im Vergleich zu der Arbeit anderer nicht sehr gut ist**, liegt die Lösung darin, **mit dem Vergleichen aufzuhören!** Sie können Ihre ersten Versuche nicht mit den Bemühungen eines erfahrenen Profis vergleichen. Das ist kein Wettbewerb. Nur weil Ihnen Ihre Arbeit nicht gefällt, heißt das nicht, dass jemand anderes sie nicht mag. Geben Sie Ihrer Arbeit eine Chance, und geben Sie anderen die Chance, sie auch zu mögen. Ich bin heute eine professionelle Sketchnoterin, weil ich ein Risiko eingegangen bin und ein paar alberne Cartoons auf die Pinnwand meines Büros gezeichnet habe. Ich hätte nicht gedacht, dass sie anderen gefallen würden, aber eins führte zum anderen, und jetzt kann ich meinen Lebensunterhalt damit verdienen. Man weiß nie, welche Möglichkeiten sich aus der Veröffentlichung Ihrer visuellen Notizen ergeben!

MACHEN SIE GUTE FOTOS

Wählen Sie einen gut beleuchteten Ort. Wenn möglich, gehe ich gerne nach draußen, denn natürliches Sonnenlicht sieht immer besser aus als Innenbeleuchtung. Wenn Sie nicht an einen Ort mit guter Beleuchtung gehen können, machen Sie mehrere Aufnahmen mit der vorhandenen Beleuchtung, mit und ohne Blitz. Vergleichen Sie Ihre Fotos, um zu sehen, welches am besten aussieht. Blitzlicht macht Notizen und Farben oft zu hell, aber in der Not frisst der Teufel Fliegen.

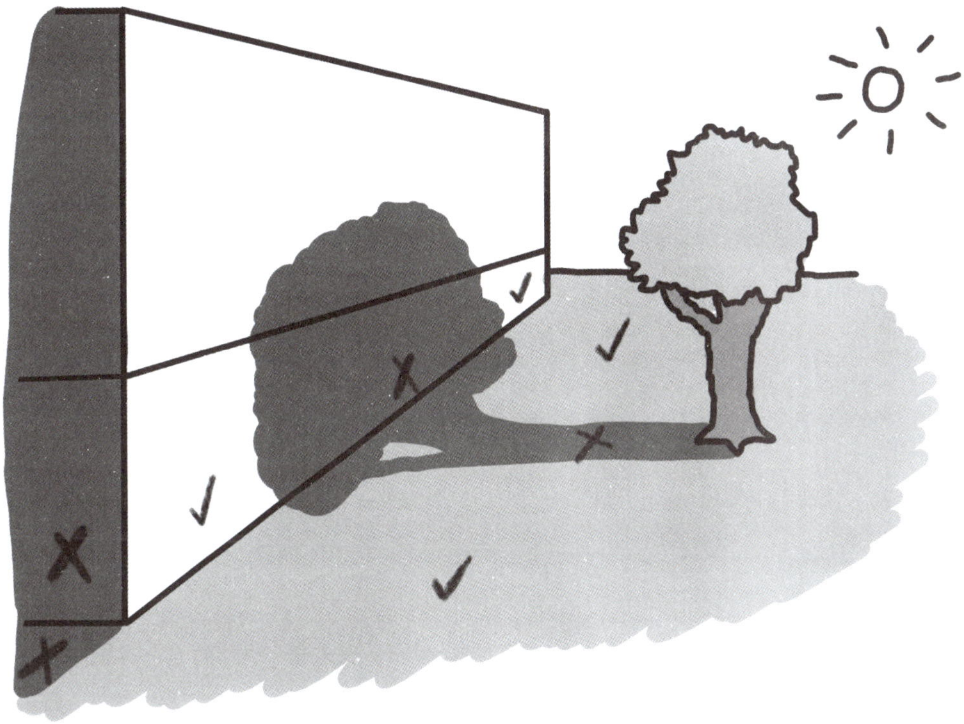

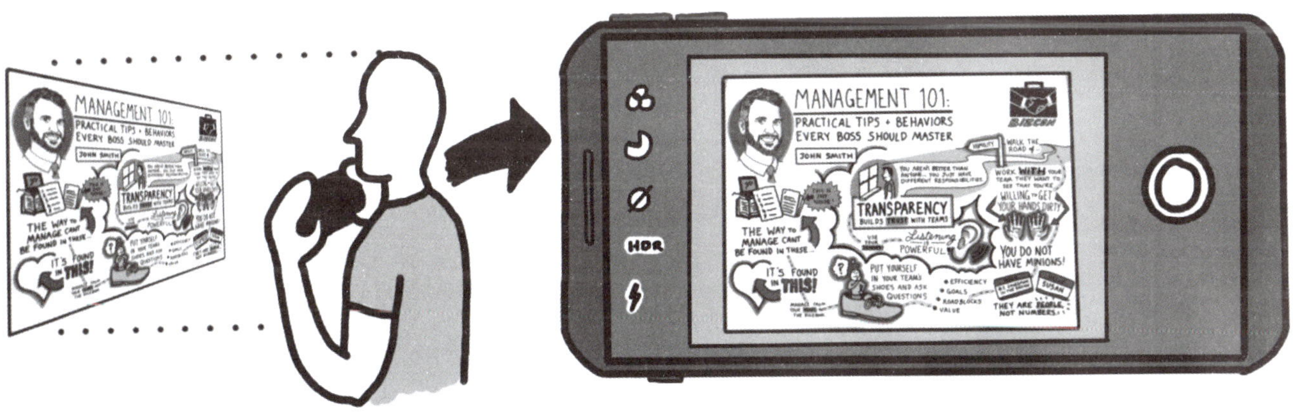

Stellen Sie sich direkt vor oder beugen Sie sich über Ihre visuellen Notizen. Stellen Sie sicher, dass alle Seiten der Vorlage möglichst parallel zu den Rändern des Monitors verlaufen. Achten Sie darauf, dass Ihr Schatten nicht im Bild erscheint! Je gerader Sie zum Bild stehen, desto besser. Speichern Sie Ihre künstlerischen Aspekte für andere Projekte. Sie veröffentlichen visuelle Notizen, weil Sie wollen, dass andere Menschen sie lesen, also sorgen Sie für eine leichte Lesbarkeit.

Fotografieren Sie mit dem normalen Modus oder der HD-Einstellung. Tippen Sie den Touchscreen über verschiedenen Teilen Ihrer Notizen an, um sicherzustellen, dass sie scharf abgebildet werden. Ich empfehle, jedes Mal mindestens drei Fotos zu machen, damit Sie das Beste auswählen und schiefe oder unscharfe Aufnahmen aussortieren können. Wenn Sie eine große Leinwand für Ihre Notizen verwendet haben, nehmen Sie mehrere Bilder auf, und fügen Sie sie mit einer Bildbearbeitungssoftware zusammen.

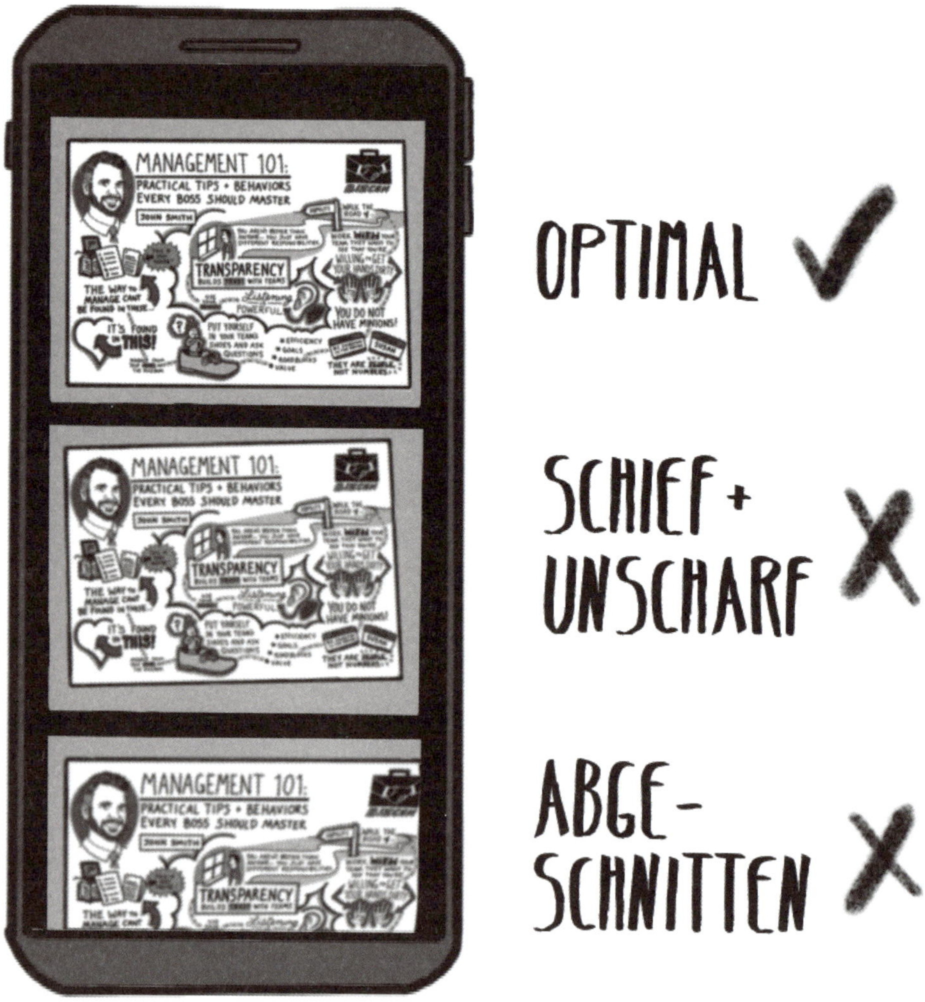

WEITERE TIPPS

- Sobald Sie ein gutes Foto haben, verwenden Sie eine Bildbearbeitungssoftware oder eine App, um leichte Anpassungen vorzunehmen, wie z. B. Aufhellen oder Erhöhen des Kontrasts. Achten Sie immer darauf, dass Ihre Notizen gut lesbar sind.
- Wenn Sie so weit sind, geben Sie Ihre Bilder online frei. Wenn Sie in sozialen Medien posten, hilft die Verwendung von Hashtags wie **#sketchnotes** oder **#visualnotes** anderen Personen, die an visuellen Notizen interessiert sind, Ihre Arbeit zu finden.

Wenn Sie Ihre visuellen Notizen auf kleinerem Papier gemacht haben, ist die Verwendung eines Scanners eine weitere gute Möglichkeit, eine digitale Kopie zu erstellen. Wenn Sie wissen, wie man eine Bearbeitungssoftware benutzt, können Sie auch dort leicht Änderungen vornehmen. Sobald Sie Ihr endgültiges Bild haben, können Sie es auf eine bestimmte Größe zuschneiden und es direkt von Ihrem Computer aus freigeben.

DER WERT DES TEILENS

Die Veröffentlichung Ihrer Arbeit im Internet ist eine großartige Möglichkeit, eine Gemeinschaft Gleichgesinnter zu finden, und sie bietet die Gelegenheit, wertvolles Feedback zu Ihrer Arbeit zu erhalten. Es gibt eine lebhafte Community von Menschen auf der ganzen Welt, die sich für Sketchnotes interessieren! Sie lieben es, voneinander zu lernen und sich gegenseitig zu helfen. Wenn Sie jemals das Gefühl haben festzustecken, ist es ein guter Anfang, Ihre Arbeit zu teilen und um Hilfe zu bitten.

Das Veröffentlichen ist auch eine gute Möglichkeit, **die eigene Weiterentwicklung festzuhalten.** Ich bemerke oft nicht, dass meine visuellen Notizen in einem Skizzenbuch von Seite zu Seite besser werden, aber ich bemerke es von Skizzenbuch zu Skizzenbuch. Wenn ich mir meinen letzten Social-Media-Beitrag im Vergleich zum vorherigen anschaue, denke ich: »Ich schätze, ich bin immer noch auf dem gleichen Niveau wie vorher.« Aber dann scrolle ich weiter zurück und denke: »Nö! Seitdem bin ich definitiv besser geworden.« Veränderungen können für Sie klein und schwer zu sehen sein, aber andere werden sie bemerken! Ich bekomme oft Rückmeldungen von meinen Followern, die sagen: »Du wirst immer besser und besser!«, und es fällt mir schwer, ihnen zu glauben, aber sie sind nicht so nah an meiner Arbeit wie ich. Manchmal muss man einen Schritt zurücktreten, um das große Ganze zu sehen.

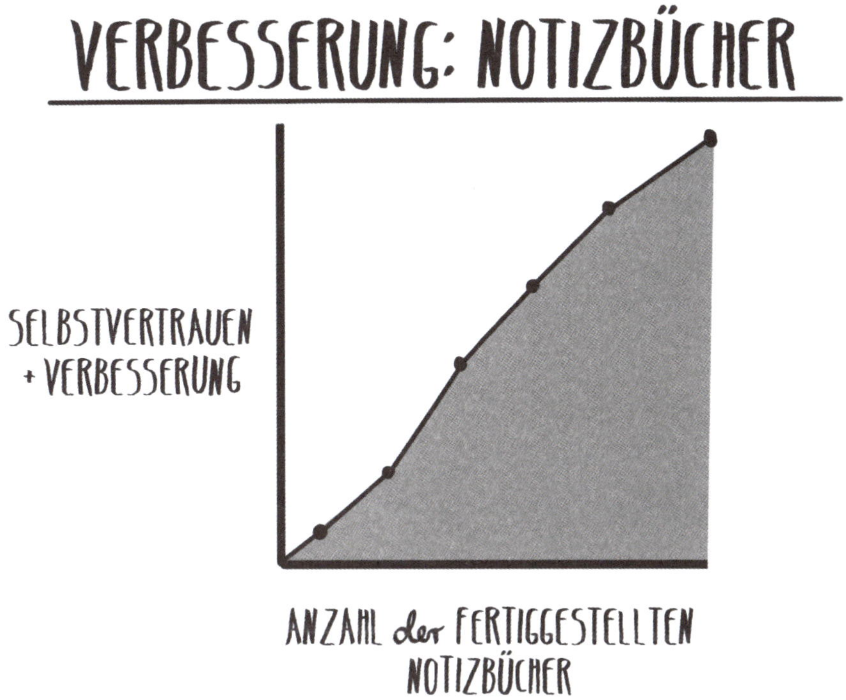

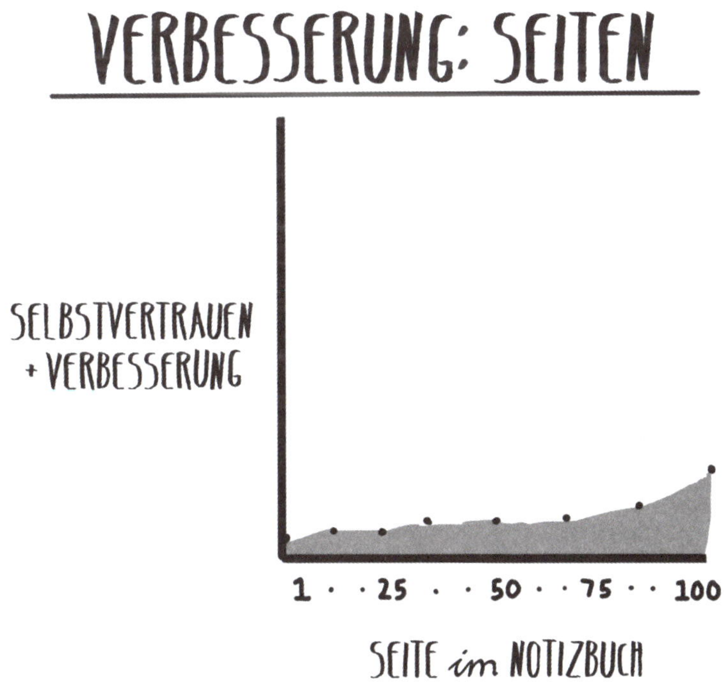

DER RICHTIGE ZEITPUNKT

Unsere Fähigkeit, uns an Informationen zu erinnern, die wir nur gehört haben, ist gering. Bloß gehörte Inhalte verblassen mit jeder Minute, daher ist es wichtig, schnell visuelle Notizen vor sich zu haben! Ich möchte meine Notizen nach Möglichkeit innerhalb von 30 Minuten nach Ende einer Sitzung weitergeben. Es gibt nichts Unangenehmeres, als seine Notizen zu teilen, nachdem die Begeisterung nachgelassen hat und alles wieder zur Tagesordnung übergegangen ist. Je schneller Sie Ihre Notizen teilen können, desto besser. Wenn Sie im Unterricht visuelle Notizen gemacht haben, versuchen Sie, diese gleich danach zu veröffentlichen. Wenn Sie während einer Konferenz visuelle Notizen gemacht haben, versuchen Sie, diese vor dem offiziellen Ende weiterzugeben. Vergessen Sie nicht, relevante Hashtags in sozialen Medien zu nutzen, damit auch andere Ihre Arbeit finden können!

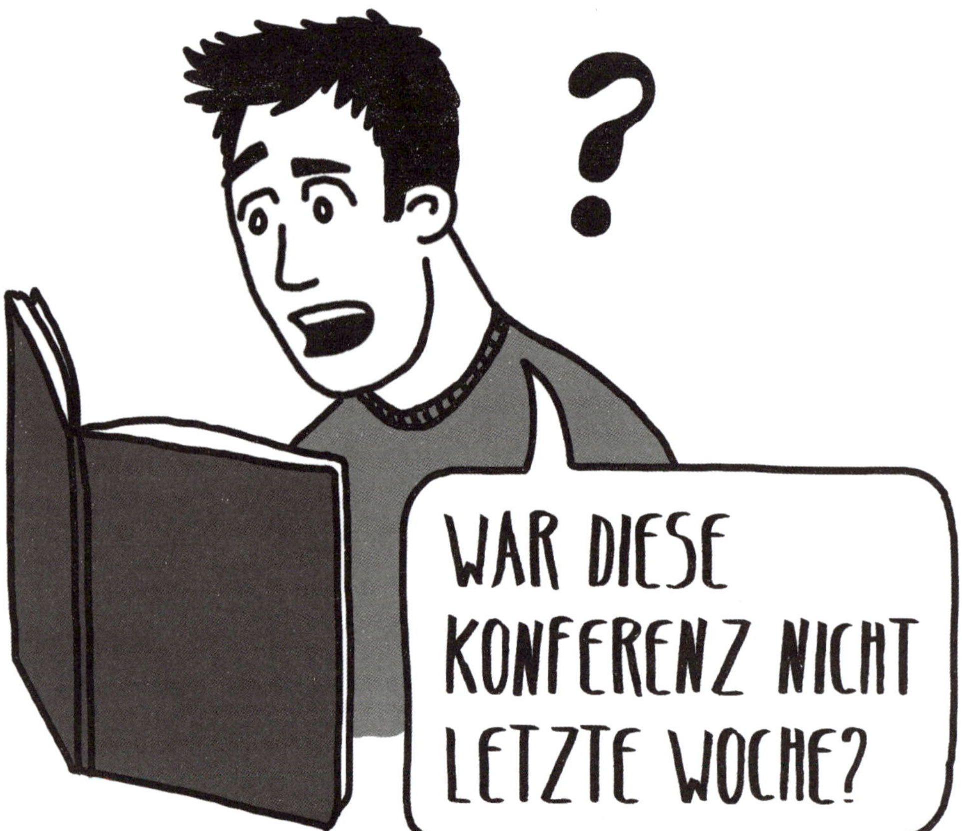

Sosehr ich es auch befürworte, visuelle Notizen zu teilen, gibt es doch Situationen, in denen es nicht angebracht ist. Wenn Sie Notizen für Veranstaltungen machen, die »nur mit Einladung« zugänglich, für eine »geschlossene Gesellschaft«, »intern« oder »firmeneigen« sind, sind die Informationen nicht für die Öffentlichkeit bestimmt. Fragen Sie den Verantwortlichen oder Planer, ob Sie Ihre Notizen an die Teilnehmer der Veranstaltung weitergeben dürfen.

Bei vielen meiner beruflichen Auftritte sind die Informationen vertraulich. Manchmal teile ich mit, dass ich für eine Firma Notizen mache, und belasse es dabei, aber manchmal wollen meine Kunden nicht einmal, dass ich diese Informationen weitergebe. Klären Sie IMMER, was Sie teilen dürfen und was nicht. Stellen Sie auch nichts online, was Ihre eigene Identität, Ihre persönliche Sicherheit oder die von anderen gefährden könnte.

Abgesehen von diesen eindeutigen Situationen, in denen es nicht angebracht ist, Ihre visuellen Notizen mit anderen zu teilen, gibt es andere Gelegenheiten, bei denen Sie vielleicht nichts teilen möchten. Ich habe einmal während eines medizinischen Eingriffs visuelle Notizen gemacht. Ich war sehr stolz auf meine Arbeit, aber ich mochte die Art der Arbeit nicht. Ich beschloss, meine Arbeit nicht zu veröffentlichen, um ähnliche Kunden oder Projekte nicht anzuziehen.

Darüber hinaus stelle ich mir folgende Fragen, wenn ich mir nicht sicher bin, ob ich meine visuellen Notizen veröffentlichen soll:

1. **Bin ich stolz auf die Arbeit?**
   Wenn Sie nicht stolz auf Ihre Arbeit sind oder andere Gründe haben, sich zu fragen, ob Sie sie mit anderen teilen wollen, würde ich sagen, vertrauen Sie Ihrem Bauchgefühl, und behalten Sie Ihre Notizen für sich.

2. **Habe ich Bedenken, etwas über die Veranstaltung, den Referenten oder den Inhalt des Gesagten mitzuteilen?**
   Wenn Sie mit dem Inhalt der Notizen nicht einverstanden sind oder starke ethische Einwände haben, wollen Sie vielleicht nicht veröffentlichen. Wenn Sie es tun, steht Ihr Name in Verbindung mit diesen Informationen. (Das Einfügen eines Haftungsausschlusses ist eine Möglichkeit, dies zu umgehen.)

3. **Würde meine Arbeit anderen helfen oder andere verletzen?**
   Wenn Ihre Arbeit anderen Menschen helfen würde, etwas zu verstehen, dann ist das positiv! Wenn die Informationen, die Sie weitergeben, Menschen verletzen könnten, ist es am besten, sie unter Verschluss zu halten.

Menschen schätzen visuelle Notizen! Vielleicht stellen Sie fest, dass Sie Ihre Arbeit monetarisieren können, z.B. indem Sie Ihre Notizen nach einer Veranstaltung zum Kauf anbieten.

BESSER WERDEN
BEOBACHTEN SIE SICH SELBST

Wenn Sie das visuelle Notieren üben, werden Sie Ihren eigenen Stil entwickeln. Achten Sie beim Üben auf das Timing Ihrer Notizen. Neigen Sie dazu, am Anfang viele Notizen zu machen, und lassen Sie nach, wenn Sie ein Gespür für den Referenten bekommen haben? Oder schreiben Sie vielleicht sehr groß und brauchen viel Platz? Vielleicht schreiben Sie nicht genug, oder Sie verbringen zu viel Zeit mit Zeichnungen, anstatt zuzuhören. Die Eigenwahrnehmung solcher Neigungen wird Ihnen helfen, Ihre Fähigkeiten zu verfeinern und Ihre Layouts zu planen.

Diese Dinge sollten Sie beim Üben im Auge behalten:

- Tempo
- Ausgewogenheit von Zeichnungen und Text
- Schriftgröße
- Menge des genutzten Raumes in Bezug auf die Zeit (im Durchschnitt)
- Unausgewogene Notizen (zu viel in einem Bereich und nicht genug in einem anderen, leere Stellen)
- Zu viel oder zu wenig geschrieben
- Zu viel oder nicht genug gezeichnet
- Verwendung von Farbe (Überladen? Ablenkend?)

Ich kann meine persönlichen Neigungen leicht im Blick behalten, weil ich jedes Mal mit denselben Werkzeugen und derselben Leinwand übe. Es ist in Ordnung, mit verschiedenen Werkzeugen und Papiersorten zu experimentieren, aber wenn Sie jedes Mal beim Üben alles ändern, ist es schwieriger zu erkennen, was Sie verbessern können.

PRAXIS Wenn Sie sich verbessern wollen, üben Sie regelmäßig – am besten täglich! Vielleicht sehen Sie nicht sofort einen deutlichen Unterschied, aber vertrauen Sie darauf, dass Sie lernen und sich weiterentwickeln. Denken Sie daran, Ihre Fortschritte auch zu veröffentlichen!

*Kompetenz erlangt man **nur** durch regelmäßiges Üben!*

TIPPS FÜR LINKSHÄNDER

Ich bin Rechtshänderin, aber ich kenne die Schreib- und Zeichenfrustrationen meiner linkshändigen Freunde sehr gut. Sie denken vielleicht, dass Ihre linke Hand dauerhaft von Ihrer Arbeit verschmiert sein wird, aber es gibt Hoffnung! Wenn Sie Linkshänder sind, KÖNNEN Sie tolle visuelle Notizen erstellen – Sie müssen sich nur die Mühe machen, ein paar neue Gewohnheiten zu lernen. Hier sind ein paar Tipps:

SCHNELL TROCKNENDE WERKZEUGE Verschmieren ist für Linkshänder eine Realität, also versuchen Sie, Werkzeuge zu verwenden, die nicht so stark verschmieren. Vermeiden Sie Füllfederhalter, Pinselstifte, große Marker und Gelstifte. Es gibt einige schnell trocknende Gelschreiber, aber Kugelschreiber trocknen noch schneller.

STRATEGISCHE PLATZWAHL Versuchen Sie, einen Platz zu finden, an dem Ihr linker Arm nicht von einem Rechtshänder, der auf Ihrer linken Seite sitzt, gestreift wird.

VON RECHTS NACH LINKS VERFEINERN Es gibt keine Regel, die besagt, wo man mit dem Verfeinern beginnt. Starten Sie auf der rechten Seite der Zeichenfläche, und arbeiten Sie sich nach links vor, um die Gefahr des Verschmierens zu verringern.

DAS PAPIER DREHEN Eine linkshändige Freundin dreht ihr Papier so, dass ein Verschmieren weniger wahrscheinlich ist, und es hilft auch, wenn sie eine schräggestellte Schriftart verwenden will. Versuchen Sie, Ihre Zeichenfläche zu drehen.

SCHMIERBLATT VERWENDEN Viele Linkshänder legen ein Blatt Papier unter die Hand, wenn sie bereits fertiggestellte Arbeiten überarbeiten, um Verschmutzungen zu reduzieren.

ANDERS SCHREIBEN LERNEN Wenn ich normal schreibe, ruht die gesamte rechte Seite meiner Handfläche auf dem Papier, aber selbst als Rechtshänder verschmiere ich! Für das Erstellen visueller Notizen habe ich meine Schreibweise angepasst: Meine Hand hat möglichst wenig Kontakt mit der Papieroberfläche. Das Gewicht meiner Hand liegt hauptsächlich im unteren Bereich meiner Handfläche, und ich benutze meinen kleinen Finger zum Ausbalancieren. Weniger Hautkontakt zum Papier = weniger Verschmieren.

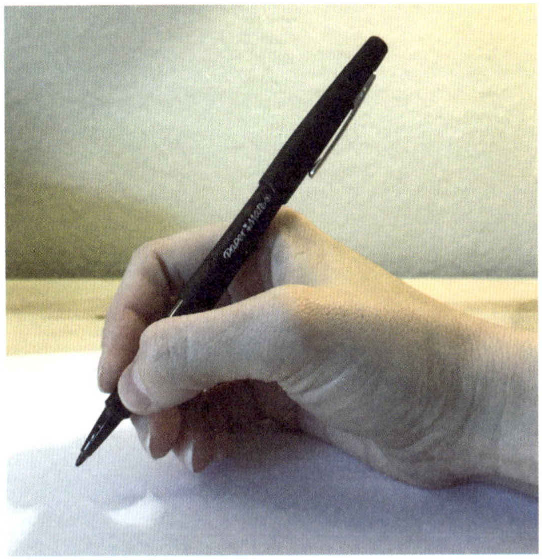

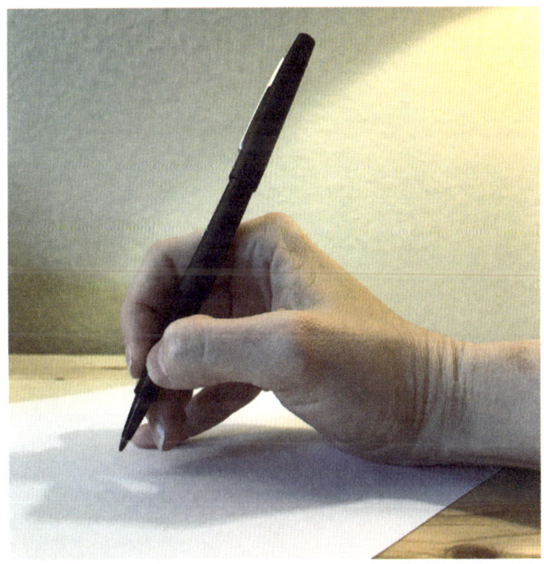

Selbst wenn diese Methode bei Ihnen nicht funktioniert, probieren Sie verschiedene Winkel bei der Handauflage aus, oder lernen Sie schreiben, ohne die Hand überhaupt auf dem Blatt abzustützen! Schweben Sie über die Seite, oder suchen Sie etwas anderes, auf das Sie Ihre Hand auflegen können. Zugegeben, es ist schwierig, das Schreiben neu zu lernen. Das Gefühl, dass die eigene Handschrift nicht sehr gut ist, ist frustrierend. Man will wieder zurück zur gewohnt bequemen Haltung, aber bleiben Sie dran! Konsequentes Üben führt zum Erfolg.

VISUELLE NOTIZEN IN BERUF & BILDUNG

Viele Menschen machen visuelle Notizen als private Übung oder als Hobby, aber es kann auch eine angenehme Art sein, Geld zu verdienen und zu lernen! Wenn Sie daran interessiert sind, Ihr Hobby zu einem Nebenjob oder Beruf zu machen, oder wenn Sie als Lehrer oder Student etwas über visuelle Notizen im Unterricht lernen möchten, sehen Sie sich mein kostenloses Bonusmaterial (auf Englisch!) an, das Sie unter www.rheinwerk-verlag.de/5193 herunterladen können.

ERSTE SCHRITTE

ARBEITEN VERÖFFENTLICHEN

Der Einstieg als professioneller Sketchnoter beginnt damit, dass man seine Arbeit mit anderen teilt. Ich habe vorhin über den Wert der öffentlichen Verbreitung Ihrer Arbeit gesprochen. Niemand wird Sie gerne einstellen, wenn er keine Arbeitsproben von Ihnen sehen kann! Unabhängig davon, ob Sie Ihre Arbeit in sozialen Medien präsentieren oder ein Online-Portfolio haben, muss Ihre Arbeit öffentlich zugänglich und leicht zu finden sein.

BERUF UND PRIVATLEBEN TRENNEN

Um als professioneller Sketchnoter ernst genommen zu werden, trennen Sie Beruf und Privatleben, unabhängig davon, ob Ihre Arbeit in sozialen Medien oder auf einer Website erscheint. Wenn jemand Sie beauftragen will, möchte er nur Bilder Ihrer Arbeit sehen und sich nicht durch Urlaubs- oder Hundebilder wühlen!

ERZÄHLEN SIE, DASS SIE AUFTRÄGE SUCHEN

Niemand weiß, dass Sie für diese Art von Arbeit zur Verfügung stehen, wenn Sie nicht davon erzählen! Positionieren Sie sich für diesen speziellen Dienst, indem Sie Visitenkarten verteilen, den Leuten sagen, dass Sie Sketchnotes machen, und nach Kontakten suchen. Stellen Sie Ihre Arbeiten online zur Verfügung.

DER VISUAL NOTES COMMUNITY BEITRETEN

Auf der ganzen Welt gibt es eine lebendige Gemeinschaft von Menschen, die visuelle Notizen lieben. Es gibt Meet-ups, Konferenzen, Gruppen, Interviews und vieles mehr. Engagieren Sie sich in dieser Gemeinschaft, dann werden Sie Ihr Handwerk verbessern und sich zum Experten entwickeln.

Wenn es Ihnen schwerfällt, Auftraggeber zu finden, und Sie alles oben Genannte tun, stellen Sie sich folgende Fragen:

- Ist Ihre Arbeit von gleichbleibender Qualität? (D.h., wissen die Leute, was sie zu erwarten haben, wenn sie Sie engagieren, oder ist jede Kreation einzigartig? Potenzielle Kunden wollen vielleicht nichts riskieren.)
- Haben Sie Freunde, Kollegen oder Mentoren um ehrliches Feedback zu Ihrer Arbeit gebeten?
- Ist es leicht, mit Ihnen in Kontakt zu treten? Checken Sie Ihre E-Mails und den Anrufbeantworter?
- Wohnen Sie in einer Region mit Veranstaltungen und Aktivitäten, die professionelle visuelle Notizen ermöglichen, oder haben Sie Zugang dazu (d.h. Konferenzen, Vorträge, Meetings, Veranstaltungen usw.)?
- Wie lange sind Sie schon dabei? Manchmal kann es Jahre dauern, bis sich neue Bemühungen auszahlen. Haben Sie Geduld, und versuchen Sie es weiter!

EIN RUNDGANG

Menschen, die visuelle Notizen zum Beruf machen wollen, fragen mich oft, wie ein normaler Tag aussieht, wenn man Sketchnotes für einen Kunden macht. Unten sehen Sie ein visuelles Beispiel für einen Tag in meinem Leben.

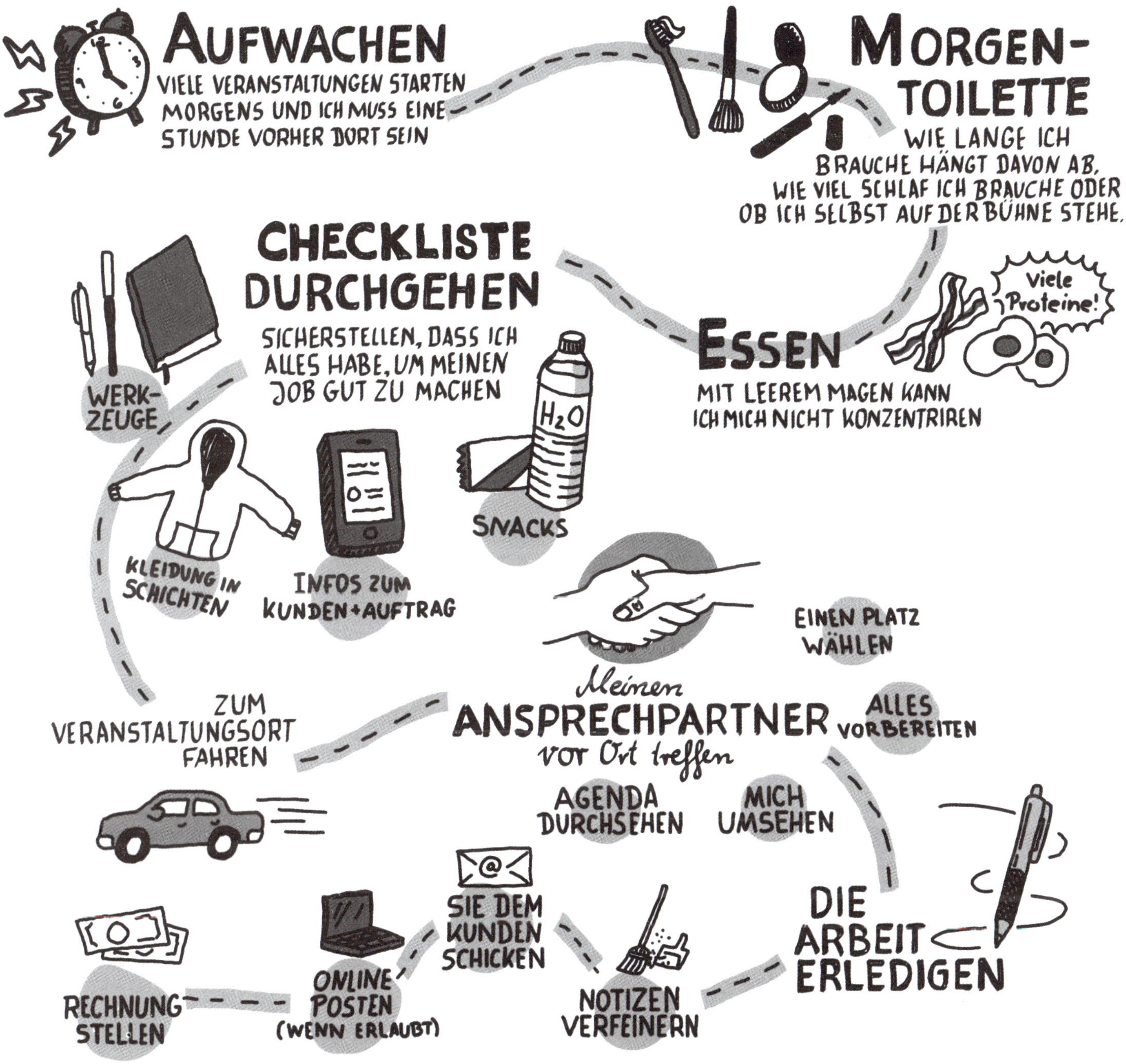

KOSTENLOSES BONUSMATERIAL (AUF ENGLISCH) ZU FINDEN UNTER
www.rheinwerk-verlag.de/5193

ÜBER DIE AUTORIN

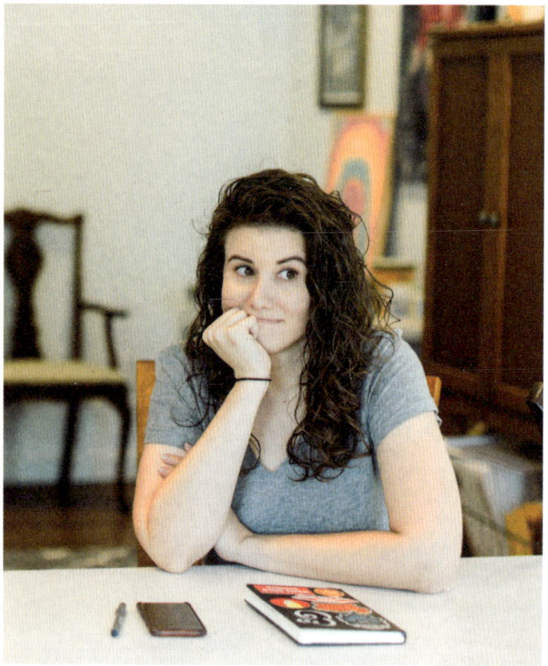

Emily Mills ist freiberufliche Illustratorin und passionierte Sketchnoterin. Wenn sie nicht gerade visuelle Notizen macht, betreut sie ihre Kunden und gibt Online-Kurse auf SketchnoteAcademy.com. Emily lebt mit ihrem Ehemann Joseph etwas außerhalb von Nashville, Tennessee. Abonnieren Sie SketchnoteAcademy.com für weitere visuelle Notizen, Artikel und Übungen.